广东海洋大学科研启动经费资助项目
(supported by program for scientific research start-up funds of Guangdong Ocean University)
项目名称：二程政治哲学研究（项目编号：R20012）

易学视野下的
二程理学建构

李永富 ◎ 著

西南交通大学出版社
·成 都·

图书在版编目（CIP）数据

易学视野下的二程理学建构 / 李永富著. —成都：
西南交通大学出版社，2021.1
ISBN 978-7-5643-7726-7

Ⅰ.①易… Ⅱ.①李… Ⅲ.①程颢（1032-1085）-
哲学思想-研究②程颐（1033-1107）-哲学思想-研究
Ⅳ.①B244.65

中国版本图书馆 CIP 数据核字（2020）第 195212 号

Yixue Shiye xia de Ercheng Lixue Jiangou
易学视野下的二程理学建构

李永富　著

责任编辑	郑丽娟
封面设计	原谋书装
出版发行	西南交通大学出版社 （四川省成都市金牛区二环路北一段 111 号 西南交通大学创新大厦 21 楼）
发行部电话	028-87600564　028-87600533
邮政编码	610031
网　　址	http://www.xnjdcbs.com
印　　刷	成都勤德印务有限公司
成品尺寸	170 mm × 230 mm
印　　张	16.5
字　　数	242 千
版　　次	2021 年 1 月第 1 版
印　　次	2021 年 1 月第 1 次
书　　号	ISBN 978-7-5643-7726-7
定　　价	89.00 元

图书如有印装质量问题　本社负责退换
版权所有　盗版必究　举报电话：028-87600562

前言

程颢和程颐的理学建构是以其全新易学观为基础的,是借助开显易学中的宇宙图景、性命之理、修养工夫和境界哲学的新内涵,并涵摄吸收四书等典籍中的思想资源来实现的。程颢从天地的生化日新入手,对"生生之谓易"加以诠释,建构起生生日新的世界,认为天理是天地生化日新的本体依据。天理落实到人身上,就是个体的性命之理。个体可以在生活中"即事尽天理",成就与物同体的大写的我。程颐从万事万物生生不息的视角入手,建构起万象共生、物我一理的有机整体世界。程颐把变易看成天地万物存在的总原则,认为变易的所以然是天理,提出了随时取义以从道的理念。在程颐看来,个体顺应天理的要求,就是在参赞天地之化育,就可以达到与理为一的天人合一的天地境界。二程易学研究的结束之日,即其理学体系建构的完成之时。而程颢、程颐思想的异同、互补,则造就了二人不同的人格气象。本书试图厘清程颢和程颐的思想异同,阐明他们的易学分别在其理学体系建构中所起的统摄作用和基础作用。

本书由六部分组成。

引言部分首先对程颢和程颐思想研究的概况进行了梳理,进而阐述了探讨易学视野下的二程理学建构的意义和研究思路,并交代了本书的研究方法。现当代学者已经从理学、易学、礼学等多个视角,对二程的思想进行了广泛而深入的研究,并取得了诸多成果。在程颢易学及其与程颐易学的异同、程颢易学与其理学体系建构的关系、程颐易学与其理学体系建构的关系等方面,学界的研究尚嫌不足,也有继续探讨的必要。因此,本书拟从宇宙图景、性理之学、工夫进路以及境界追求四个方面,阐发程颢和程颐的易学对于其各自理学建构的作用,厘清他们思想的同中之异、异中之同,说明二程人格气象的异同正是由其思想的异同所决定的。在研究方法方面,本书首先运用文献研究法,对传世的程颢和程颐的文献资料加以梳理,并将其作为研究文本。其次,基于易学天人之学的特点,阐明程颢和程颐通过阐扬《易》中已有的本体思想、性命之理、修养工夫和境界哲学等内容,加上涵摄融会此前的典籍和前人研究成果,实现自身理学体系建构的过程。最后,采用历史与现实相结合的方法,置身于二程理学形成的历史文化语境来还原他们建构理学体系的原貌,并阐明研究程颢和程颐理学体系的建构,既有利于促进儒学在当代的复兴,又有助于实现中华文化复兴。

第一章,易学语境下二程全新总体宇宙图景的开显。这一章试图还原二程以其易学来建立宇宙图景的过程,并阐明他们对天理诠释的异同之处。本章首先阐述了程颢和程颐之前儒家宇宙本然研究范式的转换。《易》描绘了生化日新、异彩纷呈的天人万象之道,汉唐经学将其理解为天人同构、一体贯通的生活世界。但是,儒家并未建构起自身的本体论。程颢和程颐对汉唐经学注重经义训诂的解经模式提出了批评,并对玄学本体论加以转化,将天理确定为万物背后的形而上根基和价值依据。尽管二人都以天理为终极的根基根据,可是他们对天理的理解却同中有异。程颢从生生之理中体贴出了天理,并将仁与天理通而为一,描绘了一幅生化日新、天人本一的全新总体宇宙图景。在这一宇宙图景中,天地创生万物,万物生生不息,主客之分被超越,天地人物之间呈现一体互通、内在互连的态势。程颐从天道生化日新的原因入手,强调"寂然不动、感而遂通"的天理是万物背后的本体依据，进而勾勒出万象共生、物我一理的有机整体世界。在这一世界中，主客之分被凸显，天地人物之间呈现异彩纷呈、天人合一的情形。

第二章，性理的易学新内涵与理学心性论的确立。本章阐述了程颢和程颐对《易》中的性命之理的阐扬，并说明他们正是以性理的易学新内涵为基础来建构其理学心性论的。周敦颐将研究《易》的重点由阴阳之理转换为性命之理，程颢和程颐光大了《易》中的性命之理，并以此为基础确立了理学的心性论。他们借鉴了张载的天地之性和气质之性二分的解释范式，将人性划分为天命之性和生之谓性。程颢认为，人人皆有完善自足的、绝对善的本然之性；这一本性来源于天理。在程颢看来，天地间并不存在纯粹的本然之性，只有具体的人物之性。而具体的人物之性，又是天理与气结合后的产物。程颢用《易》中的"各正性命"来说明天理的实现过程，认为天理流注到个体身上就体现为不同的性命。具体的人物之性已经是"生之谓性"，不再是本然之性。由于本然之性和"生之谓性"都是性，故他不对性、心、情做严格区分。与程颢不同，程颐认为，只有本然之性才是性，"生之谓性"是气禀的产物，不是真正意义上的"性"。程颐强调心分体用，心之体为性，心之用为情。程颐认为，性为未发，是至善的；情为已发，有善有恶。程颐还使用体用范畴，对仁与爱之间的关系做出了全新的解释。

第三章，易学工夫论新内涵的凸显与理学工夫论的建构。本章重建了程颢和程颐对《易》中的修养工夫的阐扬，并以此为框架建构自身理学工夫论的过程。在易学的宏大视域中，程颢和程颐汇通了《大学》《中庸》《论语》和《孟子》等典籍中的工夫思想，提出了自身的理学工夫论。程颢吸收了周敦颐观万物生意的修养方法，提出了以识仁和定性为特色的理学工夫论。程颢重视向内的直觉体验，把格物穷理看成识仁的同义词，又把养气看作定性的手段，还将循理无违当作工夫进路的高级阶段。程颐把周敦颐的"主静"改为"主敬"，还借鉴了王弼的"性其情",建构了以持敬和穷理为特色的修养工夫。程颐立足于主客二分,认为格物穷理离不开诚敬,主张通过涵养正气来处理性情关系,要求个体循理而为。

第四章,易学理学二而一视域下的理想人格与理想人生。这一章再现了程颢和程颐对《易》中的性命之理的发扬,并说明他们在易学理学二而一的视域下建构了自己的境界哲学。《乾卦·文言传》中的"夫大人者,与天地合其德,与日月合其明,与四时合其序,与鬼神合其吉凶,先天而天弗违,后天而奉天时",已有明确的境界意味。他们对《易》中的境界论予以发扬,并通过对前人境界哲学的涵摄吸收,分别建立了自己的境界哲学。程颢把仁者与圣人贯通起来,建构起万物一体、天人本一的圣人境界。在生活中,程颢待人宽和,给人以"如坐春风"之感。这正是程颢所追求的圣人境界的现实化。程颐对仁者和圣人做了区分,树立起天人合一的境界哲学。在待人接物时,程颐给人以庄重严肃的印象,展现出注重道德践履的贤者气象。尽管程颐所展现出来的是贤者气象,可是,他所孜孜以求的仍然是天人合一的圣人境界。

第五章,二程的历史地位、后世影响及现代价值。本章总结了程颢和程颐的易学解释范式、理学建构模式及其理学思想的历史地位、后世影响和现代价值。在后世,程颢和程颐的易学解释范式、易学思想和理学思想都发挥了重大影响,他们也因此得以从祀孔庙。他们建构理学体系的行为,体现了宋代理学家的文化自觉,也对后人产生了很大影响。在当代,他们的思想仍然可以为民族文化复兴,为建立天人和谐、人我和谐的社会发挥正面作用。

目录

引　言 ··· 001
　　第一节　问题的提出与研究意义 ······································· 003
　　第二节　国内外研究现状及其得失 ····································· 007
　　第三节　研究思路与方法 ··· 024

第一章　易学语境下二程全新总体宇宙图景的开显 ·············· 030
　　第一节　宇宙本然研究范式的更新 ····································· 033
　　第二节　天理本体地位的确立及其内涵 ································· 043
　　第三节　程颢建构的生化日新、天人本一的
　　　　　　总体宇宙景象 ··· 065
　　第四节　程颐眼中的万象共生、物我一理的
　　　　　　有机整体世界 ··· 073

第二章　性理的易学新内涵与理学心性论的确立 ················· 082
　　第一节　性理研究范式的转换 ··· 083
　　第二节　程颢对易学性命之理的新阐释及其
　　　　　　理学心性论的建构 ··· 092
　　第三节　程颐易学的性命之理及其理学心性论的确立 ··················· 102

第三章　易学工夫论新内涵的凸显与理学工夫论的建构 ········ 118
　　第一节　二程工夫进路的思想渊源 ····································· 119
　　第二节　程颢的易学工夫论新内涵及其
　　　　　　理学工夫论的建构 ··· 126
　　第三节　程颐的易学工夫论新诠释及其
　　　　　　对理学修养工夫的设想 ······································· 150

第四章 易学理学二而一视域下的理想人格与理想人生 …… 189
- 第一节 境界哲学探究的返本开新 …………………… 191
- 第二节 程颢建构的圣人与仁者二而一的
  圣贤境界与气象 ……………………………… 202
- 第三节 程颐建构的与理为一的圣贤境界与气象 …… 215

第五章 二程的历史地位、后世影响及现代价值 ………… 230
- 第一节 二程的历史地位 ……………………………… 231
- 第二节 二程思想的后世影响 ………………………… 236
- 第三节 二程思想的现代价值 ………………………… 240

主要参考书目 ……………………………………………………… 248

引 言

二程兄弟是宋代著名理学家,位列"北宋五子"。程颢(1032—1085),字伯淳,时称明道先生,曾经担任地方官和监察御史里行等职位,后人尊称其为"大程子"。程颐(1033—1107),字正叔,时称伊川先生,曾经担任过崇政殿说书、判西京国子监等官职,后世尊称其为"小程子"。程颢和程颐早年曾受学于周敦颐,周敦颐"每令寻颜子、仲尼乐处,所乐何事"①。程颢和程颐以此为起点,终身勤学善思,终于在易学的框架下,以易学天人之学的全新视域,发掘了先秦儒学的精髓,涵摄了佛道思想的精华,创立了其理学体系。

从发生学的角度来看,程颢和程颐复兴儒学、建构理学,又是在继承前人和与同时代学者的学术互动中实现的。诚如陈来先生所云:"理学的正式诞生虽然在北宋中期,但理学所代表的儒学复兴运动及它所由以发展的一些基本思想方向在中唐的新儒学运动及宋初的思潮演变动向中可以找到直接的渊源。"②在历史上,唐代的韩愈、李翱都是公认的理学先驱。

在《原道》中,韩愈"将孟轲接续在了孔丘之后,并添加了曾参、子思,还将《中庸》、《大学》与《孟子》做了一个接榫"③。韩愈的做

---

① 〔宋〕程颢、程颐:《河南程氏遗书》卷第二上,《二程集》,北京:中华书局,1981年,第16页。
② 陈来:《宋明理学》(第二版),上海:华东师范大学出版社,2004年,第17页。
③ 李珺平:《韩愈前后儒家圣人统序与经书统序的嬗变及原因》,《青海社会科学》2016年第2期。

法既促使儒家的传道系统开始由周孔之道向孔孟之道转变,又是儒家的经典系统从五经向四书转变的开端。与韩愈一样,李翱也对《论语》比较推崇,二人合著《论语笔解》一书。此外,李翱还将《中庸》《易传》和《乐记》相贯通,著成了"上接佛学,下开理学"①的《复性书》。

到了宋初,孙复、胡瑗、石介等人继续推进儒学复兴。其中,石介不仅在思想上极力推崇韩愈,而且在为人处世上效法韩愈的风骨;孙复精研《春秋》,批评佛老,宣扬尊王攘夷;胡瑗不仅精通易学,而且积极宣讲《论语》。三人因在儒学复兴上的贡献,被后人尊称为"宋初三先生"。之后,周敦颐积极将《周易》与《中庸》会通,在宋代儒家学者中首开在易学视域下涵摄、阐释四书学的先河。在周敦颐之后,张载在易学的视域下,继续阐释《中庸》《孟子》的精深意蕴。与周敦颐和张载类似,程颢和程颐在易学天人之学的宏大视域下,不仅将《大学》从《礼记》中抽取出来,使其独立成篇,而且极力凸显《大学》《中庸》的价值,还将曾子、孟子纳入儒家的传道系统。在建构理学体系的过程中,程颢和程颐不仅对前人的思想资源有所继承,也与张载、邵雍等同时代学者进行了思想互动。最终,在朱熹撰写的《四书章句集注》一书中,儒家的"道统论"得以最终形成。与此同时,儒家的经典系统从五经到四书的过渡,也彻底完成。值得一提的是,在这一过渡过程中,易学始终是两宋理学家阐发儒门固有真意的理论指导和思维架构。

从政治哲学的视角来看,程颢和程颐之所以要建立自身的理学体系,就是为了解决当时社会存在的官员数量膨胀、政府财政支出压力大、军队数量多等问题。在他们看来,理学不只要解决佛道二教甚嚣尘上、儒门淡漠的现实,使儒学重回思想舞台的聚光灯下,而且要通过"格君心之非"、辨明理欲、区分公私等手段,实现天下太平、长治久安。于是,"在张大道统意识、彻底恢复作为华夏文化本统、正脉之所在的儒学之正

---

① 石峻:《石峻文存》,北京:华夏出版社,2006年,第371-372页。

统地位这一理念的激励下"①，程颢和程颐接续了华夏文化之正统，成为理学的奠基人。这一理学体系最终由朱熹发扬光大，并在南宋之后逐步成为对东亚地区的政治、经济和社会诸方面均产生重大影响的官方意识形态。二程也因其对儒学发展的贡献，而得以入祀孔庙。

第一节 问题的提出与研究意义

赵宋承五代乱世而来，在经济发展、城市建设和知识普及等方面，都有空前的建树，也被海外学者赞誉为中国最伟大的朝代。在国内，今人吴钩也将宋代视作"现代的拂晓时辰"。需要说明的是，宋代的社会治理不仅得到了今人的称赞，也受到了当时儒家学者的高度肯定。在宋儒看来，宋代的治理，不仅以"回向三代"为政治追求，而且是把二程理学作为根基的。宋人黄震说："本朝之治，远追唐虞，以理学为根柢也。义理之学独盛本朝，以程先生为宗师也。"② 在此处，黄震所说的程先生就是程颢和程颐。可以说，如果没有二程理学，宋代的社会治理就会出现大问题。因此，卢国龙说："二程洛学本质上是一种政治哲学。"③ 尽管二程洛学实质上是政治哲学，可是，它的产生却是借助易学研究而完成的。

一、易学是二程理学体系建构的理论视域

从发生学的角度来看，程颢和程颐的理学建构是以其全新易学观为基础的，是借助开显易学中的宇宙图景、性命之理、修养工夫和境界哲

---

① 王新春：《牟宗三先生新儒家视野下的孔子》，《烟台大学学报（哲学社会科学版）》2005年第2期。
② 〔宋〕黄震：《黄氏日抄》，北京：北京图书馆出版社，2005年，第1546页。
③ 卢国龙：《宋儒微言：多元政治哲学的批判与重建》，北京：华夏出版社，2001年，第300页。

学的新内涵，并涵摄吸收四书等典籍中的思想资源来实现的。程颢从天地的生化日新入手，对"生生之谓易"加以诠释，建构起生生日新的世界，认为天理是天地生化日新的本体依据。天理落实到人身上，就是个体的性命之理。个体可以在生活中"即事尽天理"，成就与物同体的大写的我。程颐从万事万物生生不息的视角入手，建构起万象共生、物我一理的有机整体世界。程颐把变易看成天地万物存在的总原则，认为变易的所以然是天理，提出了随时取义以从道的理念。在程颐看来，个体顺应天理的要求，就是在参赞天地之化育，就可以达到与理为一的天人合一的天地境界。二程易学研究的结束之日，即其理学体系建构的完成之时。而程颢、程颐思想的异同、互补，则造就了二人不同的人格气象。

  二程在易学的框架下，建构起自身的理学体系，实乃宋代学者通行的研究范式。在当时，理学家往往也是易学家，而理学家的体系建构也与其易学研究紧密关联。在易学的架构下，理学家通过对四书的解释，使"儒家不但重又获得了自身价值体系的根源性意义，而且找到了抵御和批判佛教出世主义的强有力武器"[①]。以今人的眼光来看，二程建构理学体系的行为，体现了宋代理学家直面佛道冲击的文化自觉。随着二程弟子将洛学传播到各地，程颢和程颐的研易释易、易学研究与理学体系建构齐头并进的研究范式也产生了广泛影响，并最终成为后儒研习易学和建构理学体系的范式。因此，要研究程颢和程颐的理学体系建构，就要从易学视野着手。

二、研究意义

  首先，研究二程理学体系建构，有助于厘清二程易学与其理学的关系。程颢和程颐首先是易学家，并借助其易学研究，完成了理学体系的

[①] 景海峰：《儒家诠释学的三个时代》，载李明辉编：《儒家经典诠释方法》，上海：华东师范大学出版社，2008年，第99页。

建构，才成为理学家。可以说，二程易学研究完成之时，就是其理学体系建构成功之日。这一研究范式上承周敦颐，下启二程后学。

虽然程颢没有大部头的易学著作，可是，我们能够从《遗书》中他的语录上发现其研易、释易的证据。从程颢的语录中，我们可以发现，程颢也是易学大家，他的易学也有其鲜明特色。程颢由解读"生生之谓易"和"天地之大德曰生"入手，阐释了易学中的总体宇宙图景、性命之理、修养工夫和境界哲学。与此同时，程颢易学又与其理学有着密不可分的联系。在阐发易学中的宇宙图景、性命之理、修养工夫和境界哲学的同时，其理学体系也就建立起来了。在今天，研究程颢易学与其理学之间的关系，说明其如何在易学天人之学的视域下，创造性地转化前人的思想资源，实现了儒学的创新性解释，具有重要的理论意义。

再看程颐，他不但研习《易》，还在晚年著成了彪炳后世的易学巨著——《周易程氏传》。胡自逢说："综伊川一生，敬以直内，义以方外，敬义立而德不孤，此皆伊川潜心《易》道之功，充积力久，不自知其与《易》而为一也。"① 程颐不仅终其一生都在潜心研究易学，而且重视以学问滋养自己的生命，最终在晚年达致"与理为一"的人格境界。通过学易、释易、践易，程颐既阐发了易学中的全新总体宇宙图景、性命之理、工夫论与理想人格，又实现了其理学体系的建构。这一理学体系建构的研究范式承前启后，值得我们认真研究。

其次，探讨二程的理学体系建构，有助于深化理学史、易学史研究。

二程研易、解易，并将易学研究与理学体系建构同时进行的易学解释范式，对后世产生了重大影响。朱伯崑先生认为，"程氏《易》学继王弼之后，将义理学派推向了一个新的阶段，在《易》学史上有其划时代的意义，特别是程颐的《易》学为宋明理学奠定了理论基础"②。从宋代开始，理学家大都是通过易学研究来建构其理学体系的。到了

---

① 胡自逢：《程伊川易学述评》，台北：文史哲出版社，1995年，第26页。
② 朱伯崑：《易学哲学史》（二），北京：昆仑出版社，2009年，第195页。

南宋，朱熹也是"通过对《周易》经传解释，阐发了理学派的哲学体系，成为以后几个世纪官方哲学的代表"①。在其后，湛若水、罗钦顺在建构自身的理学体系时，也受到了二程的易学思想和研究范式的影响。可见，二程的易学解释暨理学建构范式的确在后世发挥了典范意义。

在今天，要研究宋代之后的理学史和易学史，二程都是绕不开的人物。因此，二程一直是学界研究的热点。研究二程的理学体系建构，可以让我们了解宋代及以后理学发展的思想脉络。研究二程的易学思想，有助于我们把握宋代及以后易学传承的内在逻辑。一旦拥有对理学与易学发展的思想脉络和内在逻辑的切实体会，我们就能深化对理学史、易学史和哲学史的理解。

最后，研究二程的理学体系建构，有助于中华民族文化复兴。

在宋代，面对佛道二教的冲击，程颢和程颐在易学的架构下，发掘了先秦儒学的精髓，涵摄了佛道二教的合理因素，建构起了自身的理学体系，从而阶段性地完成了儒学复兴的历史使命。二程直面佛道冲击，重振儒学，展现了他们的文化主体性和使命感。以今人的眼光观之，即所谓文化主体性和使命感，也即费孝通所讲的"文化自觉"。

在今天，实现中华民族文化伟大复兴，是国家发展的重要目标之一。而实现中华优秀传统文化的伟大复兴，又是实现中华民族伟大复兴的题中应有之义。在二程去世后，经过胡安国、朱熹等人的传扬，洛学逐步成为正统思想。到了元、明、清三代，理学既是科举考试的核心内容，又在维护社会秩序、传承儒家文化等方面，发挥了不可忽视的正面作用。到了当代，理学在某种程度上，已经成为中华文化血脉的有机组成部分，也值得我们予以创造性转化、创新性解释。

要复兴中华民族文化，不仅要继承中华优秀传统文化，而且要积极

---

① 朱伯崑：《易学哲学史》（二），北京：昆仑出版社，2009年，467页。

开展跨文化交流,还得回应当今世界面临的诸多冲突和问题。第一,在跨文化交流时,我们要坚持文化主体性。易学作为中国哲学的源头,在涵摄、吸收其他文化之中的合理成分上,可以为我们提供必要的理论指导和足够的理论定力。第二,在复兴中华优秀传统文化时,我们需要借鉴二程的研究范式。程颢和程颐易学与理学合二为一的诠释风格,可以使我们在对传统文化进行创造性转化和创新性解释的同时,发展中国特色社会主义文化。

因此,立足易学视野,研究二程的理学体系建构,不仅有助于厘清其理学与易学的关系,而且有助于深化对宋明理学史、宋明易学史的研究,还能为中华民族文化复兴探索道路。

第二节 国内外研究现状及其得失

在易学的视域下,程颢和程颐通过研究易学,建构起了自身的理学体系。笔者认为,要从易学视野入手,研究二程的理学建构,就要对二程的理学思想、易学思想、理学体系建构和元典文献鉴别等问题,进行文献梳理。现当代学者已经从理学、易学、礼学等多个视角,对二程的思想进行了广泛而深入的研究,并取得了诸多成果。笔者将就目力所及之文献,择其要者略做陈述。

一、理学研究

程颢和程颐的理学体系包括天理论、心性论、工夫论和境界论等内容。在程颢和程颐的理学研究方面,现当代学人已经取得了广泛而深入的研究成果。

（一）天理论

学界对程颢和程颐的天理论进行了深入的研究，并已经取得了诸多成果。现当代学者对程颢和程颐的思想异同的探讨，与其对二程的天理论的研究密不可分。冯友兰先生从人格气象的异同出发，认定程颢和程颐的思想确有不同。冯先生反对把程颢和程颐称为二程，指出"其实二程的哲学思想是不同的。朱熹继承、发展了程颐的哲学思想，而程颢的哲学思想，则为'陆王'所继承、发展"①。冯先生认为，程颢和程颐的思想差异首先表现在他们的天理论上。程颢所谓的"天理"指的是事物之中的自然趋势，程颐所谓的"天理"实质上是从万物中抽象出来的一般。在形而上和形而下的关系上，程颢和程颐的界定也有不同：程颢不对形而上形而下做区分，也不重视理气的分别；程颐用"体用一源，显微无间"描绘了一般与个别之间的关系，即既有明显区别，又存在着密不可分的联系。②与冯友兰先生的观点不同，钱穆先生认为，尽管程颢和程颐在人格气象上确有差异，在思想上却是大体相同的。钱先生认为，程颢所谓"天理"是由自身的实际生活经验入手体验出来的。天理，并不是宇宙之理，而是人生之理。③张岱年先生认为，虽然程颢和程颐都以天理为本根，却对天理给予了不同的解读："程明道所谓理乃指生生之理，以生或易为宇宙之根本原理。程伊川所谓理，则指气之所以。"④牟宗三先生认为，程颢和程颐对天理的理解上的异同，是他们的思想各具特点的根源。⑤侯外庐先生认为，二程的思想没有差异，主张天理独立于客观世界，是客观世界的本源和本根。在特定的历史条件下，侯先生把天理看成了封建等级制和封建伦理道德的

---

① 冯友兰：《中国哲学史新编》（下），北京：人民出版社，1999年，第103页。
② 冯友兰：《中国哲学史新编》（下），北京：人民出版社，1999年，第114-121页。
③ 钱穆：《宋明理学概述》，台北：联经出版事业公司，1998年，第64-79页。
④ 张岱年：《中国哲学大纲》，北京：中国社会科学出版社，1982年，第51页。
⑤ 牟宗三：《心体与性体》上册，上海：上海古籍出版社，1999年，第66-76页。

总称。①余敦康先生认为，二程在本体论上完全一致，在工夫层面略有差异。他认为，程颢和程颐"都是在致力于把天理确立为最高的哲学范畴，阐发其题中应有之义，如果勉强要找出有什么不同，只能指出某些属于'工夫'层面上的差异，在'本体'层面上则是完全一致的"②。与余敦康先生类似，向世陵先生也认为，尽管二程兄弟在治学教人的风格上有很大差异，可是兄弟二人在根本思想上是一致的。向世陵先生说："二程之间，对于形而上下问题的关注程度可能有所差异，但并没有原则性的不同。"③

还有些学者从其他视角着手，研究了二程的天理论思想。成中英先生研究了二程本体哲学的思想渊源和架构，认为"一方面，程颢是根据《大学》、《中庸》的传统，并以这两个文本为契机来创发其对于现实的直接思考。就此而论，他比他的先行者达到了更加独立的哲学思考；但另一方面，他也遭遇到困境，即是如何把他的思想和观念表述成一个逻辑的形上系统。这个系统化的工作要到他的弟弟程颐那里才得以创建，而其完成则要到朱熹——程颐的四传弟子那里才实现"④。在《仁学本体论》一书中，陈来先生研究了程颢的"仁体"，认为"实体的仁体既是人识得的实在对象，也可以成为个人拥有的东西，实体是可以贯通到人的身心的实在"⑤。胡自逢先生阐述了程颐以天理为根基的天人之学，说："《程传》会天人之理而归之于人事，既不昧其本原，而又人可施行，使《易》之大用，益以恢廓，伊川之力也。"⑥朱汉民先生探讨了二程天理论思想

---

① 侯外庐、邱汉生、张岂之：《宋明理学史》，北京：人民出版社，1997年，第149-155页。
② 余敦康：《汉宋易学解读》，北京：华夏出版社，2006年，第407页。
③ 向世陵：《理气心性之间——宋明理学的分系与四系》，北京：人民出版社，2008年，第218页。
④ [美]成中英著，杨柱才译：《二程本体哲学的根源与架构》，《南昌大学学报（人文社会科学版）》2003年第1期。
⑤ 陈来：《仁学本体论》，北京：生活·读书·新知三联书店，2014年，第170页。
⑥ 胡自逢：《程伊川易学述评》，台北：文史哲出版社，1995年，第31页。

的文化意义,认为"二程一方面将宇宙主宰的'天'与人文法则的'理'统一起来,另一方面则是将超越存在的天理与个人内在的人性统一起来,从而确立了儒家人文之道的形上依据,实现了儒家人文信仰的重建"[1]。冯达文先生研究了程颢和程颐在天理论方面的异同,认为"大程一方面既以'理'为一种客观必然性,另一方面又不主张以'知'去把握却强调以'心'去体证此"理"而显得不圆熟,那么在'理'本论的范围内,小程却表现了理论的一贯性"[2]。徐洪兴先生研究了二程的"仁"与"礼乐"思想,认为"作为天地之序的'礼'和天地之和的'乐',就是'天理'的实质性的内涵,它既是宇宙的本体,也是价值的本体"[3]。李晓春先生从天理与善恶的关系入手,研究了程颢与程颐在天理论上的思想异同,认为"程颢的理刚从气主理从的形态中脱胎出来,故而此理正像气主理从那样,紧紧地结合在气中,只不过在程颢这里,主要的视角是观看理而不是气。程颐的理则在其兄的理的基础上进一步发展,超越于气而呈现一独立自存的趋势"[4]。杨仁忠先生研究了二程天理论与佛学思想的关系,认为"二程的天理论深深地源于佛学的'法身'说、'理事'范畴论、一多论证论等多个方面"[5]。在笔者看来,即使天理与法身等范畴在形式上有相似之处,也无法掩盖儒、佛在形上依据和价值关怀层面的天壤之别。

(二)心性论

在心性论方面,学界已经获得了诸多研究成果。有些学者将二程合

---

[1] 朱汉民:《二程天理论的文化意义》,《湖南大学学报(社会科学版)》2001年第4期。
[2] 冯达文:《宋明新儒学略论》,广州:广东人民出版社,1997年,第112页。
[3] 徐洪兴:《二程论"仁"和"礼乐"》,《云南大学学报(社会科学版)》2006年第4期。
[4] 李晓春:《从天理与善恶关系的角度看程颢与程颐天理的异同》,《兰州大学学报(社会科学版)》2004年第4期。
[5] 杨仁忠:《二程天理论的佛学渊源及其文化学意义》,《河南师范大学学报(哲学社会科学版)》2003年第1期。

起来讲，进行了一些研究。侯外庐先生认为，二程将性划分为天地之性和气质之性，认为天地之性是至善的，代表人之本性；而"'气质之性'也叫做'才'，它由气禀所决定，禀清气则为善，禀浊气便为恶"①。张立文先生探讨了二程的人性论思想，认为"二程采纳了张载'天地之性'和'气质之性'的理念，认为'性'有'天命之性'和'生之谓性'之别，两者的来源、标准以及能否改变等都不一样"②。向世陵先生认为，二程人性论的特点"在于将'性中元无'与'生之而有'联系起来，构成为性本无善恶与气禀有善恶相结合的理论模型，而本体之性与现象气禀的二分则是问题的核心"③。朱康有先生研究了二程理学与心性实学的关系，认为"二程的思想中就蕴涵着心性实学的萌芽"④。魏义霞女士探究了二程的命运观，认为"二程接续了先秦儒家的天命论传统，在天命论所宣扬的人命天定的前提下，探讨人之性命"⑤。刘固盛先生研究了二程人性论与道家思想的关系，认为"二程人性论中天命之性与气质之性的理论建构，并非原始儒学的自然延伸，而是受到了当时的道教学者陈景元、张伯端老学思想的影响"⑥。笔者认为，虽然二程对佛道思想有所借鉴，却是以其易学思想为架构，来涵摄佛道二教的思想资源的。彭耀光先生研究了二程对孟子性论的诠释，认为"二程对孟子性论的诠释，着力凸显了性的两重维度：一方面，性具有超越性，其与天道、天理为一，是一形上本体；另一方面，性又具有内在性，它必即道德情感和道德行事而存在，因而必须在道

---

① 侯外庐、邱汉生、张岂之主编：《宋明理学史》，北京：人民出版社，1997年，第160页。
② 张立文：《宋明理学研究》，北京：人民出版社，2002年，第320页。
③ 向世陵：《"生之谓性"与二程的"复性"之路》，《中州学刊》2005年第1期。
④ 朱康有：《二程理学：心性实学之萌芽》，《燕山大学学报（哲学社会科学版）》2003年第2期。
⑤ 魏义霞：《中国人的命运哲学》，哈尔滨：黑龙江教育出版社，2010年，第227页。
⑥ 刘固盛：《二程人性论的道家思想渊源》，《华中师范大学学报（人文社会科学版）》2005年第2期。

德行事上去体证性体"①。

与此同时,也有些学者习惯于分别论述二程的心性论思想。卢连章先生研究了二程心性论的异同,认为程颢从"生之谓性"的角度来阐述心性论,而"程颐人性论的核心内容是'性即理'"②。在《宋明理学心性论》一书中,蔡方鹿先生研究了二程在心性论上的异同,认为"程颢哲学心性论的特点是讲融通合一,不讲体用之分,这与程颐心兼体用的思想存有差异"③。李景林先生比较了二程心性论的异同,认为"二程心性论的基本共同点是,把性理解为在其动态的创造展开活动中的整体性;而这个创造展开活动,即'心'在其体用统一中的精神活动"④。英国学者葛瑞汉先生将二程的哲学分开来讲,认为"对伊川来说,性在万物中都一样,虽然它被气不同程度地遮蔽。对明道来说,每一生灵都有各自的性,因此各有自己的循理方式"⑤。

(三)工夫论

在工夫论方面,前贤和时哲普遍注意到二程的差异。冯友兰先生认为,虽然程颢和程颐都讲涵养须用敬,然而"明道须先'识得此理,然后以诚敬存之'。……伊川则一方面用敬涵养,勿使非僻之心生,一方面今日格一物,明日格一物,以求'脱然自有贯通处'"⑥。张岱年先生研究了二程工夫论的异同,认为"明道的方法则全从孟子来,主张反求于内"⑦;又认为"伊川之整个的哲学方法,是参用直觉与思

---

① 彭耀光:《二程的"道学"与道统观——以二程对孟子性论的诠释为中心》,《东岳论丛》2015年第12期。
② 卢连章:《程颢程颐评传》,南京:南京大学出版社,2001年,第154页。
③ 蔡方鹿:《宋明理学心性论》,成都:巴蜀书社,2009年,第96页。
④ 李景林:《二程心性论异同与儒学精神》,《中州学刊》1991年第3期。
⑤ [英]葛瑞汉著,程德祥等译:《中国的两位哲学家:二程兄弟的新儒学》,郑州:大象出版社,2000年,第207页。
⑥ 冯友兰:《中国哲学史》(下),重庆:重庆出版社,2009年,第274页。
⑦ 张岱年:《中国哲学大纲》,北京:中国社会科学出版社,1982年,第546页。

辨的"①。侯外庐先生从知识论的角度入手，研究了二程的工夫论与佛学的联系，认为二程的格物致知论"正是佛学'渐修'、'顿悟'的变相的说法，集众理的'格物'即渐修，脱然而觉悟的贯通即顿悟"②。钱穆先生认为，程颐发展了程颢的修养工夫，指出："大抵颢之教人，侧重在如何修养自己的心；颐对此极多阐述，更添进许多实际的治学方法，教人如何获得知识。"③钱穆先生以"涵养须用敬，进学则在致知"一句为例来说明，认为前半句是程颢的观点，后半句是程颐所添加的治学方法。张立文先生比较了二程在工夫论层面的思想异同，指出："二程均认为，在'格物穷理'的过程中，是划分认识主体与认识客体的。……二程之异就在于，当认识主体在'穷理'而后回归到'理'的逻辑过程中，程颢强调了'有我'，程颐则讲'无己'。"④高怀民先生研究了程颢的《定性书》，认为"分内外意即未达其根本，达其根本之一则知无分于人、物，无分于内、外，人、物与内、外无分，故能与万物相应，无物不应，以性相通故"⑤。值得一提的是，高怀民先生还研究了程颐修养工夫与其易学思想的关联，认为"小程子在修养工夫中两个主要的操守——'诚'与'敬'，数其根源，也密切关联着易学"⑥。

也有些学者分别从其他方面入手，探讨了二程的工夫论。向世陵先生从"不失本心"的视角着手，研究了二程对孟子保持本心思想的发展，认为"孟子并未说明'欲'到底是如何一种心理状态，程颐则有发挥，认为心只要有向往追求便是物欲，而不必是完全沉溺于其中"⑦。陈来

---

① 张岱年：《中国哲学大纲》，北京：中国社会科学出版社，1982年，第549页。
② 侯外庐、邱汉生、张岂之：《宋明理学史》（上），北京：人民出版社，1997年，第159页。
③ 钱穆：《宋明理学概述》，台北：联经出版事业公司，1998年，第83页。
④ 张立文：《宋明理学研究》，北京：人民出版社，2002年，第309页。
⑤ 高怀民：《宋元明易学史》，桂林：广西师范大学出版社，2007年，第34页。
⑥ 高怀民：《宋元明易学史》，桂林：广西师范大学出版社，2007年，第44页。
⑦ 向世陵：《宋代经学哲学研究·基本理论卷》，上海：上海科技文献出版社，2015年，第216页。

先生比较了程颢和程颐对诚敬的不同观点,认为"程颢以诚与敬并提,他说的敬近于诚的意义,同时他十分强调敬的修养必须把握一个限度,不应伤害心境的自在和乐。程颐则不遗余力地强调敬,他所谓主敬的主要内容是整齐严肃与主一无适,要求人在外在的容貌举止与内在的思虑情感两方面同时约束自己"[1]。在《程颢程颐与中国文化》一书中,蔡方鹿先生研究了二程的格物致知思想,认为"二程既分别论述了格物说与致知说,又阐述了格物与致知的关系,从而揭示了其格物致知论的严整理论内涵"[2]。郭晓东先生从工夫论视域入手,研究了程颢的哲学思想,认为"识仁"也就是"程颢以'识仁'为方法的'新仁学'乃展示出一个人物天地相通不隔的宗教性境界,从而将孔子'仁学'推进到一个新的阶段"[3]。文碧芳先生研究了程颢的识仁之方,认为"大程仁说乃具备明显的宗教性维度"[4]。温伟耀先生对程颢和程颐的工夫论做了比较研究,认为"明道的工夫论较着重圆顿的观照境界,而伊川则精确而严谨,着重深细的工夫"[5]。邓联合先生从近代知识论的角度研究了程颐的格物致知论,认为"'格物致知'论的根本缺陷在于:既坚持认为要探求外在自然事物的本质和规律,却又没能给出一套切实可行的认知方法"[6]。方旭东先生研究了程颐和朱熹的"知而不行"思想,认为"在'知而不行'问题的解释上,程朱注意到认知之外的其他多重因素,包括人的意愿乃至性格等非理性因素,从而将思维的触角伸向了道德实践的深层机制"[7]。刘蔚

---

[1] 陈来:《宋明理学》(第二版),上海:华东师范大学出版社,2004年,第81页。
[2] 蔡方鹿:《程颢程颐与中国文化》,贵阳:贵州人民出版社,2001年,第88页。
[3] 郭晓东:《识仁与定性——工夫论视域下的程明道哲学研究》,上海:复旦大学出版社,2006年,128页。
[4] 文碧芳:《程颢"识仁"之方辨析》,《中国哲学史》2011年第3期。
[5] 温伟耀:《成圣之道——北宋二程修养工夫论之研究》,开封:河南大学出版社,2004年,第58页。
[6] 邓联合、周广立:《程颐、朱熹"格物致知"论思路判析——从近代认识论角度》,《徐州师范大学学报(哲学社会科学版)》2001年第3期。
[7] 方旭东:《道德实践中的认知、意愿与性格——论程朱对"知而不行"的解释》,《哲学研究》2011年第11期。

华先生探究了二程的理欲观和弗洛伊德的超我说之间的异同,认为"弗氏和二程用不同的语言表达了一个大体一致的原理,就是人通过克制自己的私欲,就能够达到道德高尚的境界;人的本我状态与超我状态,同样都是现实的"①。梅珍生先生研究了二程的"主敬"工夫与其易学思想的关联,认为"《易》中的'敬以直内'等思想,成为程颐关聚'敬'字的主要思想资源"②。

(四)境界论

在境界论上,学界也已经有了很多研究成果。有些学者认为,二程追求的理想人生境界是相同的。冯友兰先生认为,程颢和程颐所说的仁者境界即天地境界。冯先生说:"在仁者的境界中,人与己,内与外,我与万物,不复是相对待底。"③冯先生认为,"在天地境界底人的'真我',不仅是他自己的主宰,而且又是全宇宙的主宰"④。蔡方鹿先生研究了二程的理想人格与价值取向及其后世影响,将追求成圣看作二程人格观的最高理想,认为"二程的价值取向,主要以三代、道德、社会、中、内在精神等内容为价值的标准"⑤。

也有些学者认为,二程的境界论思想同中有异。崔大华先生比较了二程境界论的异同,认为"在程颢这里,'与理为一'的圣人境界,是以'识仁'、'浑然与物同体'来界定、来表述其特征的。……程颐认为,'与理为一'的圣人境界,是将个体之己溶化于'理'中,是'无己'"⑥。

---

① 刘蔚华:《二程的"理欲"观与弗洛伊德的"超我"说》,《文史哲》2002年第3期。
② 梅珍生:《论二程"主敬"工夫的易学思想资源》,《周易研究》2014年第1期。
③ 冯友兰:《新原人》,北京:生活·读书·新知三联书店,2007年,第145页。
④ 冯友兰:《新原人》,北京:生活·读书·新知三联书店,2007年,第156页。
⑤ 蔡方鹿:《二程的理想人格与价值取向及其后世影响》,《天府新论》1994年第3期。
⑥ 崔大华:《儒学引论》,北京:人民出版社,2001年,第496页。

陈来先生将程颢和程颐的同中之异界定为境界取向不同,认为"程颢并不像后来南宋心学的代表陆九渊那样强调心即是理,更不像明代的王阳明主张心外无理,他对内向体验的强调主要是基于他所追求的精神境界与程颐不同"①。在《仁学本体论》一书中,陈来先生研究了程颢的仁学思想,认为"仁的这种境界的基本特征是'浑然与物同体'、'万物一体',其意义是要把自己和宇宙万物看成息息相关的一个整体,把宇宙的每一部分都看成和自己有直接的联系,看成自己的一部分"②。

还有些学者从其他视角着手,研究了二程的境界哲学。蒙培元先生研究了程颢的境界论,认为程颢"把儒家'仁'的境界提升为普遍的宇宙关怀,其中既有道德和美学意义,又有宗教精神,他的'浑然与物同体说'、'天地万物一体说',就是这种境界的最好的表述"③。付长珍女士研究了二程境界哲学的不同取向,认为"与程颢提倡直觉主义偏重即本体即工夫的体悟不同,程颐重视形上形下的区分、性情理欲的辨析以及心对性的认知,偏重于形而下的细密工夫,突出严格的日常规范践履,呈现出谨严、敬重、刻板的理性主义特征"④。洪梅女士研究了程颐寻孔颜乐处思想的生态意义,认为"'孔颜乐处'既是孔子一样的圣人'仁民爱物'之乐,也是颜子一样学做圣人的人在学习与修养过程中的乐"⑤。李韦先生研究了程颢"仁者浑然与物同体"的生态哲学面向,认为"天人无间,天人本无二,那么人与万物都来自这个天地,都是大自然的一部分,物我不可分"⑥。

---

① 陈来:《宋明理学》(第二版),上海:华东师范大学出版社,2004年,第70页。
② 陈来:《仁学本体论》,北京:生活·读书·新知三联书店,2014年,第262页。
③ 蒙培元:《心灵超越与境界》,北京:人民出版社,1998年,第284页。
④ 付长珍:《程颐境界哲学的理性之维——兼论二程境界的不同取向》,《厦门大学学报(哲学社会科学版)》2006年第5期。
⑤ 洪梅:《论程颐的"循理之乐"——寻"孔颜乐处"的生态价值取向》,《齐鲁学刊》2015年第4期。
⑥ 李韦:《"仁者浑然与物同体"——程颢的生态哲学面向》,《兰州学刊》2012年第1期。

二、易学研究

在程颢、程颐的易学思想方面，学界也已经做了不少研究。在《易学哲学史》中，朱伯崑先生说："程颢的易说，以仁德和至诚的境界解释'生生之谓易'，认为天地之道和阴阳变易的法则不离人心。"① 与此同时，朱伯崑先生还探究了程颐对《周易》性质和体例的认识，认为"程氏易学同周敦颐的学说有着批判地继承关系"②。在《周易概论》一书中，刘大钧先生研究了程颐的易学思想。刘先生认为，"在程氏《易传》中，'理'不但是《周易》象数、阴阳的根源，也是天地万物的根源"③。高怀民先生认为，"大程子对于易学有非常精深之思，……他的学养却予人以浑然圆通自然、无棱无角的感受，似是直接涌身入于所向往的'道'中，不着力地不刻意描模地把握了易学的根本义"④。在谈及程颐易学时，高怀民先生说："读小程子《易传》，给我们的深刻感受是他的深入见解多在道德修为方面，有其修为之功，乃有其深刻独到之文"⑤。在余敦康先生看来，程颢和程颐认为"儒理就是天理，天理就是易理，这个思想就是他们以理言《易》的理论框架和哲学纲领"⑥。

还有些学者从不同视角入手，研究了程颢和程颐的易学。潘富恩先生研究了《周易程氏传》中的辩证法思想，认为"程颐的《周易程氏传》是对《周易》辩证法思想的继承和发展"⑦。王新春先生从"仁与天理通而为一"的视角，研究了程颢的易学思想，认为"置身由汉唐经学向宋明理学转型过程中的程颢，对易学的天人之学作出了创造性诠释与转

---

① 朱伯崑：《易学哲学史》（二），北京：昆仑出版社，2009年，第576页。
② 朱伯崑：《易学哲学史》（二），北京：昆仑出版社，2009年，第194页。
③ 刘大钧：《周易概论》，济南：齐鲁书社，1986年，第198页。
④ 高怀民：《宋元明易学史》，桂林：广西师范大学出版社，2007年，第36页。
⑤ 高怀民：《宋元明易学史》，桂林：广西师范大学出版社，2007年，第43页。
⑥ 余敦康：《内圣外王的贯通——北宋易学的现代阐释》，北京：学林出版社，2007年，第392页。
⑦ 潘富恩：《论程颐〈周易程氏传〉的辩证法思想》，《学习论坛》2006年第6期。

化，建构起仁与天理通而为一视域下的崭新易学天人之学，推出了他的理学体系"①。朱汉民先生探讨了程颐易学与王弼易学的关系，认为"程颐《周易程氏传》与王弼《周易注》之间在易学的学术形态、体用关系、以人事明天道等方面有学脉关系"②。黄忠天先生探讨了《二程集》易说及其与《周易程氏传》的关系，认为"《程传》固为伊川易学精华之所在，然其散见于《二程集》之易说，尚称繁富，倘能援以辅其《程传》，于伊川易学之掌握，当有更为全面、深入之了解"③。赖贵三先生探讨了程颢易学与理学会通之道德形上思想，认为"大程子依据《易》学提供的范畴与命题，将天道与人道从本体论上熔铸在一起，建立起他自己体悟而得的道德形上思想体系"④。谢晓东先生探讨了《周易程氏传》中的民本思想，认为应该"实现由民本向民主的转变"⑤。张克宾先生研究了程颐易学的"卦才"说，认为"卦才说为程颐解经提供了沟通卦爻象与卦爻辞的桥梁，使其能够在注解经文时大加发挥自己的理学思想"⑥。唐纪宇先生从《易传序》入手，研究了程颐的易学思想。⑦ 吴丹先生比较了二程易学本体论与王弼的异同，认为程颢和程颐"继承并发展了王弼易学本体思想，强化传统儒学的道德范畴在易学本体论中的地位，并批判吸收佛教体用观以解《易》，从而丰富和发展了理学本体论的理论体系，为宋代理学思潮的进一步发展奠定了基础"⑧。韩慧英女士研究了《周易程氏传》的易道观，认为该书"不仅集中体现了程颐在易学领域的

---

① 王新春：《仁与天理通而为一视域下的程颢易学》，《周易研究》2006年第6期。
② 朱汉民：《论程颐易学对王弼之学的继承》，《齐鲁学刊》2010年第1期。
③ 黄忠天：《〈二程集〉易说初探》，《周易研究》2006年第5期。
④ 赖贵三：《"憧憧往来，朋从尔思"——程颢理学与〈易〉学会通之道德形上思想析论》，《国学学刊》2016年第1期。
⑤ 谢晓东：《论〈伊川易传〉中的民本思想》，《周易研究》2008年第4期。
⑥ 张克宾：《因象以明理：论程颐易学的"卦才"说》，《中国哲学史》2015年第1期。
⑦ 唐纪宇：《从程氏〈易传序〉看程颐的易学观》，《周易研究》2015年第4期。
⑧ 吴丹：《王弼与二程易学本体思想的比较研究》，《福建论坛（人文社会科学版）》2011年第8期。

学术造诣，同时也涵盖了他的整个理学精髓以及深刻的哲学思考，乃至强烈的人生追求"①。

三、理学体系建构

就二程理学体系的建构而言，学界也已有不少研究。朱汉民、肖永明二位先生认为，二程"人性论的建构，也主要是通过对《四书》中有关思想资料的阐释、发挥、利用而进行的"②。姜广辉先生在《中国经学思想史》中，指出"二程通过对《大学》中"致知在格物"等思想资料的阐释、发挥和利用，建构了一套贯通其'天理论'、道德修养论与社会政治学说的精致理论"③。孔令宏先生研究了二程理学与道家、道教的关系，认为"二程的道体论明显继承了道家、道教的道论，其理的本体论是仿照道家、道教的道本体论而建立的"④。曾春海先生探讨了二程理学与道家思想的关系，认为"二程的形上学、心性修养工夫受到道家思想的深刻启发，吸收了不少道家所提出的哲学性问题、概念范畴、思辨方法，转化成儒家思想而创造出其理学思想的新面貌"⑤。姜海军先生研究了二程对思孟学派的推崇与诠释，认为"二程作为宋代理学的奠基人，他们对思孟学派极力推尊，并以思孟学为基础建构新的儒学形态——理学"⑥。彭耀光先生探讨了二程辟佛与其理学体系建构的关系，认

---

① 韩慧英：《〈程氏易传〉的易道观》，《哲学动态》2010年第2期。
② 朱汉民、肖永明：《宋代〈四书〉学与理学》，北京：中华书局，2009年，第124页。
③ 姜广辉：《中国经学思想史》第三卷（上），北京：中国社会科学出版社，2010年，第152页。
④ 孔令宏：《宋代理学与道家、道教》（上册），北京：中华书局，2006年，第203页。
⑤ 曾春海：《二程理学对道家思想之出入》，《湖南大学学报（社会科学版）》2014年第1期。
⑥ 姜海军：《二程对思孟学的推尊与诠释》，《中国哲学史》2009年第2期。

为"二程理学的核心范畴及重要命题,都是针对佛教的错误倾向、通过对儒学展开新的诠释提出和形成的,因而有其特殊内涵"①。高建立先生探讨了二程哲学与佛学的关系,认为"二程适应时代要求,以援佛入儒的方式,对异质文化的佛学进行了批判吸收和改造,建立了新儒学"②。王书华先生认为,二程对王安石新学的批评"集中表现在认为荆公新学不知'道',不合'义',学术不醇,心术不正,企图通过否定新学来否定王安石变法,并力图以自己创立的洛学来代替新学在北宋中后期意识形态领域的主导地位"③。

具体到二程易学与其理学体系建构的关系方面,学界也有不少研究成果。朱伯崑先生认为,程颐的理学体系"是以其易学为基础形成和展开的"④。朱伯崑先生在论述程颢易学时,认为程颢将"'生生之谓易'解释为生物不息的仁爱意识,认为此意识即《中庸》说的'至诚无息'的德行,也是圣人的最高精神境界"⑤。在《周易概论》一书中,刘大钧先生指出:"正如王弼把注《周易》当成阐发自己玄学思想的工具一样,程颐也以此作为发挥自己理学思想的工具。"⑥刘大钧先生认为,程颐将天理纳入《周易程氏传》,使得该书在某种程度上成为理学著作。胡自逢先生在《程伊川易学述评》中,也谈到了程颐的易学研究与其理学心性论、工夫论的关联。胡自逢先生指出:"伊川论性命,自天理、天命而下逮于性,穷其本原也。复由心而性,而命,则又以为儒学之阶梯也,其间有可寻之次第,故下学上达之事,无不毕具。"⑦高怀民先生认为,程颢的《定性书》"虽非论易之言,然其义全合于易,故引《易·咸卦》九

---

① 彭耀光:《二程辟佛与理学建构》,《哲学动态》2012年第11期。
② 高建立:《二程哲学与佛学之关系》,《齐鲁学刊》2004年第2期。
③ 王书华:《二程对荆公新学的批判》,《孔子研究》2004年第5期。
④ 朱伯崑:《易学哲学史》(二),北京:昆仑出版社,2009年,第230页。
⑤ 朱伯崑:《易学哲学史》(二),北京:昆仑出版社,2009年,第571页。
⑥ 刘大钧:《周易概论》,济南:齐鲁书社,1986年,第197页。
⑦ 胡自逢:《程伊川易学述评》,台北:文史哲出版社,1995年,第253页。

四之文以证明之"①。在谈及程颐易学时,高怀民先生说:"小程子在修养工夫中两个主要的操守——'诚'与'敬',数其根源,也密切联系着易学。"②在《汉宋易学解读》中,余敦康先生说:"二程主要是通过易学研究来体贴天理的。"③余敦康先生认为,程颐是通过撰写《周易程氏传》,界定了天理的内涵,并最终实现了自身理学体系的建构。向世陵先生在《理学与易学》一书中,在探讨宇宙的化生、保合太和说、形而上下说、继善成性说和生生之谓易等问题时,研究了二程的易学思想与其理学体系的关系。在谈及二程对形而上下的认识时,向先生说:"二程虽然是理本论的奠基人,却很少直接从'理'的角度讨论'上下'。"④刘玉建先生研究了程颐的易学与其天理论的关系,指出"就理学而言,程颐的天理无疑是整个宋明理学的核心本体论。然而就其天理内涵而言,在本质上又是对《周易》本体思想的发明与挺立,其本体论的内在易学特征在整体理学中颇为鲜明与凸显"⑤。杜保瑞先生探讨了程颐的理学体系建构与其易学的关系,认为"程颐就是完全继承并发挥自《易传》中已经呈现的儒门义理易学的传统,藉由卦爻辞解释,发挥儒家修养论观念"⑥。

四、文献鉴别

《二程集》是本研究的核心典籍。在该书中,已经明确归属的文献,可以拿来即用。没有明确归属的文献,主要是《河南程氏遗书》(以下简

---

① 高怀民:《宋元明易学史》,桂林:广西师范大学出版社,2007年,第34页。
② 高怀民:《宋元明易学史》,桂林:广西师范大学出版社,2007年,第44页。
③ 余敦康:《汉宋易学解读》,北京:华夏出版社,2006年,第409页。
④ 向世陵:《理学与易学》,长春:长春出版社,2011年,第97页。
⑤ 刘玉建:《"天理"的易学体贴——程颐天理的本体涵养》,《周易研究》2013年第5期。
⑥ 杜保瑞:《论程颐形上学与功夫论及易学诠释进路的儒学建构》,《哲学与文化月刊》第365期。

称《遗书》)和《河南程氏外书》(以下简称《外书》)。笔者认为,《遗书》和《外书》集中反映了二程建构其理学体系的过程。因此,鉴别《遗书》和《外书》,对还原二程建构理学体系的过程,研究程颢易学,乃至进行程颢和程颐的思想异同研究等,都是基础性工作。离开这一工作,本研究将变成无源之水、无本之木。

在《遗书》鉴别方面,前辈学者也做了不少努力,并取得了可贵的研究成果。有些学者认为,没有必要对《遗书》加以鉴别。例如,陈荣捷先生反对将《遗书》中标明为二先生语的语录强加区分,指出:"《遗书》卷一至卷十门人所录者称为'二先生语',朱子亦只用'程子',皆因二程思想方向虽不同,而根本则无大异也。"[1]唐君毅先生也认为《遗书》的鉴别必要性不大,指出:"大率《遗书》中所记为二先生语者,盖皆明道伊川所共说,或记者视为二先生所共说者。"[2]

也有些学者认为,鉴别《遗书》,有利于厘清二程的思想异同。在研究程颢和程颐的思想异同时,冯友兰先生已经分别对《遗书》的鉴别做了诸多努力。例如,在解释程颢和程颐对理的不同理解时,冯先生对《遗书》卷一"盖上天之载,无声无臭……"一句做了鉴别,认为"此第二条未注明为二先生中何人所说。但似可视为系明道所说,因其与第一条意相同"[3]。牟宗三先生提出了鉴别《遗书》的四个标准:第一,"凡属二先生语者吾人可视为二程初期讲学之所发。此期当以明道为主"[4]。第二,"明道心态具体活泼,富幽默,无呆气。故二先生语中凡语句轻松、透脱、有高致、无傍依、直抒胸臆、称理而谈,而又有冲虚浑含之意味者,大体皆明道语也"[5]。第三,"明道语句简约,常是出语成经,洞悟深远。又常是顺经典原文加几个口语字,

---

[1] 陈荣捷:《朱学论集》,上海:华东师范大学出版社,2007年,第100页。
[2] 唐君毅:《中国哲学原论·原教篇》,台北:台湾学生书局,1984年,第162页。
[3] 冯友兰:《中国哲学史》(下),重庆:重庆出版社,2009年,第263页。
[4] 牟宗三:《心体与性体》中册,上海:上海古籍出版社,1999年,第4页。
[5] 牟宗三:《心体与性体》中册,上海:上海古籍出版社,1999年,第5页。

予以转换点拨，便顺适调畅，生意盎然，全语便成真实生命之呈现"①。此条标准脱胎自《上蔡语录》，原文为"伯淳常谈《诗》，并不下一字训诂，有时只转却一两字，点掇地念过，便教人省悟"②。第四，"明道喜作圆顿表示，伊川喜作分解表示"③。对《遗书》鉴别来说，牟先生提出的四条标准具有里程碑式的意义。在《二程哲学体系》一书中，庞万里先生不仅考察了二程哲学的异同，而且对《遗书》做了鉴别。庞先生还提出了四条鉴别标准，依次是：第一，直接找出判别的依据；第二，从二程各自不同的用词用语习惯，及所注意和研究的问题的不同来判别；第三，综合的考察；第四，理证的方法。④

在本书中，在《遗书》鉴别上，对于没有明确归属的二程语录，笔者将参考朱熹、黄宗羲等前贤的鉴别意见和冯友兰、牟宗三等现当代学人的成功做法，加以鉴别。对于归属有争议的语录，笔者将通过语言风格比较、思想脉络、问题关注点等标准，提出自己的看法，并加以鉴别。至于《外书》，因其价值有限，笔者将主要采用已有明确归属的语录。

通过文献梳理，笔者发现，学界的研究成果丰硕，为开展本研究提供了充足的思想资源。但是，在程颢易学及其与程颐易学的异同、程颢易学与其理学体系建构的关系、程颐易学与其理学体系建构的关系等方面，学界的研究尚嫌不足，也有继续探讨的余地和必要。

在前辈学者已有研究成果的基础上，笔者将立足易学视野，探究程颢和程颐的易学研究与其理学体系建构的关系，以期继续推进对程颢和程颐思想的研究。

---

① 牟宗三：《心体与性体》上册，上海：上海古籍出版社，1999年，第7页。
② 〔宋〕程颢、程颐：《河南程氏外书》卷第十二，《二程集》，北京：中华书局，1981年，第427页。
③ 牟宗三：《心体与性体》中册，上海：上海古籍出版社，1999年，第8页。
④ 庞万里：《二程哲学体系》，北京：北京航空航天大学出版社，1992年，第413-414页。

第三节 研究思路与方法

在本书中，笔者将借用科学哲学家库恩（Thomas Sammual Kuhn，1922—1996）在阐释科学哲学时创立的范式概念，阐释二程的易学研究与其理学思想之间的关联。在库恩看来，科学的发展既不是逻辑过程，又不是线性的；科学知识的积累，也不是单纯的数量增长。实际上，科学的演变至少包含了三个时期，依次是前科学时期、受旧有范式制约的常规时期和实现新旧范式转换的科学革命时期。所谓范式，"包括定律、理论、应用和仪器在一起"①，它一方面得到了某一科学共同体的认同，另一方面也为后续的科学研究提供了强有力的支持。尽管库恩的范式概念是在科学哲学中首先使用的，却也可以进行创新性的解释。

在笔者看来，所谓范式，就是在某一时期某一学术共同体一致认同的基本理论、思维路径和阐释方法。范式在中国儒学发展史上一直真实存在，并在不同的历史时期展现为各具特色的先秦儒学研究范式、汉唐儒学研究范式、宋明儒学研究范式和清代以降的儒学研究范式。

在先秦时期，儒学的发展，表现为"以述为作"的范式。孔子在创立儒学时，使用了述而不作、以述为作的阐释范式。孔子创立的这一范式得到了后世儒者的认同，后儒大都通过注解和阐释经典的方式，来进行个人思想的阐发。到了汉代，儒家学者以五经为文献，拘泥于师法成说，采取烦琐注疏的方式，继续研究儒学。从汉代到唐代，儒学的发展呈现出以经义训诂为特色的研究范式。从宋代开始，儒家学者通过发挥经典文本背后的微言大义，来阐释和发展儒学。从宋代到明代，儒学的阐扬具有以经义阐发为特色的范式。到了清代，儒家学者通过钻故纸堆的方式，在探寻经典文本的真实意蕴的过程中，实现了经学式儒学的发展。从清代到民国，儒学的传承表现为以探求经典文本真意为特色的范

---

① 〔美〕托马斯·库恩著，金吾伦、胡新和译：《科学革命的结构》，北京：北京大学出版社，2003年，第9页。

式。到了现当代社会，我们仍然可以借助"范式"这一概念，通过阐释文本的真意，也可以研究二程的理学体系建构。

正如刘笑敢先生所云："哲学经典的诠释传统是中国哲学发展的主要载体或主要形式。"① 在宋代，理学家都是易学家。在《理学与易学》一书中，向世陵先生说："宋代理学的理论创造，与《周易》的文本和易学的思辨密不可分；宋代主要的理学人物，几乎没有不研究《周易》并进行相应的学术创作的。"② 可见，通过易学研究进行理学体系建构，是宋儒这一学术共同体遵循的范式。作为宋代大儒，二程的理学建构，也是借助易学研究来进行的。

一、研究思路

二程的易学研究与其理学体系建构，具有十分密切的关系。朱伯崑先生认为，"程颐是宋明道学中理学派的奠基人，其哲学体系主要来源于对《周易》经传的解释。……易学哲学也是程颐哲学的核心，作为其哲学体系的理学就是以其《易》学为基础形成和展开的"③。实际上，程颢也是通过易学诠释来建构理学体系的。

程颢说："圣人用意深处，全在《系辞》，《诗》、《书》乃格言。"④ 在他看来，易学是理学体系建构的基础和框架。程颢一生没有专门的学术著作。在今天，我们可以从《遗书》《外书》《河南程氏文集》等文献中，找到合适的文本，探究程颢的易学思想。在程颢的易学思想中，我们可以发现，他对易学中的天道本然、性命之理、修养工夫和人生应然

---

① 刘笑敢：《经典诠释与体系建构：中国哲学传统的成熟与特点刍议》，载李明辉编：《儒家经典诠释方法》，上海：华东师范大学出版社，2008年，第34页。
② 向世陵：《理学与易学》，长春：长春出版社，2011年，第2页。
③ 朱伯崑：《易学哲学史》（二），北京：昆仑出版社，2009年，第230页。
④ 〔宋〕程颢、程颐：《河南程氏遗书》卷第二上，《二程集》，北京：中华书局，1981年，第13页。

的全新解释。在研究程颢的易学思想的过程中，我们就可以发现他是如何建构其理学体系的。

与程颢不同，程颐呕心沥血写就了《周易程氏传》，该书也代表了程颐建构理学体系的完成。程颐的得意弟子尹焞曾说："先生平生用意，惟在《易传》，求先生之学者，观此足矣。"① 可见，《周易程氏传》不仅是程颐易学思想的集中表现，而且是解读其理学思想的核心文本，更是解读其理学体系建构的第一资料。在今天，我们不能仅仅通过《周易程氏传》来研究程颐的易学思想，还要从《遗书》和《外书》等文献中发掘程颐易学思想的核心意蕴。在解释程颐易学的过程中，我们也就能探究他建构其理学体系的过程。

从发生学的角度来看，程颢和程颐首先是易学家，其次才是理学家。他们以易学为思维框架，发掘了《大学》《中庸》《论语》和《孟子》等先秦儒家典籍中的固有儒门义理，涵摄了佛道思想的精华，最终建构起其理学体系。笔者认为，无论是在宇宙图景、性理之学、工夫进路等方面，还是在境界追求方面，程颢和程颐的思想都存在异同之处。

本书拟立足易学视野，以《二程集》为核心文本，通过对《遗书》《外书》等文献的鉴别，选取可靠的文本资料，阐明程颢和程颐的易学分别在其理学体系建构中所起的统摄作用和基础作用，厘清二程的思想异同之处，并说明二程人格气象的异同是由其思想的同中之异所决定的。

二、研究方法

要立足易学视野，研究二程的理学体系建构，就要选取可靠文献，并加以现代诠释。为了实现这一目标，笔者将采用文献研究法、基于易

---

① 〔宋〕程颢、程颐：《伊川先生年谱》，《河南程氏遗书》附录，《二程集》，北京：中华书局，1981年，第345页。

学专门之学的特点进行比较研究、历史与现实相结合等研究方法。

（一）文献研究法

在二程的传世文献中，《遗书》是需要做些梳理和鉴别工夫的。说到《遗书》之鉴别，首先，就要提到朱熹（以下尊称朱子）。朱子认为，《遗书》的资料来源非常可靠。而《外书》的资料往往无法确认来源，在使用时要"精择而审取"①，不可拿来就用。经过朱子的整理，《遗书》被分为三个部分，即卷一至卷十、卷十一至卷十四、卷十五至卷二十五。第一部分包括《遗书》的卷一至卷十，皆注有"二先生语"。在这十卷中，除个别地方标明说话者为二先生何人外，大部分都未标明何人所说。对于标明"明""伯"等标记的，笔者认为，可以确认为程颢语录。对于标有"正""侍讲"等记号的语句，则可以确认为程颐语录。因此，对于已有正、明、伯、侍讲等标记的，笔者将直接予以认可，不再考证和赘述。第二部分包括卷十一至卷十四，标明为明道先生语。笔者认为，这部分语录可以确认为程颢语录，无须鉴别。第三部分涵盖卷十五至卷二十五，则标明为伊川先生语。因为朱子的界定得到了学界的公认，所以这部分语录也可以确认为程颐语录。所以，《遗书》之鉴别，实质上是卷一至卷十中未标明说话主体的部分。

笔者认为，牟宗三先生的鉴别标准值得认真对待，并加以具体分析。在牟先生的四条标准中，第一条认为明道思想成熟比伊川早，因而，在《遗书》卷一至卷十中，未标明为二先生谁语的内容，大部分应该认定为明道语。笔者认为，这一断语可以商榷。原因是二程兄弟的思想成熟都较早，明道的《定性书》固然是智慧早发，伊川早年所作的《颜子所好何学论》也足以代表他的成熟思想。因此，在鉴别遗书时，我们还需认

---

① 〔宋〕程颢、程颐：《河南程氏外书》后记，《二程集》，北京：中华书局，1981年，目录第10页。

真比较，判明究竟是程颐语还是程颢语。第二条，牟先生是从程颢的语言风格入手来分析的，思路清晰，论证精到，应当继承。第三条，牟先生是将程颢借用经典原文来对学生加以随机点拨的语言习惯作为标准。这一条标准也是非常有价值的，笔者会在具体鉴别时，将其作为辅助标准。第四条，牟先生从思想同中之异入手，认为程颢喜欢以圆顿方式说话，而程颐则嗜好用分解方式表述。笔者认为，这条标准很合理，应当采纳。

在鉴别《遗书》时，程颢和程颐思想的同中之异是第一标准，语言风格是重要的辅助标准。笔者将以朱子、黄宗羲和牟宗三先生的鉴别为基础，辅以程颢和程颐思想系统和语言风格的同中之异，来判明语录的归属。若是遇到前贤对于同一条语录的界定有矛盾，笔者将对其中的矛盾部分加以剖析，并做出自己的界定。为了避免《遗书》的鉴别工作影响文气通畅、造成注释繁杂，笔者将采取在正文中夹注的方式来进行。

（二）基于易学专门之学的特点进行比较研究

易学作为专门之学，以象数义理合一为根基，以三才之道为核心，以天道性命相贯通为特点。胡瑗、周敦颐将易学重心由对阴阳之理的关注转换到对性命之理的探求上，程颢和程颐光大了《易》中的宇宙图景、性命之理、修养工夫和境界哲学，建构了自身的全新易学观，并以此为视域，涵摄已有的文献资料、前人和同时代学人的研究成果，建构了自身的理学体系。

通过文献梳理和思想比较，笔者力图还原程颢和程颐的理学体系建构过程，阐明二程借助易学研究完成了其理学体系的建构。在笔者看来，如果离开易学的思维架构，二程就很难统摄先秦儒学、汉唐经学、佛道思想精华等思想资源，其理学体系建构也将无法完成。

在笔者看来，即使程颢和程颐等儒家学者受到了佛教的影响，佛教也没有影响到他们的文化主体性和儒家立场。原因是程颢和程颐出入佛老,又返归六经的研究历程,体现了儒家学者的文化自觉。文化自觉是"生活于一定文化中的人对其文化有'自知之明',明白它的来历、形成的过程,所具有的特色和它的发展的趋向"[①]。在易学的架构下,他们涵摄、吸收了前人的思想资源,也展现了他们的文化自觉。

(三)历史与现实相结合

任何文化的产生,都离不开其所置身的历史文化语境。程颢和程颐的理学建构,也是如此。易学天人之学和儒家的礼乐文化价值系统,是他们建构自身理学体系的历史文化语境。面对佛道的文化冲击,程颢和程颐迸发出了强烈的文化自觉意识和主体意识。在易学的视野和架构下,他们借鉴了佛道二教所提供的思想资源和分析范式,进行了易学与《大学》《中庸》《论语》和《孟子》等先秦儒家典籍的相互融摄,诠释了《易》中的天道观、言象数意关系、道器关系、体用关系等的全新意涵,为儒家所倡导的人伦道德确立了坚实的价值依据、清晰的性命哲学、扎实的修养工夫和明确的境界哲学,从而完成了理学的奠基工作。

目前,国家重视传统文化发展,希望重振中华优秀传统文化。原因在于,现代化不等于西化,每一民族和国家都应该在追求现代化的过程中,保持自身的民族文化。因此,研究二程理学体系的建构,可以为今人在易学天人之学的宏大视域和解释架构下,立足文化主体性,融摄、吸收外来文化中的合理成分,建立中华民族的精神家园,最终实现中华优秀传统文化的伟大复兴,提供必要的思维框架和思想资源。

[①] 费孝通:《文化与文化自觉》,北京:群言出版社,2010年,第403页。

第一章
易学语境下二程全新总体宇宙图景的开显

　　程颢和程颐理学体系的建构，是以其对易学的全新诠释为主要途径而实现的。在研习易学的过程中，程颢和程颐建构起自身的理学体系。在程颢和程颐看来，天地之间是一个生生日新、时时变易的世界，而天理又是这一世界的根基根据。天理落实到作为三才之道之有机构成部分的人类身上，即为个体的性命之理。有了性命之理，个体就具有了如何做人、如何对待世界等人生应然。而个体在易学三才之道的架构下，学习、思索如何实现人、如何面对宇宙的过程，也就有了修养工夫的意味。在实现人生应然之后，个体就能过上理想人生，就可以成就理想人格。因此，程颢和程颐易学研究的结束之日，便是其理学体系建构完成之时。而程颢和程颐思想的异同、互补，则造就了二人不同的人格气象。

　　在易学研究的过程中体贴天理，并开显全新总体宇宙图景，是程颢和程颐建构自身理学体系的开端。程颢和程颐的体贴和开显，既接续了唐代已经开始的儒学复兴运动，又为自身借助易学研究，阐释性命之理、提出修养工夫、开示境界哲学，做了必要的理论铺垫。

　　早在唐代，为了抵御佛道二教对社会秩序和伦理道德的冲击，韩愈、柳宗元等人一方面对佛道二教进行抨击，另一方面倡导古文运动，儒学复兴的序幕也由此拉开。在当时，儒家学者不止批判佛道二教，也与其有思想互动。这一思想互动产生的成果"以在野的形式被延续下来，到将近北宋中期的时候，再度在儒教中开花"①。杨国荣先生也说："理学对佛教和道家、道教既批评，又吸纳，相拒而又相融。在此意义上，说理学的特点之一是儒释道融合，又有其历史根据。"②到了宋初，孙复、石介、胡瑗继续致力于儒学复兴。然而，从韩愈到胡瑗，儒家学者的"批判大体还是针对佛、老二教在政治、伦理方面所造成的破坏作用，很少从学理层面上对佛、老二教进行批驳"③。因此，儒学复兴仍然需要继续向前推进。

到了北宋中期，社会面临着冗官、冗军、民众负担沉重等诸多问题。与此同时，佛道二教的甚嚣尘上，也吸引了诸多士大夫的关注。程颢曾经感叹说："昨日之会，大率谈禅，使人情思不乐，归而怅恨者久之。此说天下已成风，其何能救！古亦有释氏，盛时尚只是崇设像教，其害至小。今日之风，便先言性命道德，先驱了知者，才愈高明，则陷溺愈深。"④（牟宗三先生认为，此语自系程颢语无疑。参见《心体与性体》中册第76页。另，张新国先生"通过对'昨日之会'章的历史时间考证和义理考证，得出的结论为：此节儒佛之辨主要是在程颢和韩持国之间展开的，同时参加集会的人还有范镇和程颐等"⑤。参见张新国《〈二程遗书〉"昨日之会"节考释》）要想解决社会问题和佛道流行带来的思想危机，儒家学者就要从本体层面对儒家所倡导的伦理道德进行论证，并以此为政治价值，实现天下太平、长治久安。

---

① [日]土田健次郎著，朱刚译：《道学之形成》，上海：上海古籍出版社，2010年，第7页。
② 杨国荣：《宋明理学：内在论题及其哲学意蕴》，《学海》2012年第1期。
③ 姜海军：《程颐〈易〉学思想研究——思想史视野下的经学诠释》，北京：北京师范大学出版社，2010年，第6页。
④ 〔宋〕程颢、程颐：《河南程氏遗书》卷二上，《二程集》，北京：中华书局，1981年，第23页。
⑤ 张新国：《〈二程遗书〉"昨日之会"节考释》，《安徽师范大学学报（人文社会科学版）》2015年第4期。

要想从本体层面对佛道二教进行回应,儒家学者就必须阐发儒门固有义理。"佛教既然讨论现实世界的真幻、动静、有无,人们认识的可能、必要、真妄,要与之对抗或论辩,便也得谈论这些问题,在这方面,传统儒学经典中可资凭据的,也大概只有《周易》了。"① 因此,在新儒学的建构过程中,《周易》成为足以容纳儒门义理和涵摄儒道思想精华的思想框架,原因是"作为模写世界万事万物运动变化规律的易道或道,是内在于具体事物之中而又超越世界万有的具体事物之上的具有普遍意义的观念模型"②。在《易传》中,"寄寓了先哲独特的总体宇宙关怀和终极人文关怀"③,也为后人研究易学提供了思想资源和解释空间。

在《易传》中,我们既能发现揭示天人万象之道的三才之道,又可以找到性命之理、人生应然和工夫进路。从汉代到唐朝,经学家往往将《易》中的天人万象之道解释为天人同构、一体贯通的生活世界。与此相关联的是,经学家关注的是现实层面的政治制度设计和伦理建设,对本体研究兴趣阙如。虽然李翱已经将《易传》与《乐记》《中庸》相会通,并写出了对后世影响深远的《定性书》,但是,其他儒家学者对此着力不多。

与汉唐经学家不同,宋代儒家学者普遍重视《周易》义理的阐发,并借此进行自身的学术研究和理论创造。从宋初三先生到二程,都通过研究《周易》,来建构自身的哲学体系。理学正是在儒家学者研易的过程中逐步奠基的。正如向世陵先生所云:"宋代理学的产生,是与《周易》蕴含的这些价值源泉的再发现分不开的。"④

在注重诠释《周易》义理的同时,宋代的儒家学者也从《大学》《中庸》《论语》和《孟子》等典籍中,发现了丰富的心性思想、修养工夫和

---

① 李泽厚:《中国古代思想史论》,天津:天津社会科学出版社,2003年,第211页。
② 刘玉建:《〈易传〉的宇宙本体论哲学——宋明理学本体论的滥觞》,《周易研究》2010年第3期。
③ 刘大钧:《〈周易〉古义考》,《中国社会科学》2002年第5期。
④ 向世陵:《宋代经学哲学研究·基本理论卷》,上海:上海科学技术文献出版社,2015年,第5页。

境界哲学。在易学的视野下，儒家学者逐步开始由五经到四书的文本转换；在经典诠释方式上，也逐步由借助章句注疏来认识义理，转变为直接从经文入手进行义理阐发。

在前辈学者已有思考的基础上，程颢和程颐将汉唐经学所描绘的宇宙生成论推陈出新，开显了以天理为终极本体根基和价值依据的宇宙图景，实现了宇宙本体与价值本体的合一。

第一节　宇宙本然研究范式的更新

《周易》包含《古经》和《易传》两个部分。"古经为一诞生于西周时期的卜筮之书，但却内蕴着'人的发现'的时代主题。《易传》则对卜筮进行了创造性的哲学转化，充分揭示了人在天地人物相融为一的整个世界中的主体性地位，令古经'人的发现'的意蕴，得到了空前的最高哲学层面上的丰富、深化与升华，即此而确立起易学天人之学的哲学品格。"[①]《易传》作者既描绘了天、地、人相互贯通的宇宙本然，又认为人类具有参赞天地化育的责任和作用。

从汉代开始，以经学家为代表的儒家学者沉溺于对《周易》的字句训诂和章句注疏，讲求"注不破经，疏不破注"，讲究师法传承。以汉代易学为例，"汉易将《易传》中本来充满生机活力的象数思想机械化、公式化、绝对化、僵死化而导致的卦气、卦变、互体、纳甲、飞伏、旁通、半象、爻辰、爻体等等的泛滥成灾"[②]。应该说，经学家对经典文本的诠释，也有其历史价值。但是，这些诠释无益于复兴儒学，也无法抵御佛道二教对儒门的冲击。

---

① 王新春：《卜筮与〈周易〉》，《周易研究》2003 年第 6 期。
② 刘玉建：《汉魏易学的绍承、超越与开新——孔颖达新型易学理论体系的建构》，《周易研究》2007 年第 6 期。

到了宋初，胡瑗提出"极天地之渊蕴，尽人事之终始"①，将《周易》视为"圣者、王者通天而理天下的经典，为居首的王者之书"②。由此，儒家学者逐步实现了本体研究范式的创新，也开启了研究宇宙本然的新篇章。然而，从胡瑗到张载，儒家学者关注的重点在于宇宙生成论，没能为儒家所推崇的人伦道德确定坚实的价值根基。正如蔡元培先生所云："邵、周、张诸子，皆致力于宇宙论与伦理说之关系，至程子而始致力于伦理学说。"③

在程颢和程颐看来，虽然《易》本为卜筮之书，但是在孔子赞《易》之后，《易》就变成了天道人事之书。程颢说："卜筮之能应，祭祀之能享，亦只是一个理。蓍龟虽无情，然所以为卦，而卦有吉凶，莫非有此理。以其有是理也，故以是问焉，其应也如响。若以私心及错卦象而问之，便不应，盖没此理。"④卜筮之所以会灵验，就是因为《易》反映了天道人事之理。程颐说："《易》之道，其至矣乎！圣人以《易》之道崇大其德业也。知则崇高，礼则卑下。高卑顺理，合天地之道也。高卑之位设，则《易》在其中矣。斯理也，成之在人则为性。人心存乎此理之所存，乃'道义之门'也。"⑤在他们看来，《易》是明天道、讲人事之书。通过解易，不仅可以用"以述为作"的方式彰显《易》的新内涵，还能为伦理道德确立形而上基础。

为了给人伦道德确立形而上根基，程颢和程颐一方面借鉴了王弼开创的义理派解易思路，并吸纳了胡瑗、王安石等易学名家在易学解释学上的成功经验，采取以理解易的解释范式，实现了对道器关系、体用关

---

① 〔宋〕胡瑗口述，〔宋〕倪天隐整理，见《影印文渊阁四库全书》第 0008 册，台北：台湾商务印书馆，1986 年，第 8-171 页。
② 王新春：《胡瑗经学视域下的〈周易〉观》，《周易研究》2009 年第 6 期。
③ 蔡元培：《中国伦理学史》，北京：人民出版社，2008 年，第 101 页。
④ 〔宋〕程颢、程颐：《河南程氏遗书》卷一，《二程集》，北京：中华书局，1981 年，第 51-52 页。
⑤ 〔宋〕程颢、程颐：《易说·系辞》，《二程集》，北京：中华书局，1981 年，第 1029 页。

系等易学范畴的全新阐释。正如林忠军先生所说:"宋代二程等人以理作为最高的范畴理解和诠释《周易》的变化之道,把人事作为易学的核心贯穿解读《周易》中,显然是得之于王弼玄学易。"① 另一方面,他们又借助自身的易学思想,发扬了先秦儒学的精华,涵摄吸收了佛道二教的有益成分,为儒家的伦理道德确立了完备的根基根据。

一、易学视域中的天人万象之道

作为天地万物的活动场所,宇宙并非毫无规律可循的、无意义的机械世界。方东美先生说:"'宇宙',从我们看来,根本就是普遍生命的大化流行,其中物质条件和精神现象融会贯通,毫无隔绝。"② 天地万物之间既存在着有机联系,又呈现出稳定的规律和理则。从哲学角度来看,这些联系、规律和理则展现为天人万象之道。

《系辞传》云:"《易》之为书也,广大悉备,有天道焉,有人道焉,有地道焉。兼三材而两之,故六。六者非它也,三材之道也。"这说明,在以天道、地道和人道为内容的三才之道的解释架构下,易学全面地揭示了天人万象之道的本来面貌。《说卦传》云:"昔者圣人之作《易》也,将以顺性命之理。是以立天之道曰阴与阳,立地之道曰柔与刚,立人之道曰仁与义。兼三才而两之,故《易》六画而成卦。"《易》作者认为,天道表现为阴阳的交感、和合,地道体现为柔刚,人道则表现为仁义。卦爻象来自对客观外在情势的模拟,是"仰则观象于天,俯则观法于地,观鸟兽之文与地之宜,近取诸身,远取诸物"(《系辞下传》)的产物。

天道不仅表现为阴阳,而且表现为生生之德。《系辞上传》云:"富有之谓大业,日新之谓盛德,生生之谓易。"首先,阴阳二气的交感、激荡,不仅创生了万物,而且让其生化日新。阳具有刚健的品格,在化生

---

① 林忠军:《论汉魏易学之嬗变》,《社会科学战线》2001年第4期。
② 方东美:《中国人生哲学》,北京:中华书局,2012年,第115页。

万物中发挥创生作用。《乾·彖》说:"大哉乾元,万物资始,乃统天。"而阴则具有温顺的特性,在化生万物时有着成就之功。《坤·彖》说:"至哉坤元,万物资生,乃顺承天。"在阴阳二气交感、和合的基础上,天地人物才得以产生。所以,《系辞上传》才会说:"乾知大始,坤作成物。乾以易知,坤以简能。"其次,阴阳二气造就的生化日新,又体现了天地的德行。在《系辞下传》中,《易》作者用"天地之大德曰生"一语来点醒我们,"生"是天地最大的德行。所谓"生",包括"生出、生养、生长以及变化、更新"①等意味。最后,《易》又把天地化生、成就万物的神妙莫测的特点称为"神",提出了"神无方而易无体"(《系辞上传》)的说法。《系辞上传》曰:"范围天地之化而不过,曲成万物而不遗,通乎昼夜之道而知,故神无方而易无体。"可见,在《易》作者的眼中,"神"并非今人所理解的超自然实体,而是神妙莫测之意。

既然万物都由天道借由阴阳二气的激荡化生而成,那么,人道的仁义也就是天道的展现、实现。因此,天道具有本源、潜存的意味,人道则具有发用、现实的意涵。从《易经》开始,中国哲学本体论②正式发端了。向世陵先生说:"'本体'之所以由'本'与'体'合成,在于二者含义本来关联。《周易·系辞下》既言'刚柔者,立本者也',又言'阴阳合德,而刚柔有体',刚柔'立本'与'有体'语意近似,指阴阳为卦之本、体。"③可见,《易》中确实已有本体哲学的探讨。

《易》中本体哲学的探讨,又被表述为道器关系。《系辞上传》云:

---

① 乔清举:《泽及草木,恩及水土》,济南:山东教育出版社,2011年,第161页。
② 需要说明的是,中国哲学的本体并非西方哲学中的 ontology,前者有本源、潜存之意,后者有实体之意。俞宣孟先生认为,"从 ontology 字源的考察我们得知,所谓'本体论',其实并不是关于'本体'的学说,而是关于'是'的学说"。(参见俞宣孟:《本体论研究》,上海:上海人民出版社,2005年,第19页)笔者认为,"是"即 being,也有存在之意。而中国哲学家眼中的本体,则有本源之意。
③ 向世陵:《宋代经学哲学研究·基本理论卷》,上海:上海科学技术文献出版社,2015年,第23页。

"一阴一阳之谓道,……显诸仁,藏诸用,鼓万物而不与圣人同忧,盛德大业至矣哉!"《易传》作者简明扼要地展现了易学本体论的内涵,认为道为本体、器为发用,道器之间既有区别又有联系。虽然《易传》作者仅仅是粗线条地探讨了道器关系,却为"汉代及后世这些尤其是宋明道学本体论哲学的建构,在基本范畴上奠定了基础,在思想来源上提供了源泉"①。通过发扬《易》中的本体思想,程颢和程颐最终建构起自身的天理论。

二、二程之前天人关系研究的欠缺

儒家学派创始人孔子的本体思想,不仅表现在《易传》中,而且体现在《论语》中。孔子并未对天道做出多少阐释,只是说:"天何言哉?四时行焉,百物生焉。天何言哉!"(《论语·阳货》)孔子在教学时,习惯于根据学生的天分因材施教,使可造之才可以在道德践履中逐步体会天道。因此,子贡才会感叹说:"夫子之文章,可得而闻也;夫子之言性与天道,不可得而闻也。"(《论语·公冶长》)《中庸》提出"天命之谓性,率性之谓道,修道之谓教"和"诚者,天之道;思诚者,人之道"的观点,认为人的性善来源于天的赋予。孟子私淑孔子,将天看作义理之天。孟子希望以人道合天道,提出了"尽其心者,知其性也。知其性,则知天矣"(《孟子·尽心上》)的工夫进路。荀子不同意孔孟的观点,将天视作自然之天,提出了"天行有常"(《荀子·天论》)的观点,主张人类应该"明于天人之分"(《荀子·天论》)、"制天命而用之"(《荀子·天论》)。可见,先秦儒家已经对本体哲学做了探讨。

就道家学者来看,老子提出:"道生一,一生二,二生三,三生万物"(《道德经》),此处的"道"已有本体意味。庄子云:"夫道,有情有信,

---

① 刘玉建:《汉代易学通论》,济南:齐鲁书社,2012年,第45页。

无为无形；可传而不可受，可得而不可见；自本自根，未有天地，自古以固存；神鬼神帝，生天生地；在太极之上而不为高，在六极之下而不为深，先天地生而不为久，长于上古而不为老。"（《庄子·大宗师》）在庄子那里，"道"具有更清晰的本体意蕴。徐小跃先生认为，"老庄道家本体论意在设立一个超越具体事物或经验对象的'道'、'无'，以期追寻作为世界统一性的终极存在"①。

  由于孔子没有明确开示"性与天道"的内涵，所以，从汉代到唐代的经学家沉迷于宇宙发生论、宇宙构成论，没能探究万有背后的根基根据。由此，经学呈现出"法天地以设政教、明天人以立王道"②的基本倾向，学者们关注的是经义注疏，讲究的是"注不破经，疏不破注"。在经学家看来，君主是沟通上天和万民的代理人，负有教化民众的责任。例如，董仲舒说："人主立于生杀之位，与天共持变化之势，物莫不应天化。……人主以好恶喜怒变习俗，而天意暖清寒暑化草木。"③董仲舒认为，君主应该效仿天道运行规律来教化万民，实现天地人物的和谐通泰。可见，在汉唐时期，儒家的本体哲学非但没有得到充分发展，反而被遗失了。

  到了魏晋时期，玄学家接过了本体哲学的大旗，在本体论探究方面做了不少努力。鉴于此，在归纳玄学的特点时，汤用彤先生才会说："魏晋玄学者，乃本体之学也。"④例如，王弼对汉代的象数易学提出了批评，在"注《周易》时，一扫汉人象数之说"⑤，指出："夫象者，出意者也。言者，明象者也。尽意莫若象，尽象莫若言。……得意在忘象，得象在

---

① 徐小跃：《对老庄本体论思想的几点思考》，《江苏社会科学》2000 年第 12 期。
② 王新春：《哲学视野下的京房八宫易学》，《周易研究》2007 年第 6 期，第 34 页。
③ 〔汉〕董仲舒：《春秋繁露》，北京：中华书局，1975 年，第 406 页。
④ 汤用彤：《汉魏两晋南北朝佛教史》，北京：北京大学出版社，1997 年，第 190 页。
⑤ 刘大钧：《周易概论》，济南：齐鲁书社，1986 年，第 172 页。

忘言。"① 在象数和义理的关系上，王弼主张义理是第一位的，象数只是表达义理的工具。由此，王弼建构起了玄学本体论的哲学体系，认为无形象的寂然至无是有形象的万事万物的本体。在注解《复卦·象传》时，王弼说："天地虽大，富有万物，雷动风行，运化万变，寂然至无是其本矣。"② 虽然万有以无为本体，可是我们却不能否认万有的价值。在注解《老子》第四十章中的"天下万物生于有，有生于无"一句时，王弼说："天下之物，皆以有为生，有之所始，以无为本，将欲全有，必反于无也。"③ 在王弼看来，因为天道是寂然至静、自然无为的，所以万物也应该效法天道。在哲学史上，王弼的玄学本体论具有开拓性的贡献。在宋代，理学家的体用之辨"完全是玄学的本末之辨的思想逻辑与方法发展的结果"④。

不仅道家、道教发展出自身的本体哲学，而且佛教在本体上也颇有建树。在佛教传入之后，译经人借用中国文化中的概念、范畴来翻译佛经。由此，"本体"一词也被佛教赋予了丰富的内涵。例如，中唐高僧慧海在解释体用范畴时，说："莫向言语纸墨上讨意度，但会净名两字便得。净者，本体也；名者，迹用也。从本体起迹用，从迹用归本体。体用不二，本迹非殊。"⑤ 在慧海看来，如果沉溺经典研习，就会迷失佛门真义。在体用关系上，慧海认为体用不二、本来为一。

就建构理学体系而言，佛道二教的本体思想，都是必要的思想资源。丁为祥先生认为，"佛教的超越追求精神、道家的反向溯源智慧以及儒家

---

① 〔魏〕王弼著，楼宇烈校释：《周易略例·明象》，《王弼集校释》，北京：中华书局，1980年，第609页。
② 〔魏〕王弼著，楼宇烈校释：《老子道德经注》下篇，《王弼集校释》，北京：中华书局，1980年，第337页。
③ 〔魏〕王弼著，楼宇烈校释：《周易·复·象注》，《王弼集校释》，北京：中华书局，1980年，第110页。
④ 朱汉民：《玄学、理学本体诠释方法的内在理路》，《社会科学》2012年第7期。
⑤ 〔唐〕慧海：《大珠慧海顿悟要门·诸方门人参问》，载李淼编著：《中国禅宗大全》，长春：长春出版社，1991年，第94-95页。

'为万世开太平'的人伦世教关怀"①都是理学家建构形上本体的必要思想资源。儒家学者一方面对佛教大加批评，认为佛教倡导僧尼出家和追求众生成佛的行为，会危害经济生产和社会秩序；另一方面，他们也在佛教的刺激下，转而建构自身的理论体系。正如张君劢先生所云："佛教给中国人的最大刺激，是使中国学者回到儒家的基础上，并从儒家基础上创立他们的系统。"②笔者认为，儒家学者对佛道二教的批评和吸收，体现了儒家学者的文化自觉。

尽管儒家学者力图创立自身的形上系统，却暂时难以摆脱佛道二教的影响。以唐代大儒孔颖达为例，在天道观上，孔颖达仍然继承了玄学以无为本的本体论。在注解《系辞上传》中的"形而上者谓之道，形而下者谓之器"一语时，孔颖达说："道是无体之名，形是有质之称。凡有从无而生，形由道而立，是先道而后形，是道在形之上，形在道之下。故自形而上者谓之道，自形而下者谓之器也。形虽处道器两畔之际，形在器不在道也。既有形质，可为器用，故曰'形而下者谓之器'也。"③虽然孔颖达对《易》中的本体哲学进行了进一步探讨，却没能摆脱玄学本体论的束缚。

在儒门淡薄的同时，佛道二教因其本体论、心性论的探讨，而在社会上大行其道。对儒家学者来说，"佛教以本性真空为实相，认定现象世界无常而判断其假有，对于儒家坚持现实世界的实有既是一种巨大的冲击，又为其提升理论层次提供了必要的资源"④。以韩愈、柳宗元等人为代表的儒家学者抨击了佛教对社会秩序、伦理道德等层面的冲击，却没能在本体层面对其提出批评。由此，儒学复兴的大幕正式开启。而宋

---

① 丁为祥：《宋明理学形上本体意识的形成及其意义》，《陕西师范大学学报（哲学社会科学版）》2014年第3期。
② 张君劢：《新儒家思想史》，北京：中国人民大学出版社，2006年，第85页。
③ 〔唐〕孔颖达：《周易正义》，北京：北京大学出版社，2000年，第344页。
④ 向世陵：《宋代经学哲学研究·基本理论卷》，上海：上海科学技术文献出版社，2015年，第35页。

初三先生上承汉唐儒者，着力阐发儒门义理，又为理学的诞生做了进一步的铺垫。

三、宇宙本然言说方式的转换

到了北宋时期，胡瑗提出"通天人之渊蕴，明人事之始终"①，第一次揭示了易学天人之学的理论本质。胡瑗从宇宙生成、性命之理和秩序重建等视角，对《易》进行了阐发。在宋代的易学著作中，《周易程氏传》"受胡瑗《周易口义》的影响最大"②。在《周易程氏传》中，程颐多次以尊敬的口吻提及胡瑗，例如，在解释《观卦》卦辞时，程颐说："予闻之胡翼之先生曰：'君子居上，为天下之表仪……。'"③在诠释《大畜卦》上九爻辞"上九，何天之衢，亨"时，程颐说："予闻之胡先生曰：天之衢亨，误加'何'字。……"④在谈及胡瑗对程颐的影响时，《宋元学案》提到，程颐"于濂溪，虽尝从学，往往字之曰'茂叔'；于先生（指胡瑗），非'安定先生'不称也"⑤。通过比较程颐对胡瑗和周敦颐的称呼，《宋元学案》作者认为胡瑗对程颐的影响比周敦颐对其影响更大。由此可见，胡瑗的易学解释范式的确对程颐产生了重大影响。

在胡瑗之后，周敦颐由太极确立人极，以诚为沟通天人的道德本体，

---

① 〔宋〕胡瑗口述，〔宋〕倪天隐整理：《周易口义》，见《影印文渊阁四库全书》第0008册，台北：台湾商务印书馆，1986年，第8-171页上。
② 杨泽：《胡瑗〈周易口义〉研究》，中国人民大学硕士论文，2004年，第56页。
③ 〔宋〕程颢、程颐：《周易程氏传》卷第二，《二程集》，北京：中华书局，1981年，第798页。
④ 〔宋〕程颢、程颐：《周易程氏传》卷第二，《二程集》，北京：中华书局，1981年，第832页。
⑤ 〔清〕黄宗羲原著，〔清〕全祖望补修：《宋元学案》第一册，北京：中华书局，1982年，第26页。

为人在宇宙中找到了适切定位。以今人的眼光观之，周敦颐以"绝对至善的诚，作为大宇宙的根基，借助大化得以下贯，赋予了万物，令万物同具性命本然之诚，皆备诚的本然之性命，从而共同拥有了终极的大宇宙根基根据：这是大化所成万物的一致性之所在"[1]。在周敦颐之后，张载把太虚、太和看作万物的本体，指出："太和所谓道，中涵浮沉、升降、动静相感，是生絪缊、相荡、胜负、屈伸之始。"[2] 在理学史上，张载把"太虚"看成万物的本体，具有重要意义。原因是"张横渠用这个'虚'字，一方面对治佛教的'空'；另一方面也对治道家的'无'。……张横渠提出'虚'就是对抗佛、老两家的'空''无'"[3]。余敦康先生肯定了张载在推进儒家本体研究上的贡献，说："如果说周、邵作为理学思潮的开拓者，其所建构的体系属从生成论到本体论的过渡形态，那么张载的问题就是极力争取建构一个成熟的本体论为继系，朝着天人合一、体用不二的目标前进。"[4]

与汉唐易学注重"本天道以立人道，法天道以开人文"[5]不同，程颢和程颐打通了天道和人道，"即本人事以推天道，复即天道以修明人事"[6]，从而为人伦道德确立了形而上根基根据。他们第一次将天理确立为通贯天人的宇宙本体和价值本体，并将其确定为自身哲学体系的核心范畴。他们提升了天理的学理品位，使其成为宋代以后儒家哲学的核心范畴。因此，他们被视为理学的奠基人，宋代及以后的儒学也被称为理学。

---

[1] 王新春：《易学视域下周敦颐的理学建构》，《周易研究》2011年第6期。
[2] 〔宋〕张载：《正蒙·太和篇》，《张载集》，北京：中华书局，1978年，第85页。
[3] 牟宗三：《宋明儒学的问题与发展》，上海：华东师范大学出版社，2004年，第102页。
[4] 余敦康：《汉宋易学解读》，北京：华夏出版社，2006年，第338页。
[5] 王新春：《哲学视野下的汉易卦气说》，《周易研究》2002年第6期。
[6] 胡自逢：《程伊川易学述评》，台北：文史哲出版社，1995年，第253页。

第二节　天理本体地位的确立及其内涵

二程对天理的体贴，是借助易学研究来实现的。离开易学的思考，既无法提出天理，又无法说明其内涵。首先是程颢，他说："吾学虽有所受，天理二字却是自家体贴出来。"① 从"生生之谓易"入手，程颢体贴出了天理。在谈及程颢体贴天理在哲学史上的价值时，牟宗三先生认为，"说'天理二字'是他'自己体贴出来'，其实意只是他真理会得这道理，他真实理会得那种种名之实义而拈出这两个字以代表之。说这两个字，是表示儒家言性命天道是彻底而严整的道德意识之充其极"②。其次是程颐，他也对天理的本体地位的确立做出了诸多贡献。通过格物穷理，他发现万物皆有理；他又重新厘定了言、象、数、意之间的关系，最终确立了天理的本体地位。就体贴天理而言，二人的做法具有异曲同工之妙。以下，笔者拟对程颢和程颐的天理诠释做出分析，说明大同表现在哪里，小异又如何体现。

一、从天道到天理

"天理"二字并非程颢首创。先来看"天"字。在殷商时期，天具有精神性，是至上神，是主宰者，万事万物都要受它的支配。《尚书·大诰》云："天命不易。"在这时，天处于压倒性的地位，人类只能被动服从天的支配。后来，随着生产力水平和人类理论思维能力的提高，天的地位逐渐下降，人的地位开始提升。郑国贵族子产有"天道远，人道迩"（《左传·昭公十八年》）的说法，第一次凸显了人道和天道的差异。此后，哲学家开始了对天道和人道的探讨。老子探讨了宇宙万物的本原，认为自然无为的道是万物的根源。老子说："道生一，一生二，二生三，三生万

---

① 〔宋〕程颢、程颐：《河南程氏外书》卷第十二，《二程集》，北京：中华书局，1981年，第424页。
② 牟宗三：《心体与性体》中册，上海：上海古籍出版社，1999年，47页。

物。"(《道德经·第四十二章》)孔子发现了人的内在价值,挺立起人的主体性,彰显了人道的意义。孔子说:"人能弘道,非道弘人。"(《论语·卫灵公》)孟子以人道合天道,将义理之天看作性善论的价值根据。孟子说:"是故诚者,天之道也;思诚者,人之道也。"荀子把天看作自然之天,主张"制天命而用之"。因此,在中国哲学中,"天"的内涵很丰富,包括自然之天、主宰之天、义理之天等。

再来看"理"字。"理"在先秦典籍中也不罕见。《诗经》中已有"我疆我理,南东其亩"(《诗·小雅·信南山》)的诗句。《左传》中有"疆理天下"(《左传·成公二年》)的说法。《易传》有云:"易简而天下之理得矣。天下之理得,而成位乎其中矣。"在《墨子》一书中,有"取舍是非之理。不义不处,非理不行,务兴天下之利,曲直周旋,利则止,此君子之道也"(《墨子·非儒下》)。《孟子》有云:"始条理者,智之事也;终条理者,圣之事也。"(《孟子·万章下》)《荀子》云:"凡人之患,蔽于一曲而暗于大理。"(《荀子·解蔽》)在上述语境中,"理"皆有理则、规律等意思。

"天理"二字最早出现在《庄子》一书中。《庄子》云:"依乎天理。"(《庄子·养生主》)又云:"夫至乐者,先应之以人事,顺之以天理。"(《庄子·天运》)在当时,"天理"指的是天道运行的自然规律。《礼记·乐记》中说:"人生而静,天之性也。感于物而动,性之欲也。物至知知,然后好恶形焉。好恶无节于内,知诱于外,不能反躬,天理灭矣。夫物之感人无穷,而人之好恶无节,则是物至而人化物也。人化物也者,灭天理而穷人欲者也。"此处的"天理"则指的是人类的自然本性、道德范畴。《韩非子》说:"万物各异理,而道尽稽万物之理。"(《韩非子·解老》)在韩非子看来,万物各有其理,而道则是万物背后的根据。刘玉建先生认为,"韩非子对道与天理的哲学提举,尤其是以理释道的思维路向以及道理关系论,对二程尤其是程颐当有启迪之功"[①]。

---

① 刘玉建:《易学哲学视域下的程颐天理本体范畴的观念进学》,《周易研究》2015年第4期。

与二程同时期的哲学家邵雍和张载，都曾多次使用"天理"二字。邵雍说："能循天理动者，造化在我也。"① 又说："得天理者，不独润身，亦能润心。不独润心，至于性命亦润。循理则为常，理之外则为异矣。"② 在邵雍的眼里，天理已经具有本体意味。在《正蒙》和《经学理窟》二书中，张载也经常使用"天理"一词。例如，"徇物丧心，人化物而灭天理者乎？"③ 再如，"所谓天理也者，能悦诸心，能通天下之志之理也"④。在张载的视野中，"天理"也具有本体意味。可是，邵雍和张载都不把天理作为自己哲学的最高范畴。前者以数来解释宇宙生化，后者把太虚、气看作最高哲学范畴。在张载哲学中，太虚与气之间存在着难以弥合的裂缝，性命与天道之间没能贯通。张立文先生认为，"二程既然接过张载'太虚'与'气'的裂缝，因而他们便以张载哲学逻辑结构中较少论及的'理'（'道'）代替'太虚'，从而构筑其哲学的逻辑结构"⑤。

　　在程颢和程颐看来，天理是永恒的，是万物背后的终极根基根据，万物都是天理这一本体的展现、实现。熊十力先生认为，本体具有四种含义，即"一，本体是万理之原，万德之端，万化之始。二，本体即无对即有对，即有对即无对。三，本体是无始无终。四，本体显为无穷无尽的大用，应说是变易的。然大用流行毕竟不曾改易其本体固有生生、健动，乃至种种德性，应说是不变易的"⑥。在程颢和程颐看来，天理是万物背后的本体依据，是超越时空、亘古长存的，它可以展现为万事万物。衡之以熊先生对本体的定义，可见天理显然具有本体意味。而天理本体意味的凸显，则"是理学范畴史上的一个重要时期，它标志着'理'

---

① 〔宋〕邵雍：《观物外篇》下之中，《邵雍集》，北京：中华书局，2010年，第156页。
② 〔宋〕邵雍：《观物外篇》下之中，《邵雍集》，北京：中华书局，2010年，第156页。
③ 〔宋〕张载：《正蒙·神化篇》，《张载集》，北京：中华书局，1978年，第18页。
④ 〔宋〕张载：《正蒙·诚明篇》，《张载集》，北京：中华书局，1978年，第23页。
⑤ 张立文：《宋明理学研究》，北京：人民出版社，2002年，第261页。
⑥ 熊十力：《体用论》，北京：中华书局，1994年，第50-51页。

范畴的真正确立"①。

二程对天理的体贴,又离不开易学的框架。程颢是从"生生之谓易"中体贴出天理的,而程颐的哲学体系也"主要来源于对《周易》经传的解释。……易学哲学也是程颐哲学的核心,作为其哲学体系的理学就是以其《易》学为基础形成和展开的"②。因此,要说明天理的体贴,就得从易学视域入手。

二、程颢对天理内涵的解读

通过静观万物的盎然生意,程颢思考了天地所具有的生生之德,认为天地内具的生生之德是天理的展现方式。他"依据《易》学提供的范畴与命题,将天道与人道从本体论上熔铸在一起,建立起他自己体悟而得的道德形上思想体系"③。而天理的体贴,则是程颢建立自身哲学体系的开端。

(一)从生生之德体贴出天理

程颢喜欢体察大自然中的勃勃生机和葱茏生意,说:"观天地生物气象。"并加注说:"周茂叔看。"④(黄宗羲定为程颢语,参见《明道语录》,载《宋元学案》第564页)他又说:"周茂叔窗前草不除去,问之,云:'与自家意思一般。'"⑤从一草一木的生意上面,程颢充分感受到了宇宙

---

① 蒙培元:《理学范畴系统》,北京:人民出版社,1989年,第12页。
② 朱伯崑:《易学哲学史》(二),北京:昆仑出版社,2009年,第230页。
③ 赖贵三:《"憧憧往来,朋从尔思"——程颢理学与〈易〉学会通之道德形上思想析论》,《国学学刊》2016年第1期。
④〔宋〕程颢、程颐:《河南程氏遗书》卷第六,《二程集》,北京:中华书局,1981年,第83页。
⑤〔宋〕程颢、程颐:《河南程氏遗书》卷第三,《二程集》,北京:中华书局,1981年,第60页。

的生机盎然,"进而亦通体透悟到整个大宇宙在在所透显出的盎然生机、生意,以及天地对此所发挥的作用"①。

天道就是生化日新之道,即"'为物不贰,生物不测'之生道,即创生之道,能起创生大用之道"②。立足人道,天道化生万物,成就万物,就有了价值意味。程颢说:"'生生之谓易',是天之所以为道也。天只是以生为道,继此生理者,即是善也。善便有一个元底意思。'元者善之长',万物皆有春意,便是'继之者善也'。"③(黄宗羲将其断为程颢语,见《明道学案》,载《宋元学案》第564页)生生不息之理即天道,即天理。天理是潜存,是可能;万物是现实,是展开。因此,天理是万物能够具有盎然生意和自得其乐的本体依据。

(二)天理的特性

在程颢看来,天理既具有超越性,又具有普遍性。天理的超越性与普遍性是既对立又统一的关系。天理不仅是化生万物的本体,还可以内化为万物之理。

首先,天理具有超越性,万事万物皆以其为完善自足的根基根据。程颢说:"天理云者,这一个道理,更有甚穷已?不为尧存,不为桀亡。人得之者,故大行不加,穷居不损。这上头来,更怎生说得存亡加减?是佗原无少欠,百理具备。"④(牟宗三先生认为,此语自系程颢语无疑。参见牟宗三《心体与性体》中册第48页)天理是完善自足的形上依据,不会因为人的行为而有所改变。因此,统一而超越的天理和散在万物之

---

① 王新春:《仁与天理通而为一视域下的程颢易学》,《周易研究》2006年第6期。
② 牟宗三:《心体与性体》中册,上海:上海古籍出版社,1999年,第43页。
③〔宋〕程颢、程颐:《河南程氏遗书》卷第二上,《二程集》,北京:中华书局,1981年,第29页。
④〔宋〕程颢、程颐:《河南程氏遗书》卷第二上,《二程集》,北京:中华书局,1981年,第31页。

中的万物之理之间的关系，是一理和万殊的关系。

其次，天理又具有普遍性。统一而超越的天理只有落实为万物之理，才能得以实现。程颢说："所以谓万物一体者，皆有此理，只为从那里来。'生生之谓易'，生则一时生，皆完此理。"① 天地间的每一事物都有自身之理，因而各具特点。天理的普遍性和超越性之间，又是不矛盾的。程颢说："《中庸》始言一理，中散为万事，末复合为一理。"② 所以，天理和万物之理是普遍和特殊的关系。

可见，天理是内在于天地人物的本体依据和价值依据，万事万物与天理之间是本体与发用的关系。与程颢类似，程颐也提出了自身对天理的理解。

三、程颐对天理内涵的界定

与程颢一样，程颐在确立天理的本体地位的过程中也对万物做了观察。张岱年先生认为，"伊川的理之观念，实是古代道家之道的观念之变形"③。笔者认为，程颐对道教的借鉴是形式上的，其在内容上则纯粹是儒门义理。除了借鉴道教之"道"之外，程颐又对王弼、胡瑗等人的思想做了批评和继承，创立了援理入易、以易证理的解易范式，提出了自己的全新易学观，进而建构起了自己的天理论。与程颢类似，程颐体贴天理，亦是在其易学研究过程中，通过阐发先秦儒学的精华和涵摄佛道思想的合理成分而逐步完成的。

---

① 〔宋〕程颢、程颐：《河南程氏遗书》卷第二上，《二程集》，北京：中华书局，1981年，第33页。
② 〔宋〕程颢、程颐：《河南程氏遗书》卷第十四，《二程集》，北京：中华书局，1981年，第140页。
③ 张岱年：《中国哲学大纲》，北京：中国社会科学出版社，1982年，第58页。

(一)天理本体地位的确立

在程颐之前,胡瑗已经提出变易乃是《易》的精髓:"大《易》之作,专取变易之理。变易之道,天人之理也。"① 通过对《易》中本有的天道观的阐扬,胡瑗希望"通过天道,为儒家的价值秩序观念奠基"②。程颐认同胡瑗的解释思路,将天理看成万象共生、物我一理的有机整体世界背后的根据。在程颐看来,世界是变化无穷的,变易成就恒常,而天理则是变易背后的依据。由此,程颐提出了以变易、随时取义、义理与象数并重、政治价值与制度设计兼具为特色的全新易学观,并逐步确立了天理的本体地位。

1. 全新易学观的提出

全新易学观的提出,是程颐建构其天理论的第一步。《易纬·乾凿度》云:"《易》一名而含三义,所谓易也,变易也,不易也。"在易之三义中,程颐将变易看作易的第一要义。他说:"圣人作《易》,以准则天地之道。《易》之义,天地之道也……""《易》之义,与天地之道相似,故无差违,相似,谓同也。"③ 在他看来,《周易》涵摄了宇宙间的一切变化,既包括阴阳变化,又有人事变迁。因此,在程颐这里,易学成了最高的、足以涵摄其他典籍的哲学体系。

程颐认为,世间万物都是变动不居的。在解释《恒卦·彖辞》中的"利有攸往,终则有始也"时,他说:"天下之理,未有不动而能恒者也。动则终而复始,所以恒而不穷。凡天地所生之物,虽山岳之坚厚,未有能不变者也,故恒非一定之谓也,一定则不能恒矣。唯随时变易,乃常

---

① 〔宋〕胡瑗口述,〔宋〕倪天隐整理:《周易口义·发题》,《影印文渊阁四库全书》第 0008 册,台北:台湾商务印书馆,1986 年,第 8-171 页下。
② 陈睿超:《胡瑗〈周易口义〉中的天道观》,《云南大学学报(社会科学版)》,2014 年第 3 期。
③ 〔宋〕程颢、程颐:《河南程氏经说》卷第一,《二程集》,北京:中华书局,1981 年,第 1028 页。

道也,故云利有攸往。明理之如是,惧人之泥于常也。"①他认为,人们应该效法天道,学会因时制宜、因人制宜,反对拘泥和保守。在他看来,变易又是以天理为根据的。在解释《泰卦》九三爻辞"九三,无平不陂,无往不复,艰贞无咎。勿恤其孚,于食有福"时,他说:"平者陂,往者复,则为否矣。当知天理之必然。"②将天理看成变易的根据,体现了程颐以理解易的易学解释思路。

2. 象数义理关系的重新厘定

在提出全新易学观之后,程颐又对理象关系做了重新厘定。在《易传》中,"《彖》《象》《文言》《系辞》《说卦》等篇中所表达的经天地、理人伦的精妙义理,无非《易象》学说在学理上的升华与延续"③。在《易传》作者的眼中,义理与象数是密不可分的。因此,王弼扫尽象数,就有矫枉过正之嫌。而理象关系的厘定,则是程颐确立天理本体地位的重要一环。程颐"将《系辞传》中的圣人之'意'转换为天地之'理',为他的易学思想确立起终极的理论支撑,将易道转化为天理"④。在这方面,程颐既对前人有所吸收,又对他们的偏差提出了批评。

在两汉时期,象数易学是易学的主流。在象数派易学家看来,《周易》经传的卦爻辞、文字和象数之间存在着公式化的对应关系。所以,他们试图通过象数易学的创新,来实现将《周易》文字与象数的一一对应。结果,象数易学走入了烦琐注释和牵强附会的泥潭。王弼对象数易学的弊端提出了尖锐的批评:"是故触类可为其象,合义可为其征。义苟在健,何必马乎?类苟在顺,何必牛乎?爻苟合顺,何必坤乃为牛?义苟应健,

---

① 〔宋〕程颢、程颐:《周易程氏传》卷第三,《二程集》,北京:中华书局,1981年,第862页。
② 〔宋〕程颢、程颐:《周易程氏传》卷第一,《二程集》,北京:中华书局,1981年,第756页。
③ 刘大钧:《"卦气"溯源》,《中国社会科学》2000年第5期。
④ 张克宾:《因象以明理:论程颐易学的"卦才"说》,《中国哲学史》2015年第1期。

何必乾乃为马？而或者定马于乾，案文责卦，有马无乾，则伪说滋漫，难可纪矣。互体不足，遂及卦变；变又不足，推致五行。一失其原，巧喻弥甚。从复或值，义无所取。"①因此，王弼扫荡汉易中的烦琐象数，开创了义理派的解易思路。在王弼之后，韩康伯以玄学观点来解易，以有无来解释理事关系，提倡贵无而贱有。在注解《系辞》文"非中爻不备"时，韩康伯说："其事弥繁则愈滞乎形，其理弥约则转近乎道。"②在韩康伯看来，万物是具体的，作为本体的道则是虚无的。到了唐代，孔颖达试图转换王弼的玄学易，用儒家义理来诠释易学。但是，孔颖达的易学仍有玄学色彩。

到了宋代，周敦颐提出了"无极而太极"的说法，将"对太极阴阳的诠释开拓了一个新方向：从哲学宇宙论向哲学本体论提升"③。邵雍以描述天地阴阳之道的先天之易为体，以描述人事兴衰治乱的后天之易为用，可是，实质上他未能建立通贯天人的价值本体。因此，周敦颐和邵雍所确立的本体都"沿袭了王弼的以有无言体用"④的思路，皆具有天人二本、体用分离的问题。

在程颐看来，邵雍的问题在于未能正确认识象数与义理的关系，应当是先有理，后来才有象数。程颐说："必欲穷象之隐微，尽数之毫忽，乃寻流逐末，术家之所尚，非儒者之所务也。"⑤针对周敦颐和邵雍未能解决本体的一贯性的问题，程颐批评说："冲漠无朕，万象森然已具，未应不是先，已应不是后。如百尺之木，自根本至枝叶，皆是一贯，不可道上面一段事，无形无兆，却待人旋安排引入来，教入涂辙。既是涂辙，

---

① 〔魏〕王弼著，楼宇烈校释：《周易略例·明象》，《王弼集校释》，北京：中华书局，1980年，第609页。
② 〔魏〕王弼著，楼宇烈校释：《周易略例·明象》，《王弼集校释》，北京：中华书局，1980年，第571页。
③ 赵载光：《周敦颐的易学性命之学》，《周易研究》2009年第4期。
④ 余敦康：《汉宋易学解读》，北京：华夏出版社，2006年，第399页。
⑤ 〔宋〕程颢、程颐：《河南程氏遗书》卷第二十一上，《二程集》，北京：中华书局，1981年，第271页。

却只是一个涂辙。"① 这段话既是对邵雍的批评，也是对周敦颐的批评。他说："道一也，岂人道自是人道，天道自是天道？"② 在他看来，天道和人道是一个道，不可将两者强行分开。

程颐赞同王弼、胡瑗等人以义理解易的思路："《易》有百余家，难为遍观。如素未读，不晓文义，且须看王弼、胡先生、荆公三家。理会得文义，且要熟读，然后却有用心处。"③ 可是，程颐不同意王弼以玄学解易的办法，希望以儒家义理来解易，以便解决"王弼所未能真正解决的儒家伦理之形上学等一系列问题"④。程颐涵摄吸收了前人的思想，"以象数之大本为理，理体而象用"⑤，并据此提出了"体用一源，显微无间"的理念。

需要说明的是，杨仁忠先生认为，程颐之所以能够提出"体用一源"，是因为他"深受华严宗'理事'范畴论的影响"⑥。笔者认为，这说明程颐在易学视域下，涵摄了佛教思想的精华。《遗书》卷十八载："问：'某尝读华严经，第一真空绝相观，第二事理无碍观，第三事事无碍观，譬如镜灯之类，包含万象，无有穷尽。此理如何？'曰：'只为释氏要周遮，一言以蔽之，不过曰万理归于一理也。'又问：'未知所以破佗处。'曰：'亦未得道他不是。'"⑦ 程颐认为，华严宗对理事关系的把握值得肯定；可是，它把理当作成佛的障碍，却是说错了。在程颐看来，天理是

---

① 〔宋〕程颢、程颐：《河南程氏遗书》卷第十五，《二程集》，北京：中华书局，1981年，第153页。
② 〔宋〕程颢、程颐：《河南程氏遗书》卷第十八，《二程集》，北京：中华书局，1981年，第182页。
③ 〔宋〕程颢、程颐：《河南程氏遗书》卷第十九，《二程集》，北京：中华书局，1981年，第248页。
④ 朱汉民：《论程颐易学对王弼之学的继承》，《齐鲁学刊》2010年第1期。
⑤ 胡自逢：《程伊川易学述评》，台北：文史哲出版社，1995年，第227页。
⑥ 杨仁忠：《二程天理论的佛学渊源及其文化学意义》，《河南师范大学学报（哲学社会科学版）》2003年第1期。
⑦ 〔宋〕程颢、程颐：《河南程氏遗书》卷第十八，《二程集》，北京：中华书局，1981年，第195页。

最高的本体，事是理的展现。

微显对称出自《系辞》，原文为"微显幽阐"。在注解该句时，韩康伯说"微以之显，幽以之阐"①，认为幽隐不可见的卦爻之义，要通过有形象的卦爻象表现出来。此外，在注解《系辞》"其事肆而隐"时，韩康伯也说"事显而理微也"②，认为"显"有显露的意思，而"微"则是幽隐之意。总之，韩氏认为，卦爻辞描述的事情明显可见，所论之义理则深而幽隐，此即"事显而理微"。程颐涵摄了韩康伯的思想，指出卦爻象是有形可见的，是显；卦爻义即无形无象的义理是无形可见的，是微。程颐说："虽然，《易》之有卦，《易》之已形者也；卦之有爻，卦之已见者也。已形已见者可以言知，未形未见者不可以名求。则所谓《易》者，果何如哉？此学者所当知也。"③

在对前人思想加以继承和批评的基础上，程颐对《周易》的象、数、理、占的关系进行了全新解读。他说："理无形也，故因象以明理。理见乎辞矣，则可由辞以观象。故曰：'得其义则象数在其中矣。'"④在程颐看来，先有义理，后有象数；义理为体，象数为用。就象、数与理的关系而言，"理是象和数产生的根源，象和数都是理所展现的形式，而数又是象的展现形式"⑤。因此，无形无象的理必须通过卦爻象和物象才能表现出来；象数和义理之间密不可分，二者是"体用一源，显微无间"⑥的关系。在解释《乾卦》初九爻辞"初九，潜龙勿用"时，程颐说："理无形也，故假象以显义。"⑦他又用体用关系来解释象数和义理的关系，

---

① 〔魏〕王弼著，楼宇烈校释：《王弼集校释》，北京：中华书局，1980年，第565页。
② 〔魏〕王弼著，楼宇烈校释：《王弼集校释》，北京：中华书局，1980年，第566页。
③ 〔宋〕程颢、程颐：《易序》，《二程集》，北京：中华书局，1981年，第691页。
④ 〔宋〕程颢、程颐：《河南程氏遗书》卷第二十一上，《二程集》，北京：中华书局，1981年，第271页。
⑤ 姜海军：《程颐〈易〉学思想研究——思想史视野下的经学诠释》，北京：北京师范大学出版社，2010年，第124页。
⑥ 〔宋〕程颢、程颐：《易传序》，《二程集》，北京：中华书局，1981年，第689页。
⑦ 〔宋〕程颢、程颐：《周易程氏传》卷第一，《二程集》，北京：中华书局，1981年，第695页。

认为"有理而后有象，有象而后有数。《易》因象以明理，由象而知数。得其义，则象数在其中矣"①。他认为，义理是象数的本体，象数是表达义理的手段。可见，程颐反对王弼扫象的矫枉过正，主张义理与象数并重。

在明确象数和义理的辩证关系之后，程颐又对易理做了新的解读。在《周易》经传作者看来，象数指的是卦爻象和数字，义理指的是卦爻辞的意义。程颐把义理的内涵由卦爻辞的意义转变为天理，认为"有理则有气，有气则有数。行鬼神者，数也。数，气之用也"②。就理气关系而言，理是第一位的，是形而上的；气是第二位的，是形而下的；理是气之所以然，气是理的表现。程颐说："离了阴阳更无道，所以阴阳者是道也。阴阳，气也。气是形而下者，道是形而上者。形而上者则是密也。"③从气和数的关系来说，气是数之体，数是气之用。此外，在解说"知幽明之故"时，程颐说："在理为幽，成象为明。'知幽明之故'，知理与物之所以然也。"④他认为，理是事物背后的根基，是无形而不可见的，故为幽；物是理的实现，为有形可见的，故为明。象和数都以天理为其本体，"盖《易》因象以知数，即象而数在，奇偶之画，即象即数，三才三极皆象而数亦寓焉，足见象数一体而不可分，皆理之显用也"⑤。

接下来，程颐又把理象关系的解释模式移植到理事关系上。他认为，理是体，是无形无象的；而事则是用，是有形有象的。卦爻象所描述的不仅是卦爻辞中所描绘的物事，还有天人万象中的一类情势及应对策略。他说："至显者莫如事，至微者莫如理，而事理一致，微显一源。古之君子所谓善学者，以其能通于此而已。"⑥程颐认为，天理展现了天人万象

---

① 〔宋〕程颢、程颐：《答张闳中书》，《二程集》，北京：中华书局，1981年，第615页。
② 〔宋〕程颢、程颐：《易说·系辞》，《二程集》，北京：中华书局，1981年，第1030页。
③ 〔宋〕程颢、程颐：《河南程氏遗书》卷第十五，《二程集》，北京：中华书局，1981年，第162页。
④ 〔宋〕程颢、程颐：《易说·系辞》，《二程集》，北京：中华书局，1981年，第1028页。
⑤ 胡自逢：《程伊川易学述评》，台北：文史哲出版社，1995年，第236页。
⑥ 〔宋〕程颢、程颐：《河南程氏遗书》卷第二十五，《二程集》，北京：中华书局，1981年，第323页。

之本然,是万事万物背后的终极根基根据;事是理的展现,万事万物之中皆有理。通过这一移植,程颐进一步确立了天理的本体地位,实现了理学的奠基。原因是"理学的主题要求建构一个天人合一、体用不二的思想系统,在天道中蕴含人道的内容,在人道中蕴含天道的内容,能够满足人们理论层面和价值层面双重需要,知天即可知人,知人即可知天"①。

到了南宋,朱熹对程颐象数与义理兼重的易学解释范式大加赞扬,说:"《易》之为书,更历三圣,而制作不同。若庖羲氏之象,文王之辞,皆依卜筮以为教,而其法则易。至于孔子之赞,则又一以理为教,而不专于卜筮。秦汉以来,考象辞者泥于象数,而不得其弘通简易之法。谈义理者沦于空寂,而不适仁义中正之归。求其因时立考,承三圣,不同于法而同于道者,则唯伊川先生程氏之书而已。"②朱熹认为,程颐实现了象数与义理的完美结合,值得后人效法。有些学者认为,程颐提倡象数义理并重,却在实际上不够重视象数。对于此类观点,胡自逢先生提出了批评:"或谓《程传》略于象数,是不然。盖盈虚消长之理,终始反复,即数也,承乘比应之义,不越卦爻,亦即象也。非必飞伏互体,始谓之象,先天后天,河图洛书,乃足以明数也。《易》之根本在画,有则有象,三才六爻之位,象也,而数即写焉,《易》因画而见象,见象而后系辞,圣人之情见乎辞,辞因乎象,象本于画,伊川所传之辞,乃画之辞,亦即象之辞,安在其略于象数也?"③。

在厘定象数与义理的关系之后,程颐还通过对"一阴一阳之谓道"的解释,来确立天理是万物的根基根据。在《易传》中,既有"一阴一阳之谓道"的说法,又有"立天之道曰阴与阳"和"形而上者谓之道,形而下者谓之器"的表述。可是,在气和道中,究竟哪个更为根本,《易

---

① 余敦康:《汉宋易学解读》,北京:华夏出版社,2006年,第338页。
② 〔宋〕朱熹:《书伊川先生〈易传〉版本后》,《朱熹集》(七),成都:四川教育出版社,1996年,第4189-4190页。
③ 胡自逢:《程伊川易学述评》,台北:文史哲出版社,1995年,《自序》。

传》作者付之阙如。在张载看来，气是根本，道是气之条理、规律。程颐不同意张载的说法，认为天道即天理，也是气背后的形而上根据。程颐说："'一阴一阳之谓道'，此理固深，说则无可说。所以阴阳者道，既曰气，则便是二。言开阖，已是感，既二则便有感。所以开阖者道，开阖便是阴阳。"①在程颐眼中，氤氲是气的表现，一阴一阳是气，是形而下者；阴阳背后的根据根基才是形而上者，才是道。因此，程颐明确说："离了阴阳更无道，所以阴阳者是道也。阴阳，气也。气是形而下者，道是形而上者。形而上者则是密也。"②

在明确道是阴阳背后的根基之后，程颐又厘清了道与天理之间的关系。他说："屈伸往来只是理，不必将既屈之气，复为方伸之气。生生之理，自然不息。如复言七日来复，其间元不断续，阳已复生，物极必返，其理须如此。有生便有死，有始便有终。"③在程颐看来，理是永恒的，无生灭；气的生灭既是自然而然的，又是生生不息的。既然天理和道都是阴阳二气背后的根基根据，那么，道和天理就是同物异名的关系。

以阐述理气关系为基础，程颐又论述了天理与万物之间的关系。在程颐看来，万物都是由阴阳二气氤氲交感的结果。他说："凡物参和交感则生，不和分散则死。"④（黄宗羲将其纳入《伊川语录》，参见《宋元学案》第611页）可见，天地万物都是由阴阳二气的交感化生而来的，气聚则成物，气散则事物消亡。由于阴阳二气的变化、聚散以天理为依据，所以，由气化而生的万物自然也就是以天理为终极的根基根据的。

---

① 〔宋〕程颢、程颐：《河南程氏遗书》卷第十五，《二程集》，北京：中华书局，1981年，第160页。
② 〔宋〕程颢、程颐：《河南程氏遗书》卷第十五，《二程集》，北京：中华书局，1981年，第162页。
③ 〔宋〕程颢、程颐：《河南程氏遗书》卷第十五，《二程集》，北京：中华书局，1981年，第167页。
④ 〔宋〕程颢、程颐：《河南程氏遗书》卷第六，《二程集》，北京：中华书局，1981年，第82页。

因此，程颐才会说"一草一木皆有理"①。

通过对天人万象的观察，加上对全新易学观的开显，以及对前人思想的涵摄熔铸，程颐成功地把天理确立为宇宙万物的本体依据和价值根基。这也是程颐在易学史上得以具有重要地位的原因。皮锡瑞说："程子于《易》，颇推王弼，然其说理，非弼所及！且不杂以老氏之旨，尤为醇正。顾炎武谓见《易》说数十家，未见有过于程《传》者，以其说理为最精也。"②

此外，为了论证天理的真实存在，程颐还对佛道二教的世界观提出了严厉批评。程颐说："释氏之学，又不可道他不知，亦尽极乎高深，然要之卒归乎自私自利之规模。何以言之？天地之间，有生便有死，有乐便有哀，释氏所在便须觅一个纤奸打讹处，言免死生，齐烦恼，卒归乎自私。老氏之学，更挟些权诈，若言与之乃意在取之，张之乃意在翕之，又大意在愚其民而自智，然则秦之愚黔首，其术盖亦出于此。"③程颐认为，佛教毁弃人伦，道教乃诈术，都不如儒家讲求的天理真实可靠。他说："'实有是理，故实有是物；实有是物，故实有是用；实有是用，故实有是心；实有是心，故实有是事。是皆原始要终而言也。"④向世陵先生认为，程颐对佛道二教的批评，是站在其理本论的立场上来进行的，是以"心迹合一"来批评佛教的"迹异心一"⑤。在确立了天理的本体地位之后，程颐又对天理的内涵做了自己的解读。

---

① 〔宋〕程颢、程颐：《河南程氏遗书》卷第十八，《二程集》，北京：中华书局，1981年，第193页。
② 〔清〕皮锡瑞：《经学通论》，北京：中华书局，1954年，第27页。
③ 〔宋〕程颢、程颐：《河南程氏遗书》卷第十五，《二程集》，北京：中华书局，1981年，第152页。
④ 〔宋〕程颢、程颐：《河南程氏经说》卷八，《二程集》，北京：中华书局，1981年，第1160页。
⑤ 参见向世陵：《宋代儒佛的"一心"说辨》，《中国人民大学学报》2009年第5期。

（二）天理的内涵及其特性

天地万物呈现出"生生相续，变易而不穷"①的态势。程颐认为，天理是万事万物生生不已的根据，他说："通变不穷，事之理也。"②

天理既是天人万象背后的形上根据和价值根基，又可以展现为万事万物之理。天理具有事物之理、人伦之理和万理之源三个层次。

首先，天理是天人万象背后的根基根据，是不以人的意志为转移的至高主宰。程颐说："近取诸身，百理皆具。"③无论一草一木，还是人类社会中的每一个体，都以天理为终极根基根据。因为天理是万事万物的依据，所以"天地间万事万物包括人类在内，都是理派生出来的"④。

其次，天理是客观事物之理。从这一层面来看，天理"是指自然界具体物的所以然"⑤。程颐说："凡眼前无非是物，物物皆有理。如火之所以热，水之所以寒。"⑥火之所以热，水之所以寒，乃是客观事物之理。客观事物之理也是天理的表现。

最后，天理是人伦道德的价值根基。从这一层面来说，天理"是伦理道德的准则和原理"⑦。程颐说："父子君臣，天下之定理，无所逃于天地之间。"⑧（此条语录的语气比较严肃，贴近程颐的语言风格，加之程颐重视谨守礼法，此条语录凸显了遵守礼法的重要性，因此，此条语录应该是程颐所说）父子之亲、君臣大义都是天理在人间的表现。他又

---

① 〔宋〕程颢、程颐：《易说·系辞》，《二程集》，北京：中华书局，1981年，第1029页。
② 〔宋〕程颢、程颐：《易说·系辞》，《二程集》，北京：中华书局，1981年，第1029页。
③ 〔宋〕程颢、程颐：《河南程氏遗书》卷第十五，《二程集》，北京：中华书局，1981年，第167页。
④ 潘富恩：《程颢程颐评传——倡明道学 观理识仁》，南宁：广西教育出版社，1996年，第89页。
⑤ 徐洪兴：《旷世大儒：二程》，石家庄：河北人民出版社，2000年，第112页。
⑥ 〔宋〕程颢、程颐：《河南程氏遗书》卷第十八，《二程集》，北京：中华书局，1981年，第247页。
⑦ 张立文：《宋明理学研究》，北京：人民出版社，2002年，第268页。
⑧ 〔宋〕程颢、程颐：《河南程氏遗书》卷第五，《二程集》，北京：中华书局，1981年，第77页。

说:"君尊臣卑,天下之常理也。"①君臣之礼,既是人伦道德的内容,又是天理的固有内涵。他所说的定理和常理都是为了说明天理是伦理道德的价值根据。

在程颐看来,天理具有"寂然不动,感而遂通"的特性。虽然万事万物是生生不息的,可是,万物背后的天理本体却是"寂然不动"的。他说:"'寂然不动,感而遂通',此已言人分上事,若论道,则万理皆具,更不说感与未感。"②"寂然不动,感而遂通"出自《系辞传》,原意是说义理的存在是自然而然、肖然不动的,却拥有无尽的功用;如果有人以至诚之心来占卜,就能获得感应。程颐以此为框架来说明理气关系,认为"理"是寂然不动的,而"气"却可以化生万物。他说:"'感而遂通天下之故',以其寂然不动,小则事物之至,大则无时而不感。"③正是由于天理的寂然不动,所以才能具有事事物物、时时处处的感应。在解释《系辞传》中的"天下之动,贞夫一者也"时,程颐认为,寂然不动的天理是生生不息的万事万物的本体。因此,他归纳说:"天地之间,只有一个感与应而已,更有甚事?"④在此处,程颐更是明确了天理的寂然不动和气的感而遂通。正是由于天理的寂然不动和阴阳二气的交感,万物才得以产生、存续。

(三)理一与万殊

在界定天理的内涵之后,程颐又对万物之理与天理的关系做了论述。在他看来,世间的事物分为本末两类。他说:"凡物有本末,不可分本末

---

① 〔宋〕程颢、程颐:《河南程氏遗书》卷第十八,《二程集》,北京:中华书局,1981年,第217页。
② 〔宋〕程颢、程颐:《河南程氏遗书》卷第十五,《二程集》,北京:中华书局,1981年,第160页。
③ 〔宋〕程颢、程颐:《河南程氏遗书》卷第三,《二程集》,北京:中华书局,1981年,第65页。
④ 〔宋〕程颢、程颐:《河南程氏遗书》卷第十五,《二程集》,北京:中华书局,1981年,第152页。

为两段事。洒扫应对是其然，必有所以然。"①虽然本末之间有联系，可是，二者必须加以区分。如果说日常的洒扫应对是其然，那么洒扫应对必有形而上的理据。同理，自然界中的一草一木皆属于形而下的器物，而形而下的器物也必然具有形而上的本体。程颐并不赞同王弼以无为万有的本体，主张天理就是形而上的本体，万物皆是天理的产物。程颐说："万物皆只是一个天理。"②（此条语录对善恶严加区分，又提到了私意，契合程颐的思维模式，加之语言风格较为严肃，因而，应当认定为程颐语）他认为，万物都是天理展现、实现的结果。他又说："天下物皆可以理照，有物必有则，一物须有一理。"③在他看来，天地间的每一事物都内具天理。至此，程颐成功地把王弼的本体论改造为儒家的天理论。

在程颐之前，周敦颐、邵雍等人已经对万物和本体的关系做了探讨。周敦颐说："厥彰厥微，匪灵弗莹。刚善刚恶，柔亦如之，中焉止矣。二气五行，化生万物。五殊二实，二本则一。是万为一，一实万分。万一各正，小大有定。"④对于万物背后的共同本体，周敦颐已经做了追溯和思索。他认为，"一"和"万"之间具有辩证关系，即"一"是"万"得以产生的根据，"万"又是"一"的展现和实现；"一"可以展现为"万"，"万"可以归结为"一"。"万"和"一"各有其存在价值。此后，张载也对一多关系做了研究，提出了"理一而分殊"的说法。邵雍也提出了"合一衍万"的说法："十分为百，百分为千，千分为万，犹根之有干，干之有枝，枝之有叶，愈大则愈少，愈细则愈繁。合之斯为一，衍之斯为万。"⑤

---

① 〔宋〕程颢、程颐：《河南程氏遗书》卷第十五，《二程集》，北京：中华书局，1981年，第148页。
② 〔宋〕程颢、程颐：《河南程氏遗书》卷第二上，《二程集》，北京：中华书局，1981年，第30页。
③ 〔宋〕程颢、程颐：《河南程氏遗书》卷第十八，《二程集》，北京：中华书局，1981年，第193页。
④ 〔宋〕周敦颐：《通书·理性命》，《周敦颐集》，北京：中华书局，2009年，第32页。
⑤ 〔宋〕邵雍：《观物外篇》中之上，《邵雍集》，北京：中华书局，2010年，第108页。

邵雍认为，无论在何种层次上，万物都是可以一分为二的。上述三人都对万物和本体的关系做了探讨，可是，他们没有涉及天理和事物的关系，没有实现"天道与性命的贯通"①。

在已有研究成果的基础上，程颐借用义理和卦象之间的关系，说明了天理和万物之理的辩证关系。他说："有理而后有象，有象而后有数。《易》因象以明理，由象以知数，得其义则象数在其中矣。"②"理"指的是义理，而"象"指的是卦象和万物万象；天理产生万象，万象之中都蕴藏着天理。他说："凡一物上有一理。"③在宇宙中，每一物都有其内具的各具特色的天理，事理、物理都是这一类的天理。他又说："一物之理即万物之理。"④尽管万物之中的天理各有特点，可是，万物之理都是天理的具体表现。天理散在万物之中，即表现为万殊之理。他说："散之在理，则有万殊；统之在道，则无二致。"⑤程颐认为，万殊之理又是以统一的天理（或曰道）为本体和依归的。他说："只是理，理便是天道也。"⑥就道和理的区别来说，理可以分散在万物之中变为万殊之理，而道则永远是就统一的天理而言的。因此，天理和万物之间是一道和万理的关系。以一理万殊为框架，程颐成功地解决了纷繁复杂的万事万物和统一的天理本体的关系问题。余敦康先生认为，程颐对理一与分殊关系的界定，实际上是为了论证伦理道德和维护社会秩序。因此，"理一说的是一个'和'字，分殊说的是一个'序'字，因而'理一而分殊'就是

---

① 余敦康：《汉宋易学解读》，北京：华夏出版社，2006年，413页。
② 〔宋〕程颢、程颐：《河南程氏遗书》卷第二十二上，《二程集》，北京：中华书局，1981年，第271页。
③ 〔宋〕程颢、程颐：《河南程氏遗书》卷第十八，《二程集》，北京：中华书局，1981年，第188页。
④ 〔宋〕程颢、程颐：《河南程氏遗书》卷第二上，《二程集》，北京：中华书局，1981年，第13页。
⑤ 〔宋〕程颢、程颐：《易序》，《二程集》，北京：中华书局，1981年，第690页。
⑥ 〔宋〕程颢、程颐：《河南程氏遗书》卷第二十一上，《二程集》，北京：中华书局，1981年，第290页。

和谐与秩序的完美的统一"①。

在程颐看来，张载的《西铭》非常有价值，认为"《订顽》之言，极纯无杂，秦、汉以来学者所未到"②。在这一点上，程颐与程颢的观点相同。程颢也说："《西铭》某得此意，只是须他子厚有如此笔力，他人无缘做得。孟子以后，未有人及此。"③二程之所以会推崇《西铭》，原因即在于"张载透过《西铭》所展现的一切，昭示了士人当仁不让于圣贤的生命主体意识自觉，宣示了士人致君泽民利物舍我其谁的强烈家国天下以及整体宇宙承当"④。

可是，二程的弟子杨时却认为《西铭》只言体不言用，与墨家的兼爱难以区分。程颐在给杨时的回信中，对墨家的兼爱提出了批评，说："《西铭》明理一而分殊，墨氏则二本而无分。分殊之蔽，私胜而失仁；无分之罪，兼爱而无义。分立而推理一，以止私胜之流，仁之方也。无别而迷兼爱，至于无父之极，义之贼也。"⑤在程颐看来，"墨子讲普遍之爱不错，因为公天下只有一个仁理；但墨子不讲人际间的差别，普遍之爱面对社会的现实无法落实，从而导致'爱无差等，施由亲始'的'二本'窘境"⑥。与程颐一样，朱熹也赞同以理一分殊解释《西铭》的做法，他认为"《西铭》自首至末，皆是理一而分殊。乾父坤母，固是一理，分而言之，便见乾坤自乾坤，父母自父母"⑦。在朱熹看来，杨时误解了张载的原意。

---

① 余敦康：《汉宋易学解读》，北京：华夏出版社，2006年，第415页。
② 〔宋〕程颢、程颐：《河南程氏遗书》卷第二上，《二程集》，北京：中华书局，1981年，第22页。
③ 〔宋〕程颢、程颐：《河南程氏遗书》卷第二上，《二程集》，北京：中华书局，1981年，第39页。
④ 王新春：《张载〈西铭〉所构设的理学新语境》，《烟台大学学报（哲学社会科学版）》2013年第1期。
⑤ 〔宋〕程颢、程颐：《答杨时论西铭书》，《二程集》，北京：中华书局，1981年，第609页。
⑥ 向世陵：《兼爱、博爱、一气与一理》，《中国哲学史》2012年第2期。
⑦ 〔宋〕黎靖德：《朱子语类》卷第九十八，北京：中华书局，1986年，第2523页。

虽然万物内部各有天理，可是却与作为最高依据的天理并不矛盾。原因是"从每一具体事物上看，此物之理不同于彼物之理，万物确有'万殊'之区别，然而从理的角度去考察，天地万物之理只有一个，即所有的事物所具有的理都是相同的，'则无二致'"①。因此，万物之理与天理的关系可以归结为理一与万殊的关系。在解释《同人卦·象辞》中的"唯君子为能通天下之志"时，程颐说："天下之志万殊，理则一也。君子明理，故能通天下之志。圣人视亿兆之心犹一心者，通于理而已。"②

可见，在程颐的眼中，天理既是万事万物背后的形上根据，又可以展现为万物之中的物理，还是社会人伦道德建立和评价的形上根基。而天理之所以能够内化为万物之理，就是因为它具有"寂然不动，感而遂通"的特性。

总体来看，通过观察万物，加上建构自身的全新易学，程颢和程颐成功地把天理确立为万事万物的终极根基根据。在天理的理解上，二程的观点存在异同之处，相对而言，程颢更加看重天理的整体性，而程颐则更加看重天理的分殊性。可是，他们都把唯一的、寂然不动的天理看作万事万物背后的本体依据。以自身对天理的理解为基础，他们分别建构了各具特色的宇宙图景。

程颐眼中的世界之所以会与程颢的存在差异，是因为二人对理气关系的理解存在大同小异之处。李晓春先生认为，"程颢的理刚从气主理从的形态中脱胎出来，故而此理正像气主理从那样，紧紧地结合在气中，只不过在程颢这里，主要的视角是观看理而不是气。程颐的理则在其兄的理的基础上进一步发展，超越于气而呈现一独立自存的

---

① 潘富恩：《程颢程颐评传——倡明道学 观理识仁》，南宁：广西教育出版社，1996年，第98页。
② 〔宋〕程颢、程颐：《周易程氏传》卷第一，《二程集》，北京：中华书局，1981年，第764页。

趋势"①。笔者认为,虽然二程都主张天理是最高哲学范畴,气是形而下,可是,程颢更加侧重天理与气之间的密切联系,而程颐则更强调天理与气在质上的差异。

朱熹吸取了周敦颐、邵雍的思想资源,为二程的天理论做了充分论证,也使其得以发扬光大。在朱熹看来,"'理'是其哲学的形上范畴,'太极'、'道'、'天理'是与理相当的范畴,或'理'在不同状态和场所的名称"②。至于天理与万理(万物之理)的关系,朱熹认为,一理和万理并不冲突,原因是"天地万物皆是一理,可散在万物却使万物各具一理。前之一理与万物所各具之理,应当皆是一理,是一个统一的理"③。就一理而言,万物背后都有同一个天理作为根基根据。朱熹说:"天下之物,皆实理之所为,故必得是理,然后有是物。"④从万理来看,每一事物都是天理的实现,因而万事万物各有特点。朱熹说:"花瓶便有花瓶底道理,书灯便有书灯底道理,水之润下,火之炎上,金之从革,木之曲直,土之稼穑,一一都有性,都有理。人若用之,又着顺它理始得。若把金来削做木用,把木熔作金用,便无此理。"⑤因此,一理和万理之间,是一与多、共性与个性的关系。诚如蒙培元先生所云:"一理同万理,不是各自独立存在的,一理之中有万理,万理中有一理。"⑥

虽然程颢和程颐都把天理当作万物背后的价值根基根据,可是,他们对天理的理解却呈现出同中有异、异中有同的情形。基于各自对天理的理解,他们分别建构了各具特色的宇宙图景。

---

① 李晓春:《从天理与善恶关系的角度看程颢与程颐天理的异同》,《兰州大学学报(社会科学版)》2004年第4期。
② 张立文:《宋明理学研究》,北京:人民出版社,2002年,第379页。
③ 〔宋〕黎靖德:《朱子语类》卷第二十七,北京:中华书局,1986年,第677页。
④ 〔宋〕朱熹:《四书章句集注》,北京:中华书局,1983年,第34页。
⑤ 〔宋〕黎靖德:《朱子语类》卷第九十七,北京:中华书局,1986年,第2484页。
⑥ 蒙培元:《理学范畴系统》,北京:人民出版社,1989年,第85页。

第三节　程颢建构的生化日新、天人本一的总体宇宙景象

首先进入我们视域的是程颢，他从"生生之谓易"入手，诠释了一幅生化日新、天人本一的总体宇宙景象。牟宗三先生依据程颢所建构的宇宙景象的天人本一特点，将其称为"一本论"。牟先生认为，程颢的一本论"妙在主客观两面之提纲同样饱满而无虚歉，而以圆顿之智慧成其'一本'之论，此明道之所以为大，而为圆顿之教之型范也"①。

一、宇宙的生化日新、通而为一

天道借助生化，将生生之理赋予万物。天地创生万物既是自然过程，又具有合目的性。为了让人们能够体悟天地化生万物的天德，程颢将此一道德赞为"盛德"，并对学生多次加以点拨：

"日新之谓盛德，生生之谓易，阴阳不测之谓神。"要思而得之。②

"生生之谓易"，是天之所以为道也。③（黄宗羲定为程颢语，见《宋元学案》第564页）

静后，见万物自然皆有春意。④（黄宗羲定为程颢语，见《宋元学案》第567页）

明道书窗前有茂草覆砌，或劝之芟，曰："不可！欲常见造物生意。"又置盆池畜小鱼数尾，时时观之，或问其故，曰："欲观万物自得意。"草之与鱼，人所共见，唯明道见草则知生意，见鱼则知自得意，此岂流俗之见可同日而语！⑤

---

① 牟宗三：《心体与性体》中册，上海：上海古籍出版社，1999年，第16页。
② 〔宋〕程颢、程颐：《河南程氏遗书》卷第十一，《二程集》，北京：中华书局，1981年，第133页。
③ 〔宋〕程颢、程颐：《河南程氏遗书》卷第二上，《二程集》，北京：中华书局，1981年，第29页。
④ 〔宋〕程颢、程颐：《河南程氏遗书》卷第六，《二程集》，北京：中华书局，1981年，第84页。
⑤ 〔清〕黄宗羲原著，〔清〕全祖望补修：《宋元学案》，北京：中华书局，1982年，第578页。

在程颢之前，周敦颐以窗前的青草为观照对象，体会天地万物生生不息的万千气象。程颢曾经拜周敦颐为师，自然受到了他的影响。明道喜欢观照万物生意、春意，希望借此感受天地的盎然生机和葱茏生意。在追寻天地何以会有如此生意时，程颢发现宇宙不是机械的物理存在，而呈现出生机盎然的景象。从道德视角来看，天地造化万物的合目的性，也就是天地所内具的生生之德的实现过程。他说："'天地之大德曰生'，'天地絪缊，万物化醇'，……万物之生意最可观，此元者善之长也，斯所谓仁也。"① 程颢认为，天地的生生之德即仁。

天地化生万物并不是一劳永逸，而是生生不息。程颢说："息训为生者，盖息则生矣。一事息，则一事生，中无间断。硕果不食，则便为复也。'寒往则暑来，暑往则寒来，寒暑相推而岁成焉。'"② 万物的生化日新，就像四季更替一样永不停息。程颢用"神"来概括天地化生万物的神妙莫测的特点，他说："'生生之谓易'，生生之用则神也。"③

天地化生万物，又是天地内具的忠恕之德的实现过程。程颢说："维天之命，於穆不已，不其忠乎！天地变化草木蕃，不其恕乎！"④ 天地的"忠"，表现为天道的生生不息；而天道的"恕"，则表现为天地成就万物、使其各具特点。万物各有其理，"服牛乘马"正是基于牛马的不同特性。程颢说："服牛乘马，皆因其性而为之。胡不乘牛而服马乎？理之所不可。"⑤ 虽然每一事物各具特点，却又是通而为一的。

程颢认为，天地间的每一事物都是相互贯通的，天人之间也是通而

---

① 〔宋〕程颢、程颐：《河南程氏遗书》卷第十一，《二程集》，北京：中华书局，1981年，第120页。
② 〔宋〕程颢、程颐：《河南程氏遗书》卷第十一，《二程集》，北京：中华书局，1981年，第133页。
③ 〔宋〕程颢、程颐：《河南程氏遗书》卷第十一，《二程集》，北京：中华书局，1981年，第128页。
④ 〔宋〕程颢、程颐：《河南程氏外书》卷第七，《二程集》，北京：中华书局，1981年，第392页。
⑤ 〔宋〕程颢、程颐：《河南程氏遗书》卷第十一，《二程集》，北京：中华书局，1981年，第127页。

为一的。在为学生讲学时,程颢在这一点上多次点醒学生:

故有道有理,天人一也,更不分别。①(黄宗羲定为程颢语,见《宋元学案》第558页)

观天理,亦须放开意思,开阔得心胸,便可见,打揲了习心两漏三漏子。今如此混然说做一体,犹二本,那堪更二本三本!今虽知"可欲之为善",亦须实有诸己,便可言诚,诚便合内外之道。今看得不一,只是心生。除了身只是理,便说合天人。合天人,已是为不知者引而致之。天人无间。夫不充塞则不能化育,言赞化育,已是离人而言之。②(黄宗羲定为明道语,见《宋元学案》第563页)

所以谓万物一体者,皆有此理,只为从那里来。"生生之谓易",生则一时生,皆完此理。人则能推,物则气昏,推不得,不可道他物不与有也。人只为自私,将自家躯壳上头起意,故看得道理小了佗底。放这身来,都在万物中一例看,大小大快活。③(王新春定为程颢语,见《仁与天理通而为一视域下的程颢易学》)

天人本无二,不必言合。④(黄宗羲定为程颢语,见《宋元学案》第563页)

天地安有内外?言天地之外,便是不识天地也。人之在天地,如鱼在水,不知有水,直待出水,方知动不得。⑤(黄宗羲定为程颐语,见《宋元学案》第629页。笔者认为,此语是从天人本一的角度来讲的,与程颐偏重天理分殊性的思维习惯不合,应该定为程颢语)

---

① 〔宋〕程颢、程颐:《河南程氏遗书》卷第二上,《二程集》,北京:中华书局,1981年,第20页。
② 〔宋〕程颢、程颐:《河南程氏遗书》卷第二上,《二程集》,北京:中华书局,1981年,第33页。
③ 〔宋〕程颢、程颐:《河南程氏遗书》卷第二上,《二程集》,北京:中华书局,1981年,第33-34页。
④ 〔宋〕程颢、程颐:《河南程氏遗书》卷第六,《二程集》,北京:中华书局,1981年,第81页。
⑤ 〔宋〕程颢、程颐:《河南程氏遗书》卷第六,《二程集》,北京:中华书局,1981年,第43页。

"天人本一",不仅是从创生、成就而言的,也可以从根基根据来讲。从创生、成就而言,万事万物都是天地所化生的,都具备天道的仁德。就人类而言,"天道为物不贰,生物不测,此创生之实体,或天命於穆不已之体,其内在于人,即是吾人之性"①。若是就根基根据而言,天地间的每一事物都以"天理-仁体"(王新春语)为形而上根据。王新春先生认为,天理是万事万物的根基根据,"万物皆无一例外地完整禀受而涵具了它,从而皆成为具备牢固终极大宇宙根基、根据的存在"②。可见,从产生者和根基根据两个视角来看,万物之间都是贯通的。

既然万物之间是通而为一的,那么合天人、天人合一等说法,就变成画蛇添足了。虽然人类是天地间唯一具有道德自觉意识的物类,却不能将自身看作其他物类的主宰。相反,人类应该参赞天地化育,自觉担负起成己成人、成就自然万物的道德责任。

二、宇宙景象如何实现

在程颢看来,宇宙的生化日新、通而为一,需要借助阴阳二气的交感、激荡来实现。程颢说:"有形总是气,无形只是道。"③(黄宗羲定为程颢语,见《明道学案》,载《宋元学案》第564页)离开阴阳二气的相互作用,宇宙将无法存续。

作为化生天地万物的质料,阴阳具有既相互对待又相互贯通的特点。程颢说:"万物莫不有对,一阴一阳,一善一恶,阳长则阴消,善增则恶减。斯理也,推之其远乎?人只要知此耳。"④阴阳既是相互对待的,又

---

① 牟宗三:《心体与性体》中册,上海:上海古籍出版社,1999年,第85页。
② 王新春:《仁与天理通而为一视域下的程颢易学》,《周易研究》2006年第6期。
③ 〔宋〕程颢、程颐:《河南程氏遗书》卷第六,《二程集》,北京:中华书局,1981年,第83页。
④ 〔宋〕程颢、程颐:《河南程氏遗书》卷第十一,《二程集》,北京:中华书局,1981年,第123页。

能够相互转化。牟宗三先生认为，此处的天理是第二义的天理、虚说的天理，"亦是物势物情自然而必然之理。此虽可观赏，然非超越意义的天理"①。阴阳不仅表现在自然界中，也会出现在人类社会中。

（一）阴阳的对立与交感

程颢认为，在自然界中，阴阳的相互作用造就了日月星辰、天地。他说："天地日月一般。月受日光而日不为之亏，然月之光乃日之光也。地气不上腾，则天气不下降。天气降而至于地，地中生物者，皆天气也。惟无成而代有终者，地之道也。"② 日食的出现，也是阴阳转化的结果。他又说："月不受日光故食。不受日光者，月正相当，阴盛亢阳也。鼓者所以助阳。然则日月之眚，皆可鼓也。"③ 在古代，发生月食的时候，人们往往会击鼓。此举是希望帮助阳气战胜阴气，尽快赶走月食。

在易学中，阴阳分别表现为乾道和坤道。程颢说："乾，阳也，不动则不刚；'其静也专，其动也直'，不专一则不能直遂。坤，阴也，不静则不柔；'其静也翕，其动也辟'，不翕聚则不能发散。"④ 乾道是阳气的表现，以发散为特性；坤道是阴气的表现，以聚集为特性。万物的生灭，正是通过阴阳的聚散而实现的。他又说："'乾元者，始而亨者也。利贞者，性情也。'性情犹言资质体段。亭毒化育皆利也。不有其功，常久而不已者，贞也。诗曰：'维天之命，於穆不已'者，贞也。"⑤ 正是因为有了阴阳交感，万物才各有其特性。虽然天道通过阴阳的交感化生

---

① 牟宗三：《心体与性体》中册，上海：上海古籍出版社，1999年，第71页。
② 〔宋〕程颢、程颐：《河南程氏遗书》卷第十一，《二程集》，北京：中华书局，1981年，第129页。
③ 〔宋〕程颢、程颐：《河南程氏遗书》卷第十一，《二程集》，北京：中华书局，1981年，第130页。
④ 〔宋〕程颢、程颐：《河南程氏遗书》卷第十一，《二程集》，北京：中华书局，1981年，第129页。
⑤ 〔宋〕程颢、程颐：《河南程氏遗书》卷第十一，《二程集》，北京：中华书局，1981年，第129页。

万物，却不会居功自傲。天地成就化育万物，需要通过阴阳的交感来实现。

阴阳的对立与交感永无停息。动静和有无，也是既有区别又相互渗透的。程颢说："言有无，则多有字；言无无，则多无字。有无与动静同。如冬至之前天地闭，可谓静矣；而日月星辰亦自运行而不息，谓之无动可乎？但人不识有无动静尔。"①因为阴阳是对立而又贯通的，所以，我们在理解有无、动静等范畴时，既要注意到二者的对立，更应该体味二者的互通。程颢对阴阳关系的解读，展现了"儒家充盈型之智慧，乃承《中庸》《易传》而来所共契也"②。

（二）阴阳变化的神妙莫测

在程颢看来，"冬寒夏暑，阴阳也；所以运动变化者，神也。神无方，故易无体"③。四季的更替，是阴阳二气交感的结果；而"神"则是体用合一的哲学范畴。"神"既是指阴阳二气变化莫测的原因，又是指阴阳变化的神妙莫测。程颢说："'穷神知化'，化之妙者神也。"④阴阳二气的变化，呈现神妙莫测的态势。

阴阳交感具有神秘莫测的特点，而天道的神妙莫测，也就表现在万物的生生不息上。因此，程颢才会说："天地只是设位，易行乎其中者神也。"⑤天地是天道的物质载体，能够化生万物。他又说："'惟神也，故

---

① 〔宋〕程颢、程颐：《河南程氏遗书》卷第十一，《二程集》，北京：中华书局，1981年，第121页。
② 牟宗三：《心体与性体》中册，上海：上海古籍出版社，1999年，第42页。
③ 〔宋〕程颢、程颐：《河南程氏遗书》卷第十一，《二程集》，北京：中华书局，1981年，第121页。
④ 〔宋〕程颢、程颐：《河南程氏遗书》卷第十一，《二程集》，北京：中华书局，1981年，第121页。
⑤ 〔宋〕程颢、程颐：《河南程氏遗书》卷第十一，《二程集》，北京：中华书局，1981年，第121页。

不疾而速，不行而至。'神无速，亦无至，须如此言者，不如是不足以形容故也。"① 所谓的"神"，指的是天道的变幻莫测，而这一变幻莫测又是由天理所决定的。牟宗三先生认为，程颢此语显示了天道化生万物的神妙莫测，说"道之自体是易。易体能起生生之妙用即是神。神用与易体一也。而道之本质的全蕴即神与易也"②。

通过对阴阳的对立与交感的阐述，程颢说明了万事万物的生生不息是如何实现的。正是由于万事万物都能生生不息，所以世界才会充满盎然生意。

三、宇宙景象产生的原因

宇宙生化日新、天人本一的原因，在于理气密不可分。程颢对理气关系的分析，是借助易学中的道器范畴来展开的。

在程颢之前，周敦颐已经探究了阴阳与太极的关系。周敦颐说："无极而太极，太极动而生阳，静而生阴，一动一静，互为其根。"③他认为，无形无象的太极产生阴阳，阴阳的交感造就万物。他尚未对形而上与形而下做出清晰界定。在程颢看来，形而上和形而下确有明显区别，形而上就在形而下之中。程颢认为，我们不应该执着于区分形而上与形而下。他说："系辞曰：'形而上者谓之道，形而下者谓之器。'又曰：'立天之道曰阴与阳，立地之道曰柔与刚，立人之道曰仁与义。'又曰：'一阴一阳之谓道。'阴阳亦形而下者也，而曰道者，惟此语截得上下最分明，元来只此是道，要在人默而识之也。"④ 在程

---

① 〔宋〕程颢、程颐：《河南程氏遗书》卷第十一，《二程集》，北京：中华书局，1981年，第121页。
② 牟宗三：《心体与性体》中册，上海：上海古籍出版社，1999年，第44页。
③ 〔宋〕周敦颐：《太极图说》，《周敦颐集》，北京：中华书局，2009年，第3页。
④ 〔宋〕程颢、程颐：《河南程氏遗书》卷第十一，《二程集》，北京：中华书局，1981年，第118页。

颢看来，虽然阴阳是形而下者，却与形而上者密切关联。至于道器的分别，完全是由主体的思维和语言所造成的。实质上，道和器之间既有区别，又密不可分。从时间上来看，道器的产生没有前后的差别，道器的存在也没有开始和结束。宇宙本来就是一个由天道与器物（天道的呈现、物质承担者）组成的不可分离的有机整体。因此，所谓主观和客观的对立，是人的自我设限。

站在理本论的立场上，程颢认为，天理是形而上者，而气则是形而下者。理与气之间既有显著的区别，又有密不可分的联系。一方面，理与气之间有质的差别。程颢说："有形总是气，无形只是道。"①（黄宗羲定为程颢语，见《明道学案》，载《宋元学案》第 564 页）气是有形有象的，是形而下；理是超乎形象的，是形而上。另一方面，理气之间有密不可分的关系。他说："气外无神，神外无气。或者谓清者神，则浊者非神乎？"②在他看来，清和浊都是气的特性，理和气之间密不可分。从联系上看，理是气的形而上根据，气是理的实现方式。

万物的产生，是理和气共同作用的结果。天理是万物的形而上本体，而气则是万物化生成形的质料。冯友兰先生在解释理与气的关系时说："以希腊哲学中之术语说之，则物为质（Matter），而理为式（Form）。质入于式，乃为一个具体的物。"③冯先生所说的物即气，是事物形成的质料；而所谓"式"，则说明理是事物形成的形式因。

程颢以其对天理的阐释为基础，建构了生化日新、天人本一的总体宇宙景象。虽然"程颢头脑中的世界图景与程颐的世界图景确乎不同"④，可是程颐也以自己对天理的诠释为基础，描绘了独具特点的有机整体宇宙图景。

---

① 〔宋〕程颢、程颐：《河南程氏遗书》卷第六，《二程集》，北京：中华书局，1981 年，第 83 页。
② 〔宋〕程颢、程颐：《河南程氏遗书》卷第十一，《二程集》，北京：中华书局，1981 年，第 121 页。
③ 冯友兰：《中国哲学史》（下），重庆：重庆出版社，2009 年，第 248 页。
④ 李晓春：《从天理与善恶关系的角度看程颢与程颐天理的异同》，《兰州大学学报（社会科学版）》2004 年第 4 期。

第四节　程颐眼中的万象共生、物我一理的有机整体世界

接着进入我们视域的是程颐。对于《易传》所描绘的天地人物生化日新、万事万物异彩纷呈的宇宙图景，程颐从天道生化日新的原因入手，强调异彩纷呈的万物背后都有客观存在的天理，进而勾勒了一幅万象共生、物我一理的有机整体宇宙图景。

一、千姿百态、生生不息的大千世界

与程颢强调宇宙的生化日新、内在互通不同，程颐看到了大自然的纷纭复杂、多姿多彩。在他看来，大千世界是一个千姿百态、生生不息的存在。

在程颐看来，大千世界既是天地人物产生、存续和更新的场域，又是一个充满盎然生意的有机联系的整体。在大千世界中，万事万物都各有其鲜明特色。程颐在解释《咸卦》九四爻辞"九四，贞吉，悔亡。憧憧往来，朋从尔思"时，明确指出"物有万殊，事有万变"[1]。他认为，"一草一木皆有理"[2]。尽管万物各有其理，可是，从总体上看，万物都以天理为其存亡绝续的依据："天下之事归于一是，是乃理也。"[3] 万物都是天理流注、实现的结果，"天理之流行，即乾元变化之意，统此生生之理，彻天彻地，通人通物，无非此理之流行化育，即无非生机之洋溢浃洽，于是群生遂长，万有蕃庶，宇宙之生命，得以永存于无既之

---

[1]〔宋〕程颢、程颐：《周易程氏传》卷第三，《二程集》，北京：中华书局，1981年，第858页。
[2]〔宋〕程颢、程颐：《河南程氏遗书》卷第十八，《二程集》，北京：中华书局，1981年，第193页。
[3]〔宋〕程颢、程颐：《河南程氏外书》卷第一，《二程集》，北京：中华书局，1981年，第351页。

来日"①。在化生时，因为气禀的缘故，万物都在不同程度上展现、实现了天理。他在解释《坤卦》象辞中的"坤厚载物，德合无疆"一句时，说："万物资乾以始，资坤以生，父母之道也。顺承天施，以成其功，坤之厚德，持载万物，合于乾之无疆也。"②

大千世界中，不仅万物各有特点，而且是生生不息的。在解释《革卦·象辞》中的"象曰：革，水火相息，二女同居，其志不相得，曰革"时，程颐说："息为止息，又为生息。物止而后有生，故为生义。"③虽然具体的器物会消失，无法永远存在，可是，大千世界却是生而又生、永不停息的。在程颐看来，万物的生生不息是自然而然的，无须人为干预。他说："自是理自相续不已，非是人为之。如使可为，虽使百万般安排，也须有息时。只为无为，故不息。"④

程颐认为，万物的生生不息，又是通过变易来实现的。在解释《恒卦·象辞》中的"利有攸往，终则有始也"时，他说："凡天地所生之物，虽山岳之坚厚，未有能不变者也，故恒非一定之谓也，一定则不能恒矣。唯随时变易，乃常道也。"⑤万物都在变易，即使是山川河流，也在发生变迁。程颐又将万物的变化区分为量变与质变两种，并比较了两者之间的差异。他说："变，未离其体也。化，则旧迹尽亡，自然而已矣。"⑥"变"指的是量变，是事物尚未改变原有性质和形态的改变；"化"则是质变，说的是事物改变了原有的性质和形态，从此物变成他物。在发展过程中，

---

① 胡自逢：《程伊川易学述评》，台北：文史哲出版社，1995年，第272页。
② 〔宋〕程颢、程颐：《周易程氏传》卷第一，《二程集》，北京：中华书局，1981年，第707页。
③ 〔宋〕程颢、程颐：《周易程氏传》卷第四，《二程集》，北京：中华书局，1981年，第951页。
④ 〔宋〕程颢、程颐：《河南程氏遗书》卷第十八，《二程集》，北京：中华书局，1981年，第226页。
⑤ 〔宋〕程颢、程颐：《周易程氏传》卷第三，《二程集》，北京：中华书局，1981年，第862页。
⑥ 〔宋〕程颢、程颐：《河南程氏粹言》卷第一，《二程集》，北京：中华书局，1981年，第1181页。

事物会呈现出极而必反的规律。在注解《否卦》上九爻辞"上九，倾否，先否后喜"时，程颐说："物理极而必反，故泰极则否，否极则泰。"①可见，否极泰来、剥极必复是事物发展的规律。因此，"物极必反，睽极则通，对待一方发展到极点便向其相反方面转化"②。

万物的各具特色和生生不息，又是通过阴阳二气的交感形成的。程颐说："阴阳交感，男女配合，天地之常理也。"③万物的生生不息，需要以阴阳的对立贯通为依托。

二、大千世界的形成

天道并不会直接创生万物，而是以天地作为物质载体来实现自身的目的。程颐用天地之心来说明万物的化生，认为"'复其见天地之心。'一言以蔽之，天地以生物为心"④。他不同意王弼将寂然不动看作天地之心的特点的看法，主张动为天地之心的特色。在程颐看来，"天地之心作为宇宙的本原也就是动而非静，是生生而非寂然"⑤。在解释《乾卦·彖辞》中的"云行雨施，品物流形。大明终始，六位时成，时乘六龙以御天。乾道变化，各正性命，保合太和，乃利贞。首出庶物，万国咸宁"时，程颐说："天道始万物，物资始于天也。……天道运行，生育万物也。"⑥天地创生万物的过程，正是天道运行的过程。

---

① 〔宋〕程颢、程颐：《周易程氏传》卷第一，《二程集》，北京：中华书局，1981年，第762页。
② 张立文：《宋明理学研究》，北京：人民出版社，2002年，第291页。
③ 〔宋〕程颢、程颐：《周易程氏传》卷第四，《二程集》，北京：中华书局，1981年，第978页。
④ 〔宋〕程颢、程颐：《河南程氏外书》卷第三，《二程集》，北京：中华书局，1981年，第366页。
⑤ 向世陵：《理学与易学》，长春：长春出版社，2011年，第187页。
⑥ 〔宋〕程颢、程颐：《周易程氏传》卷第一，《二程集》，北京：中华书局，1981年，第697页。

大千世界的形成，需要借助阴阳二气的交感、激荡来实现。在解释《归妹卦·彖辞》中的"天地不交而万物不兴，归妹，人之终始也"时，程颐说："天地不交，则万物何从而生？女之归男，乃生生相续之道。男女交而后有生息，有生息而后其终不穷。前者有终，而后者有始，相续不穷，是人之终始也。"① 只有阴阳交感，天地才能化生万物；只有男女交感，人类才能瓜瓞绵长。程颐说："阴阳之交相摩轧，八方之气相推荡，雷霆以动之，风雨以润之，日月运行，寒暑相推，而成造化之功。"② 若是没有阴阳的交感，万物就无法化生、存续和更新，大千世界也将不复存在。

（一）阴阳的对立与贯通

程颐认为，阴阳具有既对立又贯通的特点。他说："阴阳开阖，本无先后，不可道今日有阴，明日有阳。如人有形影，盖形影一时，不可言今日有形，明日有影，有便齐有。"③ 阴阳从来都是相伴而生、相互贯通的，程颐把阴阳的这一特点称为阴阳无始。阴阳的对立与转化并无间断，具有生生不息的特点。在解释《泰卦》九三爻"象曰：无往不复，天地际也"时，程颐说："无往不复，言天地之交际也。阳降于下，必复于上；阴升于上，必复于下；屈伸往来之常理也。"④ 阴阳又与动静密切相关。他不同意周敦颐"太极动而生阳，静而生阴"⑤

---

① 〔宋〕程颢、程颐：《周易程氏传》卷第四，《二程集》，北京：中华书局，1981年，第979页。
② 〔宋〕程颢、程颐：《易说·系辞》，《二程集》，北京：中华书局，1981年，第1027页。
③ 〔宋〕程颢、程颐：《河南程氏遗书》卷第十五，《二程集》，北京：中华书局，1981年，第160页。
④ 〔宋〕程颢、程颐：《周易程氏传》卷第一，《二程集》，北京：中华书局，1981年，第757页。
⑤ 〔宋〕周敦颐：《太极图说》，《周敦颐集》，北京：中华书局，2009年，第3页。

的说法，认为动静是相因的。他在解释《艮卦》的《序卦》"震者动也，物不可以终动，止之，故受之以艮，艮者止也"时，说："动静相因，动则有静，静则有动。物无常动之理。"①动静从来都是相伴而生的，并无动静分离的情况。

程颐还对张载提倡的气无生灭，聚则物生、散则物死的观点提出了批评，说："屈伸往来只是理，不必将既屈之气，复为方伸之气。生生之理，自然不息。如复言七日来复，其间元不断续，阳已复生，物极必返，其理须如此。有生便有死，有始便有终。"②在程颐看来，理是永恒的，无生灭；气的生灭是自然而然的，不是已死之气复为方生之气。正如葛瑞汉先生所云："阴阳的交替并非不变之气的扩张与收缩，而是新气的不断产生和旧气的不断衰亡。"③程颐之所以会对张载提出批评，是因为他从"理本论的框架去看张载的太虚（清虚），才可能出现虚实、清浊分离的情形，也才需要强调实理作为'所以阴阳者'并不在气外，需要以'自家体贴'出来的形而上之理去取而代之"④。可见，张载的哲学体系并不像程颢和程颐所批评的那样，而是自有其合理性。

（二）万物的化生过程

对于万物化生的大致情形，程颐也做了描述。在解释《屯卦·象辞》

---

① 〔宋〕程颢、程颐：《周易程氏传》卷第四，《二程集》，北京：中华书局，1981年，第967页。
② 〔宋〕程颢、程颐：《河南程氏遗书》卷第十五，《二程集》，北京：中华书局，1981年，第167页。
③ [英]葛瑞汉著，程德祥等译：《中国的两位哲学家：二程兄弟的新儒学》，郑州：大象出版社，2000年，第87页。
④ 向世陵：《宋代经学哲学研究·基本理论卷》，上海：上海科学技术文献出版社，2015年，第94页。

中的"大亨贞,雷雨之动满盈"时,他说:"阴阳始交,则艰屯未能通畅;及其和洽,则成雷雨,满盈于天地之间,生物乃遂。"①在阴阳交感之初,初生之物可能会遭遇一些困难。随着阴阳交感的继续推进,万事万物都得以化生出来,异彩纷呈的大千世界也就出现了。

在程颐看来,万物产生的过程,可以具体分为气化和形化两个阶段。首先,气化是万物产生的初始阶段。他说:"万物之始,皆气化;既形,然后以形相禅,有形化;形化长,则气化渐消。"②(程颐曾多次讲到气化。如《遗书》卷十五有两条,第一条为"正叔所定婚仪"一条,见《二程集》第146页;第二条为"陨石无种"一条,见《二程集》第161页。因此,本条语录可以确定为程颐语)在从气化转入形化的阶段之后,万物逐渐拥有了自己的形体。无论是形化还是气化,都是由阴阳的交感而造就的。他说:"凡物参和交感则生,不和分散则死。"③(黄宗羲将其纳入《伊川语录》,参见《宋元学案》第二册第611页)如果没有阴阳的交感、对立,异彩纷呈的大千世界就无法出现。潘富恩先生认为,程颐"气化生万物的观点,受张载的气之学说影响很深"④。在气化生万物上,程颢、程颐和张载的观点一致,其分歧主要是在本体论层面。原因是程颢和程颐认为,只有天理才是形而上的本体,气是形而下的器物;而张载则把气看成世界的本体,而理只是气的特性。因此,二程和张载的分歧,正是理本论与气本论的差异。

天地化生万物,并无人为造作的痕迹。程颐说:"道理皆自然。若安排定,则更有甚理?天地阴阳之变,便如二扇磨,升降盈亏刚柔,初未

---

① 〔宋〕程颢、程颐:《周易程氏传》卷第一,《二程集》,北京:中华书局,1981年,第714页。
② 〔宋〕程颢、程颐:《河南程氏遗书》卷第五,《二程集》,北京:中华书局,1981年,第79页。
③ 〔宋〕程颢、程颐:《河南程氏遗书》卷第六,《二程集》,北京:中华书局,1981年,第82页。
④ 潘富恩:《程颢程颐评传——倡明道学 观理识仁》,南宁:广西教育出版社,1996年,第90页。

尝停息，阳常盈，阴常亏，故便不齐。譬如磨既行，齿都不齐，既不齐，便生出万变。故物之不齐，物之情也。"①（此条语录与《遗书》卷二上"天地之化"一条内容一致，语言风格一致。而"天地之化"被黄宗羲定为程颐语，见《宋元学案》第591页。因此，本条语录也应当是程颐语）他用石磨的转动比喻万物的产生过程，在用石磨加工面粉时，石磨的磨齿会出现参差不齐的情形，面粉便会从磨齿之间流出来。由于磨齿不齐，所以磨出的面粉也不会粗细均匀。正如用石磨加工的面粉粗细不同，由于阴阳交感的变化莫测，天地所化生出来的物类自然不会一模一样。

三、大千世界形成的原因

程颐眼中的宇宙图景之所以会与程颢的有所不同，关键就在于二人对理气关系的理解不同。程颢主张理气不可分，因而建构了生化日新、天人本一的总体宇宙图景；而程颐则凸显了理气之间的张力，因而建构了万象共生、物我一理的有机整体世界。

与程颢一样，程颐也通过易学解释来阐释理与气的关系。《易》以符号和文字两套系统，描述了天地万物之情。两套系统都是由"一个能指和一个所指组成的，能指面构成表达面，所指面则构成内容面"②。对于《系辞传》中的"易有太极，是生两仪"，程颐做出了新的解释。他说："散之在理，则有万殊；统之在道，则无二致。所以'《易》有太极，是生两仪。'太极者道也，两仪者阴阳也。阴阳，一道也。太极，

---

① 〔宋〕程颢、程颐：《河南程氏遗书》卷第二上，《二程集》，北京：中华书局，1981年，第32-33页。
② [法]罗兰·巴尔特著，王东亮等译：《符号学原理》，北京：生活·读书·新知三联书店，1988年，第134页。

无极也。万物之生，负阴而抱阳，莫不有太极，莫不有两仪，氤氲交感，变化不穷。形一受其生，神一发其智，情伪出焉，万绪起焉。"①在程颐看来，太极即道，即形而上的理；两仪表征了阴阳，是形而下的器。

《系辞上传》说："一阴一阳之谓道，继之者善也，成之者性也。"对于阴阳和道的关系，不同时期的哲学家有不同的解释。汉代经学家大都把阴阳等同于道，认为元气化生万物。董仲舒说："天地之气，合而为一，分为阴阳，判为四时，列为五行。"②在董仲舒看来，阴阳、四时、五行，乃至万事万物，都是由元气化生而来。程颐不同意经学家的观点，他对《易》中"一阴一阳之谓道"做了新的解释，指出："'一阴一阳之谓道'，道非阴阳也，所以一阴一阳道也。"③程颐认为，阴阳是相伴而生的，其开阖没有先后之分。可是，阴阳只是气，不是道；阴阳的所以然才是道，才是理。

需要说明的是，与程颢偏重道器的贯通不同，程颐侧重形而上与形而下的严格区分。他说："形而下形而上者，亦须更分明须得。"④（程颢喜言道器不离，程颐更喜欢强调形而上与形而下的区别，故此条语录当为程颐所言）程颐认为，形而上与形而下不可混淆，必须严格区分。尽管程颐强调道器的区别，可是，他并不否认道器之间的密切联系，而是用"体用一源，显微无间"来说明这种联系。程颐说："至微者理也，至著者象也。体用一源，显微无间。"⑤所谓的"理"指的是易理、天理，所谓的"象"指的是卦爻象及其所反映的万事万物之象。

---

① 〔宋〕程颢、程颐：《易序》，《二程集》，北京：中华书局，1981年，第690页。
② 〔汉〕董仲舒：《五行相生篇》，《春秋繁露》，北京：中华书局，1975年，第457页。
③ 〔宋〕程颢、程颐：《河南程氏遗书》卷第三，《二程集》，北京：中华书局，1981年，第67页。
④ 〔宋〕程颢、程颐：《河南程氏遗书》卷第二，《二程集》，北京：中华书局，1981年，第37页。
⑤ 〔宋〕程颢、程颐：《易传序》，《二程集》，北京：中华书局，1981年，第689页。

程颐认为，易理、天理是体，卦爻象及其所反映的万事万物之象是用，体用之间既有区别又有联系。他又把这一解释模式应用于理事关系的研究，指出："至显者莫如事，至微者莫如理，而事理一致，微显一源。"①所谓"事"，指的是卦爻辞描绘的万千事物；所谓"理"，则是万物背后的根基根据——天理。

总之，程颢和程颐的天理论既为儒家倡导的伦理道德提供了价值支撑，又是其理学体系的起点。而他们的心性论既是其天理论的落实，又是其工夫论的价值基础。

---

① 〔宋〕程颢、程颐：《河南程氏遗书》卷二十五，《二程集》，北京：中华书局，1981年，第323页。

第二章

性理的易学新内涵与理学心性论的确立

在二程看来,作为万事万物背后的根基根据,天理落实到人身上,即表现为性命之理。在研易释易的过程中,二程凸显了《易》中性命之理的新内涵,并借此确立了自身的理学心性论。在这一过程中,二程也不可避免地吸收了前人的思想资源。

早在先秦时代,《易传》就"以三才之道为核心,打通阴阳之道与性命之理,构建起典范意义的易学天人之学"①。由此,易学就成为以三才之道为核心的高度哲学性的文化价值系统。在该系统中,天道是人道的价值来源,而人道则是天道在人间的展现、实现。作为人道的核心内涵,性命之理要解决的是人性的本然、实然等问题。

除《易传》之外,在《大学》《中庸》《论语》和《孟子》等典籍中,今人也能看到先秦儒家对性命之理的思索。在两汉时期,儒家学者承继了荀子的天道观,偏离了由孔孟开创的性命之理阐释模式。无论是董仲舒的性三品说,还是扬雄的性善恶混说,都与孟子所提倡的性善论迥然不同。到了唐代,韩愈、李翱、柳宗元等人已经开始探究"性与天道",

---

① 王新春:《"横渠四句"的生命自觉意识与易学"三才"之道》,《哲学研究》2014年第5期。

也取得了一定的成就。

到了宋代，儒家学者的关注重点逐渐从五经转移到四书上面，进一步凸显了《周易》的思维框架和思想资源作用。而"《周易》揭示的'天人合德'、'继善成性'、'生生之谓易'等性命之理"①，则成为儒家学者关注和探究的重点。早在宋初，胡瑗就探究了《易》中的性命之理，并对后世儒者特别是程颐的研易产生了重大影响。在胡瑗之后，周敦颐精研了《易》中的性命之理，并对程颢产生了很大影响；邵雍以先天为体、后天为用，力图达到"体用相依，心迹不二"②的目标；张载提出了天地之性与气质之性的研究范式，希望能够解释人性本善何以会有恶行的问题。

程颢和程颐借鉴了张载的研究范式，并借助对《易》中的性命之理的全新诠释，且统摄《孟子》和《中庸》等典籍中的性命之理，最终确立了理学心性论。

第一节　性理研究范式的转换

诚如上文所言，先秦儒家在《易传》《中庸》和《孟子》等典籍中，已经探讨了性命之理。可惜，汉唐经学家未能把握孔孟哲学的精义，反而承继了荀子的人道观。朱熹曾经批评汉唐儒家学者，说："秦汉以来，道不明于天下，而士不知所以为学。言天者，遗人而无用。语人者，不及天而无本。专下学者，不知上达而滞于形器。必上达者，不务下学而溺于空虚。优于治己者，或不足以及人。而随世以就功名者，又未必自其本而推之也。夫如是，是以天理不明而人欲炽，道学不传而异端起。

---

① 向世陵：《宋代经学哲学研究·基本理论卷》，上海：上海科学技术文献出版社，2015年，第6页。
② 余敦康：《汉宋易学解读》，北京：华夏出版社，2006年，第408页。

人挟其私智以驰骛于一世者,不至于老死则不止,而终亦莫悟其非也。"① 谈论天道者,不涉及人道;谈论人道者,不达至天道;注重下学者,不知应当上达;重视上达者,不重下学,有空虚之弊;重视个人修养者,不知应该修己以安人;醉心功名者,不知寻本究源。以上皆是汉唐学者研习儒学之弊病,也是儒门淡漠之主因。汉唐儒者忽视了人性的本然、实然等问题的探讨,结果导致儒家在心性研究方面止步不前;而佛道二教的性命之理趁机大行其道,获得了上至王公贵族、下至平民百姓的认同。

要想直面佛道二教的挑战,就得重建儒家的心性论。而发掘儒门固有的心性思想,则要以《周易》为思维框架。因此,儒家学者非常重视研究《周易》。而"《周易》揭示的'天人合德''继善成性''生生之谓易'等性命之理,都成为新儒家兴起不可或缺的宝贵理论资源"②。

从宋初三先生到周敦颐、张载,都是借助《周易》研究,来探究儒门的心性思想。在周敦颐和张载等前贤的性理研究的基础上,程颢和程颐提出了性理研究的新范式,成功扭转了儒家在面对佛道二教时的被动局面,并最终建构起理学心性论。

一、《易》中的性命之理

在中国哲学史上,"对于善与性关系的思考,主要有两大思想来源:一是以《易传》为代表的'继善成性'的观点,一是以思孟学派尤其是《孟子》为代表的'性善'论的观点"③。在《易传》作者看来,天道之善,较人之本性为先;在《孟子》看来,人之本性与天道之善是密不可

---

① 〔宋〕朱熹:《韶州州学濂溪先生祠记》,《朱熹集》第七册,成都:四川教育出版社,1996年,第4105页。
② 向世陵:《宋代经学哲学研究·基本理论卷》,上海:上海科学技术文献出版社,2015年,第6页。
③ 向世陵:《理学与易学》,长春:长春出版社,2011年,第128页。

分的。可见,《易传》作者是由天而说人,《孟子》则是由人而言天。两相比较,从贯通天道与性命的角度来看,《易传》的思路要比《孟子》的高明,《易传》可以为《孟子》做论证。原因是"《易传》的性命论,不仅完成了先秦儒家贯通天人的道德形上学的集大成式建构,同时为后世儒家哲学尤其是宋明理学本体论的发展与完善,奠定了坚实的理论基础"①。因此,宋代儒者要论证孟子的"性善"论,就要借助《易传》来进行。

《易传》作者对性理之学做了探讨,也取得了一些成果。第一,探讨了个体性命的来源问题。在宇宙间,万事万物都是由天地化生而来的,都具有自身的特性。《乾·象传》云:"乾道变化,各正性命。"人性之善来源于天道之善,是部分与整体的关系。《系辞》云:"一阴一阳之谓道,继之者善也,成之者性也。仁者见之谓之仁,知者见之谓之知,百姓日用而不知,故君子之道鲜矣。"在《易传》作者看来,"继善,是继天道之善;成性,是完善人的本性"②。在宋代,《易》中的"继善成性"成为理学的重要思想源头。第二,明确了人道的内涵。《说卦传》云:"立人之道,曰仁与义。"《易传》作者既肯定了人道是天道在人间的落实,又明确指出仁义是人道的内涵。

应当说,《易传》中的心性思想,为后世儒者言说心性提供了必要的思想框架。可惜,从汉代到隋唐,经学家只关注《易》的文字训诂,忽视了其中的性命之理。

二、前期心性研究及其缺憾

如上所云,先秦哲学家已经对性命之理做了一些探讨。除了《易传》,我们还能在《论语》等典籍中发现孔子的心性思想。孔子关注了道德主

---

① 刘玉建:《汉代易学通论》,济南:齐鲁书社,2012年,第54页。
② 赵载光:《周敦颐的易学性命之学》,《周易研究》2009年第4期。

体的不同禀赋,提出了"性相近,习相远"(《论语·阳货》)的观点。以今人的眼光来看,"孔子心性之学有欲性、仁性、智性三个层面,由于多了仁性一个层面,'是'与'应该'之间就有了一个过渡性的桥梁,'是'本身就是'应该',从而形成了孔子的心性之学的重要特色"①。孔子又说:"吾十有五,而志于学,三十而立,四十而不惑,五十而知天命,六十而耳顺,七十而从心所欲,不逾矩。"(《论语·为政》)在孔子看来,命有两层意思:一是天所赋为命,二是个体无法左右的外在的必然因素。尽管孔子奠定了儒家关注人道、关切现世的基本价值取向,可是,他并没有点明"性与天道"的究竟意涵。

在孔子之后,《郭店楚墓竹简》中提出"是(故)君子之于言也,非从末流者之贵,穷源反本者之贵。苟不从其由,不反其本,未有可得也者"②。在道德修养上,君子应该复归人性本然。在《郭店楚墓竹简》看来,反本复性的根源是人性本善,即"未教而民恒,性善者也"③。孟子私淑孔子,进一步论述了性善论,力图给孔子的仁爱思想提供心性依据。孟子说:"君子所性,仁义礼智根于心。"(《孟子·尽心上》)孟子认为,人性本善,仁、义、礼、智四个善端就是性善的表现。孟子又说:"口之于味也,目之于色也,耳之于声也,鼻之于臭也,四肢之于安佚也,性也,有命焉,君子不谓性也。仁之于父子也,义之于君臣也,礼之于宾主也,智之于贤者也,圣人之于天道也,命也,有性焉,君子不谓命也。"(《孟子·尽心下》)在孟子看来,天既赋予人类以肉体感性生命和各种欲望,又让人类具备道德理性和内在善性。以今人的眼光来看,孟子的心性论是以人观天,是"坚持以人看'天'、以人之善心善性去诠释'天',并通过对这种善心善性的不断提升与扩展而使'天'价值化、形

---

① 杨泽波:《孔子的心性学说结构》,《哲学研究》1992年第5期。
② 《成之闻之》,荆门市博物馆编:《郭店楚墓竹简》,北京:文物出版社,1998年,第167页。
③ 《成之闻之》,荆门市博物馆编:《郭店楚墓竹简》,北京:文物出版社,1998年,第181页。

上化，从而使其成为呈现人之本心本性的精神之境"①。虽然孟子提出了性命之辨的问题，却没能说明性善论的形而上根基究竟何在，因而也是有缺憾的。

《中庸》《乐记》等经典文本中也对性命之理做了很多探讨。《礼记·乐记》提出天理与人欲的对立，指出："人生而静，天之性也。感于物而动，性之欲也。物至知知，然后好恶形焉。好恶无节于内，知诱于外，不能反躬，天理灭矣。夫物之感人无穷，而人之好恶无节，则是物至而人化物也。人化物也者，灭天理而穷人欲者也。"人类既有未发之性，又有欲望。所谓"天之性"是天理的化身，就是处于未发状态的本然之性。在人与外物接触的过程中，本然之性自然会受到欲望的影响。如果人能够节制欲望，就可以役物。反之，人类就会因为灭天理穷人欲，而受到外物的役使。《乐记》中的理欲对立思想，对程颢和程颐的性理探讨产生了很大影响。

也有些哲学家不同意性善论的观点，并提出了自己的论点。例如，告子不同意孟子的性善论观点，认为性无善无不善，道德是后天教化的结果。告子提出的"生之谓性"的解释方式对程颢和程颐进行心性探究发挥了启迪作用。再如，荀子关注了理想事物的有限性与人的肉体生命的欲望之间的矛盾，提出了"人之性恶，其善者伪也"（《荀子·性恶》）的观点。荀子认为，人性本恶，善是后天教化的产物。所谓"伪"，即后天教化之意。君主可以通过礼乐教化和刑政惩罚等手段，对民众进行教化。荀子又说："凡人之性者，尧、舜之与桀、跖，其性一也；君子之与小人，其性一也。"（《荀子·性恶》）在荀子看来，尧舜与桀跖具有同样的性，君子与小人的性也没有多少不同。在性情关系方面，荀子认为，性为先天，情为后天。他说："性者，天之就也；情者，性之质也；欲者，

---

① 丁原明：《先秦人学思想的成熟——孟子"心性学"管窥》，《理论学刊》2007年第1期。

情之应也少。"(《荀子·正名》)荀子的思想受到了汉唐经学家的推崇和继承。

道家的老子大力倡导返本复始,说:"致虚极,守静笃,万物并作,吾以观复。夫物芸芸,各复归其根。归根曰静,静曰复命。复命曰常。知常曰明;不知常,妄作,凶。"(《老子·第十六章》)与老子类似,庄子也主张回归"虚静恬淡,寂漠无为"(《庄子·天道》)的本初。

汉代经学家关心的是现实政治制度的建设和化民成俗,倡导君王教化民众。例如,董仲舒提出了性三品说,认为"圣人之性,不可以名性;斗筲之性,又不可以名性。名性者,中民之性"(《春秋繁露·实性》)。董仲舒认为,圣人具有现实的善性,斗筲之人毫无善性;中民有潜在的善质,只有中民之性才是真正的性。董仲舒指出了节制情欲的必要性,说:"天令之谓命,命非圣人不行;质朴之谓性,性非教化不成;人欲之谓情,情非度制不节。"[1]借由礼乐和刑政等教化手段,君王可以使中民之性内具的潜在善质变成现实的善。王充继承了董仲舒的性三品说,指出:"人之善恶,共一元气。气有多少,故性有贤愚。"[2]王充认为,由于在化生成形时所禀受的气有清浊偏正之分,所以圣人、中民和斗筲之人的善恶差异,是由气禀所决定的。在王充看来,圣人、中民和斗筲之人的人性都是天生如此的。若是君主能"教导以学,渐渍以德"[3],就能把中民身上潜具的善质变成仁义之举。王充还对命做了探讨,区分了正命、随命和遭命。可见,汉代经学家对于性命之理的探讨有很大偏差,原因是他们背离了孔孟所开创的性善论的道路。

在魏晋时期,王弼用体用和本末范畴对性情关系做了探讨。他认为,

---

[1] 〔汉〕班固撰,〔唐〕颜师古注:《董仲舒传》,《汉书》卷第五十六,北京:中华书局,1999年,第1913页。

[2] 〔汉〕王充著,黄晖校释:《率性篇》,《论衡校释》,北京:中华书局,1990年,第81页。

[3] 〔汉〕王充著,黄晖校释:《率性篇》,《论衡校释》,北京:中华书局,1990年,第78页。

性是寂然不动的本体，是无善无恶的；情是用、末，是人在与外物接触的过程中产生的，有正邪、真伪之分。与此同时，佛门中人也在心性思想上做了不少探究。例如，道生明确提出了"反本为性"的观点："善性者，理妙为善，反本为性也。"① 道生主张一阐提人皆有佛性，人人皆可顿悟成佛。在佛道二教都提出自身的心性之学时，儒家学者忙于做君王师，明确反对人人都成圣贤的观点，主张君王通过教化来治国。因此，儒家的治国之术得到了君王的赞赏，而佛教、道教的心性论则受到普通人的认同和拥护。虽然佛道二教的心性论受到民众的认同，但是，从儒家的立场来看，佛教讲空，道教言无，都无益于安定人心、治理社会。

到了唐代，韩愈继承了性三品说，提出："性也者，与生俱生也；情也者，接于物而生也。性之品有三，而其所以为性者五；情之品有三，而其所以为情者七。"② 韩愈认为，性是先天的、至善的；情是后天的、有善有恶的。韩愈把是否具备仁、义、礼、智、信五种品德，作为判断性善与性恶的标准。韩愈认为，至善的上品之性和至恶的下品之性是不可改变的；只有中品之性，才会在环境的影响下做出现实的善恶行为。与韩愈不同，柳宗元"对易的理解转向于心性的探寻"③，并力图通过佛理与《易》的融通来复兴儒学。柳宗元说："由是真乘法印，与儒典并用，而人知向方。"④ 李翱明确将《易》看作性命之书，说："天命之谓性，易者，理性之书也。"⑤ 李翱还明确提出了复性的观点："性者，天之命也，圣人得之而不惑者也；情者，性之动也，百姓溺之而不能知其

---

① 〔晋〕道生：《大涅槃经集解》卷五十一《德王品》，见《大正藏》第37册，台北：中华电子佛典协会（CBETA），第531页下。
② 〔唐〕韩愈著，马其昶校注：《韩昌黎文集校注》，上海：上海古籍出版社，1986年，第20页。
③ 高会霞、杨泽：《宋代经学哲学研究·儒学复兴卷》，上海：上海科学技术文献出版社，2015年，第149页。
④ 〔唐〕柳宗元：《送文畅上人登五台遂游河朔序》，《柳宗元集》，北京：中华书局，1979年，第668页。
⑤ 〔唐〕韩愈、李翱注：《论语笔解》，北京：中华书局，1991年，第2页。

本者也。圣人者岂其无情邪？圣人者寂然不动，不往而到，不言而神，不耀而光，制作参乎天地，变化合乎阴阳；虽有情也，未尝有情也。"①在李翱看来，性是善的，情是恶的；在道德修养上，君子应该反本复性。

虽然对宋儒来说，韩愈、柳宗元、李翱等人对儒家心性思想的探讨确有开创作用，然而，唐代儒家学者的努力却没有得到同时代人的认同。另外，韩愈探讨心性，并非出于理论兴趣，而只是为了改良现实政治；柳宗元将佛法与儒家典籍并列的做法，有丧失儒家文化主体性的危险。因此，要想复兴儒学，就迫切需要建构一个既有入世情怀，又能为儒家所提倡的伦理道德提供价值支撑的新儒学。

三、性理研究范式的转换

从宋初三先生到周敦颐、张载，都借助《周易》研究，来探究儒门的心性思想。这些探究是二程在易学视野下，建构自身理学心性论的重要思想资源。

胡瑗认为，仁、义、礼、智、信是人生而具有的正性，而七情六欲会让人迷失正性。他说："盖性者，天生之质，仁义礼智信五常之道无不备具，故禀之为正性；喜怒哀乐爱恶欲七者之来，皆由物诱于外，则情见于内，故流之为邪情；唯圣人则能使万物得其利而不失其正者，是能性其情，不使外物迁之也。"② 在胡瑗看来，人之善性来源于天道，是清明、公正无私的；因为迷失本性，所以人性的实然会呈现善恶并存的情形。

与胡瑗类似，周敦颐也在易学的视野下，确立了自身的心性论。周敦颐"由太极以立人极，以诚作为道德本体，从理论上回答了人在宇宙

---

① 〔唐〕李翱：《复性书上》，载《全唐文》第七册，北京：中华书局，1983年，第6433页。
② 〔宋〕胡瑗口述，〔宋〕倪天隐整理：《周易口义》，《影印文渊阁四库全书》第0008册，台北：台湾商务印书馆，1986年，第8-189页上。

中的地位以及人之所以为人的本质问题"①。周敦颐指出："万物生生，而变化无穷焉。惟人也，得其秀而最灵。"②由于人禀受了天地的正气，所以贵为万物之灵；而中正仁义则是人道的内涵。在个体成就圣贤的可能性上，周敦颐抛弃了孔子"唯上智与下愚不移"（《论语·阳货》）的观点，明确指出"圣可学"。

在前人已有理论资源的基础上，张载推进了儒家性命之理的探讨。他把人性划分为气质之性和天地之性，认为天地之性来源于太虚本体，是至善的；而气质之性则来源于气，有美恶之别。张载说："'形而后有气质之性，善反之则天地之性存焉。'故气质之性，君子有弗性者焉。"③张岱年先生将张载的人性论称为"性两元论"，认为"从战国以来，纷争无定之人性论，自性两元论出，确实得到了一种相对的统一，达得一个相对的定论"④。张载明确反对告子"生之谓性"的观点，指出："以生为性，既不通昼夜之道，且人与物等，故告子之妄不可不诋。"⑤在张载看来，告子只看到人的生物性的一面，未能看到人性的道德性的层面，因而，告子的观点是错误的。在程颢和程颐看来，虽然张载以二分法来解释人性的研究范式有可取之处，却也存在着明显的问题。原因是"张载从'气本论'的角度出发来确立儒学心性论的本体地位，建立儒学道德形上学，自然会出现内在逻辑矛盾。因为'气'的升降、聚散并不能作为人性善恶、美丑的内在根据，张载人性论的这个内在矛盾被二程认为是'杂博'之说"⑥。因此，程颢和程颐接续了胡瑗、周敦颐和张载的工作，继续深化对儒家性命之理的探讨。

在易学天人之学的框架中，程颢和程颐的"人性论的建构，也主要

---

① 余敦康：《汉宋易学解读》，北京：华夏出版社，2006年，第254页。
② 〔宋〕周敦颐：《太极图说》，《周敦颐集》，北京：中华书局，2009年，第3-6页。
③ 〔宋〕张载：《正蒙·诚明》，《张载集》，北京：中华书局，1978年，第23页。
④ 张岱年：《中国哲学大纲》，北京：中国社会科学出版社，1982年，第212页。
⑤ 〔宋〕张载：《正蒙·诚明》，《张载集》，北京：中华书局，1978年，第22页。
⑥ 姜海军：《程颐〈易〉学思想研究——思想史视野下的经学诠释》，北京：北京师范大学出版社，2010年，第75页。

是通过对《四书》中有关思想资料的阐释、发挥、利用而进行的"①。姜广辉先生也认为,"二程通过对'四书'中有关思想资料的阐释、发挥及其对心性意蕴的深层次挖掘,对心性问题进行了颇为深入的探讨,初步建立了具有较高理论思辨水平的心性理论"②。二程将《中庸》中的"天命之谓性"改造为天命之性,又借用了告子提出的"生之谓性"的阐释模式,提出了天命之性和"生之谓性"这一性理研究的新范式。这一范式的提出,既解决了人性善恶的问题,又为个体的成圣成贤确立了充足的价值依据和现实依据。至此,以经义训诂为代表的经学研究范式被以义理阐发为特色的理学研究范式所代替。

第二节　程颢对易学性命之理的新阐释及其理学心性论的建构

对于孔子未曾明言的"性与天道",程颢以易学为思维框架,做出了自己的探讨。他说:"'《诗》、《书》、执礼皆雅言。'雅素所言也,至于性与天道,则子贡亦不可得而闻,盖要在默而识之也。"③他认为,虽然孔子未曾明言"性与天道",可是,子贡却可以默而识之。作为儒门后学,程颢认为自己有责任在易学的框架下,将孔子未曾明言的儒门心性思想讲清楚、说明白。

程颢对性命之理的开掘,是在易学的框架下,通过汇通、涵摄《易》中的性命之理与其他典籍中的性命之理来实现的。在他看来,《易》中已有性命之理,而《中庸》《孟子》《乐记》等典籍中亦有丰富的心性论思

---

① 朱汉民、肖永明:《宋代〈四书〉学与理学》,北京:中华书局,2009年,第124页。
② 姜广辉:《中国经学思想史》第三卷(上),北京:中国社会科学出版社,2010年,第517页。
③ 〔宋〕程颢、程颐:《河南程氏遗书》卷第十一,《二程集》,北京:中华书局,1981年,第132页。

想,只要将二者加以汇通,就能重建儒家的心性论。

在具体操作时,程颢借用告子的"生之谓性"这一旧有范式,来言说性命之理。程颢认为,本然之性既不可言说,又可以说是善的;如果要言说性,就要落在实然层面上,借助天道之生生来进行。而天道之生生,又要借助易学来表述。所以,程颢言说心性,也是在易学的框架下进行的。在明道看来,实然之性又叫"生之谓性",来自气禀,是善恶并存的。表面看来,似乎程颢也采纳了张载的做法,以二分法来言说心性。其实不然。原因是"'以上不容说'之性实不能独立有其存在的地位,而实必须将其放在'生之谓性'之中方能理解"①。因此,与张载的性二元论相比较,程颢的性论可以概括为性一元论。

由于程颢独特的语言风格,所以他对性命之理的阐释并不好理解。张岱年先生说:"明道的话不多,又皆浑沦圆转,所以也不易了解。"②在今天,我们可以借助舶来语言,从易学的框架下,探究程颢对理学心性论的建构。

一、以天道之生生言说"性"

在程颢看来,"生之谓性"以上的性和《礼记·乐记》中的"人生而静"以上的性,都是人无法言说的本然之性。一旦言说性,就是在讲具体的人物之性。

(一)性之可说与不可说

在谈及本然之性时,程颢曾经说过一段非常有名的话。原文如下:

---

① 李晓春:《天命之性与气质之性——宋代性二元论研究》,华东师范大学博士论文,2001年,第115页。
② 张岱年:《中国哲学大纲》,北京:中国社会科学出版社,1982年,第216页。

"生之谓性",性即气,气即性,生之谓也。人生气禀,理有善恶,然不是性中元有此两物相对而生也。有自幼而善,有自幼而恶,是气禀有然也。善固性也,然恶亦不可不谓之性也。盖"生之谓性"、"人生而静"以上不容说,才说性时,便已不是性也。凡人说性,只是说"继之者善"也,孟子言人性善是也。夫所谓"继之者善"也者,犹水流而就下也。皆水也,有流而至海,终无所污,此何烦人力之为也?有流而未远,固已渐浊;有出而甚远,方有所浊。有浊之多者,有浊之少者。清浊虽不同,然不可以浊者不为水也。如此,则人不可以不加澄治之功。故用力敏勇则疾清,用力缓怠则迟清,及其清也,则却只是元初水也。亦不是将清来换却浊,亦不是取出浊来置在一隅也。水之清,则性善之谓也。故不是善与恶在性中为两物相对,各自出来。此理,天命也。顺而循之,则道也。循此而修之,各得其分,则教也。自天命以至于教,我无加损焉,此舜有天下而不与焉者也。①(在《程颢论性说》一文中,朱子认定此语为程颢语。参见《晦庵先生朱文公文集》卷第六十七,《朱子全书》第3276页。黄宗羲将其纳入程颢语录,参见《宋元学案》第565页)

对这段话应该如何理解,后人的观点可谓聚讼纷纭。朱熹说:"'生之谓性'一条难说,须仔细看。"②到了近代,王国维和蔡元培两位先生均认为,此段话难以理解。王国维先生说:"明道不敢反对孟子,故为此暧昧之语,然其真意,则正与告子同。然明道他日又混视广义之善与狭义之善,而反覆性善之说。故明道之性论,于宋儒中最为薄弱者也。"③蔡元培先生也说:"其措语虽多不甚明睐,然推其大意,则谓性之本体,殆本无善恶之可言。"④

---

① 〔宋〕程颢、程颐:《河南程氏遗书》卷第一,《二程集》,北京:中华书局,1981年,第10-11页。
② 〔宋〕黎靖德:《朱子语类》卷九十五,北京:中华书局,1986年,第2425页。
③ 王国维著,傅杰编校:《王国维论学集》,北京:中国社会科学出版社,1997年,第227页。
④ 蔡元培:《中国伦理学史》,北京:东方出版社,1996年,第93页。

实际上，程颢和告子言说"生之谓性"的方式有着本质差异。牟宗三先生认为，言说"生之谓性"可以有两个义理模式："一、本体宇宙论的直贯顺成模式下之'生之谓性'；二、经验主义或自然主义的描述模式下之'生之谓性'。"① 在牟先生看来，程颢的言说方式属于前一种，而告子的言说方式属于后一种。

在阐释性命之理时，程颢在形式上借用了告子"生之谓性"的言说方式。表面上看来，他似乎认同了告子的观点。黄百家正是这样认为的，并据此批评道："此则未免说得太高，人与物自有差等，何必更进一层，翻孟子案，以蹈生物平等？撞破乾坤，只一家禅诠。"② 黄百家误以为程颢的"生之谓性"和告子的"生之谓性"是一回事。实际上，程颢的看法与告子的并不相同：告子只看到了个体中的生之谓性，却不知道"生之谓性"只是天命之性的流注；程颢并不否认天命之性的价值，只是借用告子的旧瓶——"生之谓性"来装自己的新酒——性理之学。在程颢看来，牛马和人一样都禀受了气，都具有生之谓性。正是在这一点上，程颢对告子表示认同。可是，程颢认为，告子不知道牛马和人的区别在于禀受了不同的气，这是他不认同告子的地方。因此，我们不能仅从程颢借用"生之谓性"的诠释模式，就认定他完全认同告子的心性学说。正如郭晓东先生所说："程颢在论性时，虽然借用告子'生之谓性'的说法，但实质上是将《中庸》之本然的'天命之性'涵摄'生之谓性'并赋予了它全新的意义。"③

虽然程颢的心性探讨属于一元论，但是为了表述方便，我们仍然需要从本然之性和实然之性两个层面来分析。首先，虽然本然之性不

---

① 牟宗三：《心体与性体》中册，上海：上海古籍出版社，1999年，第125页。
② 〔清〕黄宗羲原著，〔清〕全祖望补修：《明道学案上》，《宋元学案》，北京：中华书局，1982年，第562页。
③ 郭晓东：《"生之谓性"与"天命之谓性"——程明道"性"论研究》，《复旦学报（社会科学版）》2004年第1期。

可说，我们却可以分析它的含义。本然之性具有两个含义：一是超乎善恶、不可言说；二是性善的。他说："'德性'者，言性之可贵，与言性善，其实一也。'性之德'者，言性之所有；如卦之德，乃卦之蕴也。"①正如《易》中一卦之德也是一卦之蕴，本然之性的德行既是讲赞美性的可贵，又表示本然之性是至善的。其次，本然之性又无法独立存在，只能展现为具体的人物之性。在程颢看来，具体的人物之性即"生之谓性"。所以，程颢的心性论实质上是性一元论，即对"生之谓性"的言说。

需要说明的是，虽然程颢是通过"生之谓性"来言说本然之性的，可是，我们并不能据此认为他否定了儒家的性善论。在他看来，从实然的层面讲，"本善之性体只是潜存的，性气不离，表现在气禀上则不能无善恶"②。因此，所谓"天下善恶皆天理"，并非是说天理之中即有善恶。唐君毅先生明确指出："此要在知明道此所谓善恶皆天理等言，皆非依于一静态的观善恶为二理二性而说，而正是意在动态的观此善恶二者之实原于一本。因一切恶，初只是过不及，即皆可由人之返于中正以得化除者。既可化除，则终不离乎一本，而皆可说为天理或性之一阶段之表现。"③唐先生的解释真可谓深得程颢言语的真意。天理是至善的，恶来源于气禀，无须由天理而引起。而"恶亦不可不谓之性"之中的性，并非本然之性，而是"生之谓性"。所以，善恶皆是天理的表现：善是因为个体禀受了中正之气，而恶则是因为个体禀受了偏浊之气。

---

① 〔宋〕程颢、程颐：《河南程氏遗书》卷第十一，《二程集》，北京：中华书局，1981年，第125页。
② 谢寒枫：《程颢哲学研究》，中国社会科学院博士论文，2002年，第53页。
③ 唐君毅：《中国哲学原论·原性篇》，北京：中国社会科学出版社，2005年，第226页。

（二）以"天地之大德曰生"言说性

程颢是用《易》中的天道生生来解释《中庸》中的"天命之谓性"的，他说："'天地之大德曰生'，'天地氤氲，万物化醇'，'生之谓性'，（原注：告子此言是，而谓犬之性犹牛之性，牛之性犹人之性，则非也。）万物之生意最可观，此元者善之长也，斯所谓仁也。人与天地一物也，而人特自小之，何耶？"①

"天地之大德曰生"出自《系辞传》，原意是说生生不已是天道的德性。程颢之所以引用它，意在重申天道的生生不已的特性。所谓"天地氤氲，万物化醇"亦出自《系辞传》，描绘的是万物化生成形的情况。天道的生生不已，正是通过天地化生万物来实现的。具体到人类而言，"天只是以生为道，而此生生之天道'命于人，是谓之性'"②。如上所述，他认为，本然之性不可说，只要说性，就是在说具体的人物之性；而具体的人物之性又是通过天道的生生而实现的。因此，从天道生生的角度来言说"性"，也是非常合理的。

实质上，程颢所谓"生之谓性"即从实然层面言说性，也即"於穆不已之生德生理在个体之成时而具于个体之中即叫做是性"③。程颢之所以要肯定"生之谓性"，目的正是借用这一阐释范式来言说性命之理。他说："'民受天地之中以生'，'天命之谓性'也。"④万事万物都是禀气而生，而具体的人物之性又蕴藏在事物之中，因此，我们可以从生生的角度来言说具体的人物之性。应当说，程颢"以'生'言性，不但不违于《中庸》之义，而实际上正是将'生之谓性'建立在'天命之谓性'

---

① 〔宋〕程颢、程颐：《河南程氏遗书》卷第十一，《二程集》，北京：中华书局，1981年，第120页。
② 郭晓东：《"生之谓性"与"天命之谓性"——程明道"性"论研究》，《复旦学报（社会科学版）》2004年第1期。
③ 牟宗三：《心体与性体》中册，上海：上海古籍出版社，1999年，第137页。
④ 〔宋〕程颢、程颐：《河南程氏遗书》卷第十二，《二程集》，北京：中华书局，1981年，第135页。

的基础之上"①。程颢之所以要采用这一阐释范式，是因为它可以成功回答人性本善何以会有后天的恶行的问题。

二、本然之性不可言说的原因

程颢认为，"生之谓性"以上的性和《礼记·乐记》中的"人生而静"以上的性，都是人无法言说的本然之性。一旦言说性，就是讲具体的人物之性，即实然之性。由于具体的人物之性都是气禀的产物，所以，我们要言说"性"，就离不开气。这就是程颢所说的"性即气，气即性"。此处的"即"不是等同的意思，而是与分离相对而言之"即"。

程颢独特的性命之理阐释模式既是由其天人本一的宇宙图景所决定的，又是由他的天道观所规定的。他说："形而上为道，形而下为器，须着如此说。器亦道，道亦器，但得道在，不系今与后，己与人。"②（黄宗羲将其收入《明道语录》，参见《宋元学案》第549页）由于道和器无须严格区分，因而形而上的性与形而下的气也是不即不离的。因此，程颢才会说："论性，不论气，不备；论气，不论性，不明。"③（黄宗羲将其定为程颐语，见《宋元学案》第611页。黄氏的界定值得商榷。理由是此条语录下面有条注文曰："二之则不是。"这说明该条语录是从天人本一的角度来说的。因此，该条语录应当认定为程颢语）

正因为性气是不即不离的，所以，程颢才会说"天下善恶皆天理，谓之恶者非本恶，但或过或不及便如此，如杨、墨之类"④。程颢这

---

① 郭晓东：《识仁与定性——工夫论视域下的程明道哲学研究》，上海：复旦大学出版社，2006年，第92页。
② 〔宋〕程颢、程颐：《河南程氏遗书》卷第一，《二程集》，北京：中华书局，1981年，第4页。
③ 〔宋〕程颢、程颐：《河南程氏遗书》卷第六，《二程集》，北京：中华书局，1981年，第81页。
④ 〔宋〕程颢、程颐：《河南程氏遗书》卷第二上，《二程集》，北京：中华书局，1981年，第14页。

一说法值得细细体味。所谓"善固性也,然恶亦不可不谓之性也",并不是说天理之性包含恶,原因是"善恶既只是表现上的事,则性体自己自是粹然至善而无善恶相对之相"①。他认为,"如说妄说幻为不好底性,则请别寻一个好底性来,换了此不好底性著。道即性也。若道外寻性,性外寻道,便不是。圣贤论天德,盖谓自家元是天然完全自足之物,若无所污坏,即当直而行之;若小有污坏,即敬以治之,使复如旧。所以能使如旧者,盖为自家本质元是完足之物。若合修治而修治之,是义也;若不消修治而不修治,亦是义也;故常简易明白而易行。"②在他看来,人的本性是至善的天道的体现,因而也是善的。作为本体,本然之性是与物无对的。他明确说:"此道与物无对,大不足以名之。"③可见,本然之性是无法言说的,不可用善恶来界定。

到了南宋时期,胡宏继承了程颢的性不能以善恶言说的思路,明确把性看作超乎善恶的本体范畴。据《宋朱熹胡子知言疑义》记载:有人向胡宏请教,孟轲、荀子、扬雄以善恶言行是否有误?胡宏说:"性也者,天地鬼神之奥也,善不足以言之,况恶乎?"④在胡宏看来,孟子所说的性善,只是叹美之辞,原因是"性作为'天地之所以立'的根据和哲学本体,从逻辑上就可以判定与善恶不在同一层次上,而应当是超善恶的"⑤。

可见,程颢是用"生之谓性"来阐释天命之性的。在他看来,性气不即不离,"生之谓性"属于实然层面上的性,是本然之性在现实层面的

---

① 牟宗三:《心体与性体》中册,上海:上海古籍出版社,1999年,第143页。
② 〔宋〕程颢、程颐:《河南程氏遗书》卷第一,《二程集》,北京:中华书局,1981年,第1页。
③ 〔宋〕程颢、程颐:《河南程氏遗书》卷第二上,《二程集》,北京:中华书局,1981年,第17页。
④ 〔宋〕胡宏:《知言疑义》,《胡宏集》,北京:中华书局,1987年,第333页。
⑤ 向世陵:《善恶之上:胡宏·性学·理学》,北京:中国广播电视出版社,2000年,第107页。

展现。由于个体所禀受的气有清浊偏正之分,所以,本然之性会表现为有善有恶的"生之谓性"。

三、反本复初的可能性

虽然程颢通过"生之谓性"言说本然之性,可是,他并不否定复归本然之性的必要性和可能性。他曾对韩持国说:"圣贤论天德,盖谓自家元是天然完全自足之物,若无所污坏,即当直而行之;若小有污坏,即敬以治之,使复如旧。所以能使如旧者,盖为自家本质元是完足之物。若合修治而修治之,是义也;若不消修治而不修治,亦是义也;故常简易明白而易行。"① 因为道和性是相即不离的,所以他才会说"道即性"。在他看来,天命之性和"生之谓性"都可以称作"性"。一方面,天道生生不已,将万物化生成形,而又生生不息;另一方面,在生生不已的天道的作用下,本然之性就表现为"生之谓性"。因而,万物的化生成形,也就是其"各正性命"的过程。每一个体都先天具有完善自足的本然之性,这是主体能够成就圣贤的充足价值根基根据。程颢之所以要强调人人都有"天然完全自足"的本然之性,原因即"在为人反本'复旧'提供可能和动力"②。在程颢看来,即使一个人的"生之谓性"因气禀的缘故而有所污坏,也可以通过修治来复归本然之性。

在程颢看来,人禀受了天地之正气,因而具有超出其他物类的优势。他说:"'万物皆备于我',不独人尔,物皆然。都自这里出去,只是物不能推,人则能推之。虽能推之,几时添得一分?不能推之,几时减得一分?百理具在,平铺放着。几时道尧尽君道,添得些君道多;舜尽子道,

---

① 〔宋〕程颢、程颐:《河南程氏遗书》卷第一,《二程集》,北京:中华书局,1981年,第1页。
② 向世陵:《宋代经学哲学研究·基本理论卷》,上海:上海科学技术文献出版社,2015年,第64页。

添得些孝道多？元来依旧。"①（黄宗羲定为程颢语，见《宋元学案》第562页）所谓"能推"，就是指人具有主体意识和知晓善恶的道德心。人的道德意识和能力既使得自身和自然万物有了根本区别，也为人类赋予了参赞天地化育的道德责任。

从万物的角度来看，人类也有成己成人成物的责任。程颢说："以物待物，不以己待物，则无我也。圣人制行不以己，言则是矣，而理似未尽于此言。夫天之生物也，有长有短，有大有小。君子得其大矣，安可使小者亦大乎？天理如此，岂可逆哉？以天下之大，万物之多，用一心而处之，必得其要，斯可矣。然则古人处事，岂不优乎！"②虽然因为气禀不同，万物各具特点，可是，天地间的每一物类都有其存在的价值。因此，我们确有成就自己、成就他人、成就自然万物的必要性。

在程颢看来，人类不仅有成就自我、成就他人他物的必要性，还有成己成人成物的可能性。在宇宙中，天理是万事万物的根基根据，"万物皆无一例外地完整禀受而涵具了它，从而皆成为具备牢固终极大宇宙根基、根据的存在"③。万物皆具有完善自足的天理，就使得宇宙间的每一物类都有被人类成就的可能性。他说："事有善有恶，皆天理也。天理中物，须有美恶，盖物之不齐，物之情也。但当察之，不可自入于恶，流于一物。"④在他看来，人类不仅应该修治人情，避免出现恶行，还应该通过参赞天地化育来成就自然万物。与此同时，由于大千世界呈现出生化日新、天人本一的景象，所以人与其他物类也是有机不可分割的。在参赞天地化育的过程中，人不但能够涵摄他人他物之理，而且可以成就他人他物，还能成就与物同体的大我。

---

① 〔宋〕程颢、程颐：《河南程氏遗书》卷第二上，《二程集》，北京：中华书局，1981年，第34页。
② 〔宋〕程颢、程颐：《河南程氏遗书》卷第十一，《二程集》，北京：中华书局，1981年，第125页。
③ 王新春：《仁与天理通而为一视域下的程颢易学》，《周易研究》2006年第6期。
④ 〔宋〕程颢、程颐：《河南程氏遗书》卷第二上，《二程集》，北京：中华书局，1981年，第17页。

第三节　程颐易学的性命之理及其理学心性论的确立

在中国古代，《周易》"作为五经中最重要的典籍，本是圣人为'顺性命之理'而作，立'三才之道'于一'易'之中，推天道以明人事，集中体现了先秦哲学的义理思辨"①。如前所述，在《易》中，我们能够发现性命之理。对于《易》中的性命之理，程颐非常重视。他说："六十四卦，三百八十四爻，皆所以顺性命之理，尽变化之道也。"②在他看来，虽然《易》中有丰富的性命之理，却需要进一步开显。在儒门典籍中，除了《易传》，我们能够在《大学》《中庸》《论语》《孟子》等典籍中发现不少心性思想。可以说，《易传》《大学》《中庸》《论语》和《孟子》"这五部书大致已涵盖了理学从宇宙论到心性论的整个理论体系，并且也包含了理学的工夫论"③。如果能够在易学的架构中，会通、涵摄其他典籍，就能凸显易学中的性命之理。

在易学的架构中，程颐将《易》与四书中的心性思想加以会通，实现了易学性命之理的新开显。胡自逢先生认为，程颐对性命之理的诠释，"即就《乾·彖传》'乾道变化，各正性命'之旨而反复核论之，并与《说卦传》'穷理尽性以至于命'之理，会通为一，以天地万物普遍之原理，即在吾人身心之间，自一身而观天地，然后知己与理一，性中即有此理；命，亦天理之流行，则性命之理固通，而天人复合为一矣"④。虽然程颐与程颢一样，也采用"天命之谓性"和"生之谓性"的分析范式，可是他的阐释却与程颢大不相同。

---

① 向世陵：《宋代经学哲学研究·基本理论卷》，上海：上海科学技术文献出版社，2015年，第5页。
② 〔宋〕程颢、程颐：《易序》，《二程集》，北京：中华书局，1981年，第690页。
③ 徐洪兴：《思想的转型——理学发生过程研究》，上海：上海人民出版社，1996年，第92页。
④ 胡自逢：《程伊川易学述评》，台北：文史哲出版社，1995年，第253-254页。

一、本然之性与"生之谓性"

程颐在解释"穷理尽性,以至于命"时,说:"理也,性也,命也,三者未尝有异。穷理则尽性,尽性则知天命矣。天命犹天道也,以其用而言之则谓之命,命者造化之谓也。"①这是把《易传》中"穷理尽性,以至于命"与《孟子》中的"尽其心者,知其性也;知其性,则知天矣"(《孟子·尽心上》)贯通起来,并将"尽心知性知天"纳入"穷理尽性至命"的思想架构中予以解释。在程颐看来,理、性与命三者是贯通的,天理是就万物之终极根据而言的,天命是就天道展现为万物之向度而言的,性是一物之所以为其自身的质的规定性。因此,穷究天理,就能了解万物之性;了解万物之性,就可以知晓天命之流行、发用。进而,由用知体,我们就能了解天命。至此,《易传》中的"穷理尽性,以至于命"就涵摄了孟子的"尽心知性知天"。可见,程颐的心性论思想确实与其易学有明显联系。正如朱伯崑先生所云:"程氏的人性论,并非皆来于《周易》经传的解释,但其基本观点即性即理说,则来于其《易》学的理论。"②

在程颐看来,性又可以区分为天命之性和生之谓性。前者是性之本,是真正的性;后者不是真正意义上的性,只是才。他说:"性即是理,理则自尧、舜至于涂人,一也。才禀于气,气有清浊。禀其清者为贤,禀其浊者为愚。"③圣人和普通人都有天理作为依据,二者的区别在于所禀之气有清浊之异。

---

① 〔宋〕程颢、程颐:《河南程氏遗书》卷第二十一下,《二程集》,北京:中华书局,1981年,第274页。
② 朱伯崑:《易学哲学史》(二),北京:昆仑出版社,2009年,278页。
③ 〔宋〕程颢、程颐:《河南程氏遗书》卷第十八,《二程集》,北京:中华书局,1981年,第204页。

(一) 天命之谓性

程颐认为,理、性和命本来是一回事:"称性之善谓之道,道与性一也。以性之善如此,故谓之性善。性之本谓之命,性之自然者谓之天,自性之有形者谓之心,自性之有动者谓之情,凡此数者皆一也。"① 从不同视角切入,天理这一本体就会表现为理、性、命等不同名词。天理是从万事万物背后都有统一的根基根据的角度来说的,道是从称赞性之美好而言的,天命是从性之来源处来说的,人性是从天理在人身上的具体表现来说的。就性与理的关联而言,"性,即道之所存也,道善(理善)而性焉得不善"②。因为天道是至善的,所以作为天道发用的天命之性自然也是善的。性和理之间"之所以如此关联,在于理固然可以是普天下无不在的普遍必然、万物生成之因和形而上的宇宙本体,但它最重要的意义,还是由性范畴来承载的为人世提供至善根据的价值"③。

在程颐看来,在化生成形时,万物已经承继了天道的善性。他说:"动静相因而成变化,顺继此道,则为善也;成之在人,则谓之性也。"④ 作为天地间的一分子,人类自然具有天赋的善性,也值得我们珍视生命、善待彼此。因此,"天道化生万物就不仅仅体现的是宇宙秩序的合理,而且是人性所以在价值层面值得肯定和推尊打下了最根本的基石"⑤。

程颐借用《中庸》中的"天命之谓性"来解释孟子的性善论,他说:"'天命之谓性',此言性之理也。"⑥ 他认为,人道的善性来源于天道的善性,人性又可以分为天命之性和"生之谓性"两个面向。他明确把"天

---

① 〔宋〕程颢、程颐:《河南程氏遗书》卷第二十五,《二程集》,北京:中华书局,1981年,第318页。
② 胡自逢:《程伊川易学述评》,台北:文史哲出版社,1995年,第258页。
③ 向世陵:《宋代理学的"性即理"与"心即理"》,《哲学研究》2014年第1期。
④ 〔宋〕程颢、程颐:《易说·系辞》,《二程集》,北京:中华书局,1981年,第1029页。
⑤ 向世陵:《理学与易学》,长春:长春出版社,2011年,第142页。
⑥ 〔宋〕程颢、程颐:《河南程氏遗书》卷第二十四,《二程集》,北京:中华书局,1981年,第313页。

命之性"称为"性之本",说:"且如言人性善,性之本也。"①他严格区分天命之性和生之谓性,指出:"'生之谓性',与'天命之谓性',同乎?性字不可一概论。'生之谓性',止训所禀受也。'天命之谓性',此言性之理也。今人言天性柔缓,天性刚急,俗言天成,皆生来如此,此训所禀受也。若性之理也则无不善,曰天者,自然之理也。"②天命之性是"性之理",只有它,才是真正的性;性格柔缓、脾气刚急等从气禀的角度来说的,是"生之谓性",不是性,只是才。

(二)生之谓性

为了说明后天的恶为何会出现,程颐在继承孟子的性善论的基础上,又对孟子提出的"才"加以新的诠释。他借鉴了张载的分析模式,也以气禀来说明恶的来源。他"对于气质的可变性的论述,是力求将孟子的'性善'与告子的'生之谓性'协调起来"③。

首先,程颐用《易》中的"各正性命"说明"生之谓性"的来历。程颐认为,每一个体的形成,都是性、气共同作用的结果。在解释《乾卦·彖辞》中的"彖曰:大哉乾元,品物流形。大明终始,六位时成,时乘六龙。乾道变化,各正性命,保合太和,乃利贞。首出庶物,万国咸宁"时,他说:"天道运行,生育万物也。……乾道变化,生育万物,洪纤高下,各以其类,各正性命也。天所赋为命,物所受为性。"④一方面,天道的生生不已,使得万物得以化生成形,并各有其内在规定性;另一方面,一切物体的形成,都离不开性气的共同作用。具体来

---

① 〔宋〕程颢、程颐:《河南程氏遗书》卷第十八,《二程集》,北京:中华书局,1981年,第207页。
② 〔宋〕程颢、程颐:《河南程氏遗书》卷第二十四,《二程集》,北京:中华书局,1981年,第313页。
③ 向世陵:《宋代经学哲学研究·基本理论卷》,上海:上海科学技术文献出版社,2015年,第63页。
④ 〔宋〕程颢、程颐:《周易程氏传》卷第一,《二程集》,北京:中华书局,1981年,第697-698页。

说，性来源于天，是万物形成的原因；而气则是万物化生成形所要依赖的质料。

曾经有人用金器制造来比喻个体的成就性命，程颐不同意这一比喻，指出："金可以比气，不可以比性。"① 在程颐看来，金仅能让物体具有形状，因而只能是气。他认为，"人之于性，犹器之受光于日，日本不动之物"②。正是因为有了"气"，万物才得以具有形体。在万物化生时，"理"行使的是模式、规律的作用，而"气"发挥的则是质料之用。可见，缺少理、气之中的任何一个，万物都无法从潜在变成现实。

在程颐看来，性（天命之性）来源于天理，是至善的；才（生之谓性）来源于气禀，是有善有恶的。个体后天的恶，正是来源于其所禀受的偏浊之气。程颐说："性出于天，才出于气，气清则才清，气浊则才浊。譬犹木焉，曲直者性也，可以为栋梁、可以为榱桷者才也。才则有善与不善，性则无不善。"③ 如果有人不知向善，就是因为禀受了昏浊之气。他说："气有善不善，性则无不善也。人之所以不知善者，气昏而塞之耳。"④ 因此，性、气不是一回事，不可混为一谈。在上述两条语录中，程颐都强调了"才则有善与不善，性则无不善"的观点。在他看来，所谓"才"和"生之谓性"是同义词，都是指后天的、有善有恶的实然之性。实然之性的善恶，来源于所禀受的气的善恶。陈来先生认为，在程颐的人性论中，"生之谓性的性虽然也可叫做性，但其意义是指所禀受，也就是生来如此，而性即理的性则是指人之所以为人的本质，这两种'性'的意

---

① 〔宋〕程颢、程颐：《河南程氏遗书》卷第三，《二程集》，北京：中华书局，1981年，第64页。
② 〔宋〕程颢、程颐：《河南程氏遗书》卷第三，《二程集》，北京：中华书局，1981年，第67页。
③ 〔宋〕程颢、程颐：《河南程氏遗书》卷第十九，《二程集》，北京：中华书局，1981年，第252页。
④ 〔宋〕程颢、程颐：《河南程氏遗书》卷第二十一下，《二程集》，北京：中华书局，1981年，第274页。

义是不相同的"①。

对于孔子所说的"性相近,习相远",程颐做出了新的解释。首先,程颐认为,"性相近"是就天命之性来说的。他说:"孟子言性之善,是性之本;孔子言性相近,谓其禀受处不相远也。"②他认为,孟子提出的性善论,是就本然的天命之性来说的;而孔子的"性相近",是从万事万物都禀受了统一的天命之性的角度来讲的。胡自逢先生说:"伊川以此分疏人之善恶,故谓孔子'性相近也'为气禀之性,善与不善,由兹而分。"③程颐认为,孔子所说的"习相远",是就"生之谓性"来说的。程颐说:"此只是言气质之性。如俗言性急性缓之类,性安有缓急?此言性者,生之谓性也。"④由于在化生成形时的禀气不同,所以具体的人物之性是有差异的。他说:"西北东南,人材不同。"⑤由于各地都有不同的风土人情,因而,来自各地的人们,也都会表现出不同的才情。这些才情也属于"生之谓性"的层面。因而,人们常说的性子急、性子慢,实质上都是指生之谓性。可见,程颐对孔子所说的"性相近,习相远"一句话,做出了自己的解释。

其次,为了说明"性"和"才"之间的具体差异,程颐分辨了孟子与告子言性的差异:"孟子言性,当随文看。不以告子'生之谓性'为不然者,此亦性也,彼命受生之后谓之性尔,故不同。继之以'犬之性犹牛之性,牛之性犹人之性与?'然不害为一。若乃孟子之言善者,乃极本穷源之性。"⑥他认为,孟子所讲的"性"是"极本穷源"的天命之性,

---

① 陈来:《宋明理学》(第二版),上海:华东师范大学出版社,2004年,第81页。
② 〔宋〕程颢、程颐:《河南程氏遗书》卷第二十二上,《二程集》,北京:中华书局,1981年,第291页。
③ 胡自逢:《程伊川易学述评》,台北:文史哲出版社,1995年,第260页。
④ 〔宋〕程颢、程颐:《河南程氏遗书》卷第十八,《二程集》,北京:中华书局,1981年,第207页。
⑤ 〔宋〕程颢、程颐:《河南程氏遗书》卷第三,《二程集》,北京:中华书局,1981年,第63页。
⑥ 〔宋〕程颢、程颐:《河南程氏遗书》卷第三,《二程集》,北京:中华书局,1981年,第63页。

而告子所讲的"性"则是"生之谓性";孟子讲的是先天的本然之性,告子讲的是后天的"实然之性"。所以,告子和孟子说的性并不是一个层面的。

虽然犬、牛和人都是由气禀而生,可是人和动物之间却有根本性的差异。程颐说:"犬、牛、人,知所去就,其性本同,但限以形,故不可更。如隙中日光,方圆不移,其光一也。惟所禀各异,故生之谓性,告子以为一,孟子以为非也。"[①]他认为,告子的错误在于把人类之性和动物之性混淆在一起,没有认识到人类之性和动物之性的差异所在。与告子形成鲜明对比的是,孟子则明确了人禽之别的关键所在,并确立了性善论。

为了论证性善论,程颐还对孟子所提出的"才"做出了新的解释。孟子把良知称为"才",认为才来源于性,也是至善的。孟子说:"乃若其情,则可以为善矣,乃所谓善也。若夫为不善,非才之罪也。"(《孟子·告子上》)孟子认为,才是善的;后天的恶是人们陷溺其心的结果,不是"才"的过错。在解释这句话时,朱熹说:"才,犹材质,人之能也。人有是性,则有是才,性既善则才亦善。人之为不善,乃物欲陷溺而然,非其才之罪也。"[②]应当说,朱子的解释符合孟子的原意。

与朱熹的解释不同,程颐为"才"赋予了新的含义。他把"才"和"生之谓性"看作一回事,都是指后天的实然之性。"才"是有善有恶的。程颐说:"性无不善,其所以不善者才也。受于天之谓性,禀于气之谓才,才之善不善由气之有偏正也。"[③]程颐认为,性来源于天道,是至善的;才来源于气禀,是善恶并存的。程颐还对扬雄、韩愈等儒家学者提出了

---

① 〔宋〕程颢、程颐:《河南程氏遗书》卷第二十四,《二程集》,北京:中华书局,1981年,第312页。
② 〔宋〕朱熹:《四书章句集注》,北京:中华书局,1983年,第328页。
③ 〔宋〕程颢、程颐:《河南程氏外书》卷第七,《二程集》,北京:中华书局,1981年,第393页。

批评,他说:"杨雄、韩愈说性,正说着才也。"①扬雄、韩愈等人都是从实然层面、气禀的角度来论述人性的,说的其实是才,不是真正的"性"。在伊川看来,尧舜和路人同样禀受了来源于天理本体的天命之性,二者之间的差异就是"才"的不同。

虽然每个人的"才"各有不同,但由于人人都有天赋的善性,所以都有成就圣贤的必要性和可能性。程颐在解释《革卦》上六爻辞"上六,君子豹变,小人革面,征凶,居贞吉"时,说:"人性本善,有不可革者,何也?曰:语其性则皆善也,语其才则有下愚之不移。所谓下愚有二焉:自暴也,自弃也。人苟以善自治,则无不可移,虽昏愚之至,皆可渐磨而进也。唯自暴者,拒之以不信;自弃者,绝之以不为,虽圣人与居,不能化而入也,仲尼之所谓下愚也。然天下自弃自暴者,非必皆昏愚也,往往强戾而才力有过人者,商辛是也。圣人以其自绝于善,谓之下愚,然考其归,则诚愚也。"②只要做好道德修养,就可以变化气质,复归天命之性。下愚之所以不移,是缺乏道德践履的积极性。程颐"强调了学习对愚人的改造作用,这是对孔子学说的一个改造、一个发展"③。程颐认为,道德人格的养成,要注意从小做起。他在解释《大畜卦》六四爻辞"六四,童牛之牿,元吉"时,说:"人之恶,止于初则易,既盛而后禁,则扞格而难胜。"④如果能够为儿童营造良好的成长环境,使其多受正人正言的熏陶,就更容易培养出圣贤。因此,程颐才会在为宋哲宗讲学时,纠正他攀折柳枝的行为。

在言说心性时,程颐既要论证人性本善,又要说明何以会有后天的

---

① 〔宋〕程颢、程颐:《河南程氏遗书》卷第十九,《二程集》,北京:中华书局,1981年,第252页。
② 〔宋〕程颢、程颐:《周易程氏传》卷第四,《二程集》,北京:中华书局,1981年,第956页。
③ 苗润田:《解构与传承:孔子、儒学及其现代价值研究》,济南:齐鲁书社,2002年,第264页。
④ 〔宋〕程颢、程颐:《周易程氏传》卷第一,《二程集》,北京:中华书局,1981年,第830页。

恶行，还需论证道德修养的必要性和可能性。程颐通过对性、气之间关系的分析和性、才的分辨，"说明了'才'的来源和克服'才'的途径，给人们以改过迁善，到达'圣人'境界的门径"①。

需要说明的是，虽然程颢和程颐在心性论上都区分了本然之性和"生之谓性"，可是，二者之间仍有大同小异之处。相同之处在于，二者都同意"性即理"的说法，都认为恶的来源是气。与程颢一样，程颐也认为本原之性必须通过气质之性来表现。正如胡自逢先生所云："伊川以气质之性中，性之成分，即为理性（义理之性），非谓理学之外，别有所谓气质之性也……气质之性所发动之行为，不全自性（理性）而行，必因气质之牵率而其行遂有偏差也，故气质之性仍此性也，特此性在气质之中，不得完全自主耳。"②

二者不同之处表现在以下几点：其一，程颢认为，个体内具的天命之性，必须通过"生之谓性"表现出来和进行言说。其二，在程颢看来，"天命之性"和"生之谓性"是密不可分的，因而不对性、心、情做严格区分，而程颐却是从天命之性入手来研究"生之谓性"的。其三，程颢认为，"生之谓性"是天命之性的表现，二者密不可分，因而不对心、性、情之间的关系做分辨；而程颐则强调"天命之性"与"生之谓性"的区分，强调性为未发，情为已发，认为性是善的，情是善恶并存的，主张情善、情恶。此外，程颐还把心看作认知心和道德心，指出了修治人情的必要性。其四，由于分析角度不同，他们对性的内涵的理解也有差异。程颢认为，"生之谓性"是天命之性的流注、实现，天命之性和"生之谓性"都可以称为性。在程颢看来，道德修养只需回复本心，即可实现。在程颐看来，只有至善的天命之性才是性之本，"生之谓性的性只能叫'才'，有善有不善"③。

---

① 张立文：《宋明理学研究》，北京：人民出版社，2002年，第326页。
② 胡自逢：《程伊川易学述评》，台北：文史哲出版社，1995年，第270页。
③ 陈来：《宋明理学》（第二版），上海：华东师范大学出版社，2004年，第80页。

笔者认为，二程之所以会在心性论上呈现大同小异，原因是他们在对性与气的关系的看法上有所差异：程颢主张性、气不即不离，程颐主张性、气相分。这一差异正是"程颐论'性无不善'与程颢'善固性也，然恶亦不可不谓之性'的观点相互区别的原因"①。

程颐不但对天命之性和"生之谓性"的内涵及相互之间的关系做了区分，还对心、性、情之间的关系做了仔细分辨。

二、以体用范畴解释心、性、情

在解释性情关系时，程颐也使用了体用范畴，认为性为体、情为用。在未发之前，性只是潜存。就性、心、命之间的关系而言，"天命之谓性，性之有形者谓之心，然则命也，性也，心也，系脉相同一贯，而心为之始基矣"②。只有通过心的彰显，性才能从潜存变成现实。性的彰显过程，就是性动为情的过程。在他看来，"心性情三者是一，不过所从言之不同"③。

（一）性为体，情为用

性是寂然不动的本体，情是其感而遂通的发用。门人问道："喜怒出于性否？"程颐回答说："固是。才有生识，便有性，有性便有情。无性安得情？"④禀受了天理本性的人，在与外物接触的过程中，就会产生情感。可见，性是体，是至善的；情是用，有善有恶。程颐说："只性为本，情是性之动处，情又几时恶。"⑤（程颐喜欢区分性情，

---

① 蔡方鹿：《程颢程颐与中国文化》，贵阳：贵州人民出版社，1996年，第97页。
② 胡自逢：《程伊川易学述评》，台北：文史哲出版社，1995年，第255页。
③ 张岱年：《中国哲学大纲》，北京：中国社会科学出版社，1982年，第239页。
④ 〔宋〕程颢、程颐：《河南程氏遗书》卷第十八，《二程集》，北京：中华书局，1981年，第204页。
⑤ 〔宋〕程颢、程颐：《河南程氏遗书》卷第二上，《二程集》，北京：中华书局，1981年，第33页。

认为性为未发之体，情为已发之用。因而，此语当为程颐语）如果情的发用符合天理本性的要求，就会表现为善行；反之，就会表现为恶举。

在解释性和情的关系时，程颐使用了水和波浪的比喻。他说："湛然平静如镜者，水之性也。及遇沙石，或地势不平，便有湍激；或风行其上，便为波涛汹涌。此岂水之性也哉？人性中只有四端，又岂有许多不善底事？然无水安得波浪，无性安得情也？"①静止不动的水就像人的天理本性一样，一旦遇到砂石、地势落差或风力吹动，水面上就会出现波浪。同理，禀受寂然不动的天理本性的人，受到外物的诱惑、牵制，就会产生偏离本性的恶行。因此，就性情关系而言，"性最初'居中'（in equilibrium），受外物的作用便释放出情（以喜、怒、哀、乐为代表），情应该与外部的形势相谐调。性是体（substance），情是用（function）"②。

在具有形体之后，人类难免要和外物接触，自然就会产生感情。程颐说："形既生矣，外物触其形而动于中矣。其中动而七情出焉，曰喜怒哀乐爱恶欲。情既炽而益荡，其性凿矣。"③如果情欲不能发而中节，就会伤害人的天命之性。为了防止情欲对天理本性的妨害，道德主体就应该修治人情。程颐指出："人情不修治，则邪恶生，犹道路不修治，则荆棘生。"④如果不修治人情，个体就会流于邪恶。

---

① 〔宋〕程颢、程颐：《河南程氏遗书》卷第十八，《二程集》，北京：中华书局，1981年，第204页。
② [英]葛瑞汉著，程德祥译：《中国的两位哲学家：二程兄弟的新儒学》，郑州：大象出版社，2000年，第98页。
③ 〔宋〕程颢、程颐：《河南程氏文集》卷第八，《二程集》，北京：中华书局，1981年，第577页。
④ 〔宋〕程颢、程颐：《河南程氏经说》卷第三，《二程集》，北京：中华书局，1981年，第1062页。

（二）心分体用

在谈及心在程颐心性论中所发挥的作用时，李景林先生说："小程子的心性论，乃以'心'这一概念为中心环节，来说明心、性、情的统一关系，并展示'性'作为人的现实道德活动之本原的能动性和创造性意义。"① 张岱年先生也认为，程颐的心与性具有同一性，"心是性之存诸人而有形的，情是性之动而发于外的，其实只是一个"②。在讨论"心"时，程颐也是用体用范畴来加以分析的。

程颐对心的理解，也有一个变化的过程。起初，他主张心为已发。在和程颐讨论"中"时，吕大临说："先生谓凡言心者，皆指已发而言。然则未发之前，谓之无心可乎？窃谓未发之前，心体昭昭具在，已发乃心之用也。"③ 可见，程颐原来主张心为已发。在和吕大临讨论后，程颐修正了自己的观点，说："凡言心者，指已发而言，此固未当。心一也，有指体而言者（小注：寂然不动是也），有指用而言者（小注：感而遂通天下之故是也），惟观其所见如何耳。"④ 未发，是从心之体来讲的；已发，是从心之用来讲的。程颐用"寂然不动，感而遂通"来剖析心，认为心之体具有寂然不动、感而遂通的特点。正是由于程颐认同了心分体用的观点，所以他才会说："心本善，发于思虑，则有善有不善。若既发，则可谓之情，不可谓之心。"⑤ 本善，是就未发的心之体来说的；有善有不善，是就心之用而言的。而心之用，又来自心之体的发用。至于心之

---

① 李景林：《教化的哲学：儒家思想的一种新诠释》，哈尔滨：黑龙江人民出版社，2006年，第429页。
② 张岱年：《中国哲学大纲》，北京：中国社会科学出版社，1982年，第240页。
③〔宋〕程颢、程颐：《与吕大临论中书》，《二程集》，北京：中华书局，1981年，第608-609页。
④〔宋〕程颢、程颐：《与吕大临论中书》，《二程集》，北京：中华书局，1981年，第609页。
⑤〔宋〕程颢、程颐：《河南程氏遗书》卷第十八，《二程集》，北京：中华书局，1981年，第204页。

体用与性情之间的关系，程颐并未明言。需要说明的是，"虽然程颐心兼体用的思想没有明确把心之体规定为性，把心之用规定为情；但在程颐体用二分的哲学里，以性、理、道等为本体，以情、气、阴阳等为本体的作用，注意区分二者，讲体用的分别"①。后来，朱熹将程颐的心分体用和张载的"心统性情"说加以发展，明确提出了"心统性情"的思想。

在以体用范畴解释心、性、情的关系之后，程颐还对心的功用做了分析。他认为，虽然心的形体是有限量的，可是心的功用却没有限量。程颐说："自是人有限量。以有限之形，有限之气，苟不通之以道，安得无限量？孟子曰：'尽其心，知其性。'心即性也。在天为命，在人为性，论其所主为心，其实只是一个道。苟能通之以道，又岂有限量？"②（黄宗羲定为程颐语，见第 615 页）心的形体由气禀而生，自然有限量；如果能够通之以道，心之妙用就能够无限量。离开心的作用，性的存在只是潜存，需要主体的发明才能彰显出来；心的价值就在于彰显性，使其从潜存到彰显；性的彰显过程，就是其由静到动、展现为情的过程。

在以体用范畴对性情关系做了探讨之后，程颐还用体用范畴对仁爱与性情之间的关系进行了全新的解释。

三、仁爱与性情关系的新阐释

在诠释仁爱时，程颐对前人既有继承，也有发展和创新。程颐对仁爱的诠释，既是其理学体系的有机组成部分，又是儒家仁学思想发展的新篇章。

---

① 蔡方鹿：《宋明理学心性论》，成都：巴蜀书社，2009 年，第 98 页。
② 〔宋〕程颢、程颐：《河南程氏遗书》卷第十八，《二程集》，北京：中华书局，1981 年，第 204 页。

早在先秦时期，儒家的仁学思想就得以创立并得到了发展。孔子把"仁"看作伦理范畴，认为"爱人"是仁的核心意涵。在孔子那里，仁者不仅需要从事亲开始，还需要做到"泛爱众，而亲仁"（《论语·学而》）、"天下归仁"（《论语·颜渊》）。可见，在孔子看来，仁爱与博爱并不矛盾，而"'差等之爱'的最终境界，即是无限宏大的博爱境界"[①]。孟子既给孔子的仁学提供了心性论根据，又揭示了仁的层次性与普遍性。在孟子看来，仁爱"既可以满足人类最基本最自然的血缘亲情之需要，又突出了普遍的人类之爱，并使爱心超越了人类社会的畛域，扩展到无限广大的天地万物"[②]。

到了汉代，董仲舒发展了儒家的仁学思想。他说："是故春秋为仁义法，仁之法在爱人，不在爱我；义之法在正我，不在正人；我不自正，虽能正人，弗予为义；人不被其爱，虽厚自爱，不予为仁。"[③]在董仲舒看来，仁人应该先人后己，君王应该关爱百姓。之后，"建安七子"之一徐干明确说："夫君子，仁以博爱，义以除恶，信以立情，礼以自节。"（《中论·智行》）在徐干看来，仁是实现博爱的价值指引，义是去除恶行的道德约束，信是引导情欲的伦理规范，礼是自我节制的有效手段。可见，早在汉代，"仁"包含博爱的观点，就已经得到了儒家学者的认同。

在唐代，韩愈在《原道》中明确提出："博爱之谓仁，行而宜之之谓义，由是而之焉之谓道，足乎己而无待于外之谓德。仁与义为定名，道与德为虚位。"[④]由于从孔子到汉儒，往往将博爱看作"仁"之题中应有之义，所以韩愈以博爱来解释"仁"，并非对孔子仁爱思想的误读。到了

[①] 董平：《"差等之爱"与"博爱"》，《哲学研究》2015年第3期。
[②] 白奚：《仁爱观念与生态伦理》，《首都师范大学学报（社会科学版）》2002年第1期。
[③] 〔汉〕董仲舒：《仁义法》，《春秋繁露》，北京：中华书局，1975年，第51-52页。
[④] 〔唐〕韩愈著，马其昶校注：《韩昌黎文集校释》，上海：上海古籍出版社，1986年，第13页。

宋代，张载说："立必俱立，知必周知，爱必兼爱，成不独成。"①可见，张载认为，博爱与兼爱并不矛盾，更本着博爱精神撰成《西铭》这一篇幅不大却含义深远的大作。

与张载不同，程颐明确反对把博爱看作仁。在解释仁时，程颐也使用了体用范畴。他认为，仁是本性，是人道本体；爱恨都属于情感，是本性的发用。程颐认为："若夫恻隐之类，皆情也，凡动者谓之情。"②（此条语录符合程颐的思维特点。他喜欢区分性情的差异，喜欢将恻隐看作情。因而，此语当为程颐语）在他看来，"仁是性，恻隐是情，两者区别的关键，在于是未发还是已发"③。他说："孟子曰：'恻隐之心，仁也。'后人遂以爱为仁。恻隐固是爱也。爱自是情，仁自是性，岂可专以爱为仁？孟子言恻隐为仁，盖为前已言'恻隐之心，仁之端也'，既曰仁之端，则不可便谓之仁。退之言'博爱之谓仁'，非也。仁者固博爱，然便以博爱为仁，则不可。"④（《宋元学案》第620页）恻隐之心是仁之端，不是仁；孝悌是仁的表现，也不是仁。仁者可以表现出博爱的精神，可是仁和博爱却不是一回事。

程颐把"仁"看作本性，而把爱看作情。他说："心是所主处，仁是就事言。"⑤仁作为本体，是心之用，而爱则是"仁的核心内容与最为直接的标志"⑥。心譬如人的身体，而仁、义、礼、智四端，就像身体上的四肢一样。虽然四端是心所固有的，却不可把四端看作心之用。因此，

---

① 〔宋〕张载：《正蒙·诚明》，《张载集》，北京：中华书局，1978年，第21页。
② 〔宋〕程颢、程颐：《河南程氏遗书》卷第九，《二程集》，北京：中华书局，1981年，第105页。
③ 白奚：《从孟子到程、朱——儒家仁学的诠释与历史发展》，《首都师范大学学报（社会科学版）》2003年第6期。
④ 〔宋〕程颢、程颐：《河南程氏遗书》卷第十八，《二程集》，北京：中华书局，1981年，第182页。
⑤ 〔宋〕程颢、程颐：《河南程氏遗书》卷第十八，《二程集》，北京：中华书局，1981年，第183页。
⑥ 强昱：《程颐论仁》，《孔子研究》2007年第2期。

"仁是爱的所以根据，爱是仁的情感表达"①，二者是本体与发用的关系。

此外，在程颐看来，孝悌是为仁之本，也不是仁。他说："谓行仁自孝弟始。盖孝弟是仁之一事，谓之行仁之本则可，谓之是仁之本则不可。盖仁是性也，孝弟是用也。性中只有仁义礼智四者，几曾有孝弟来？仁主于爱，爱莫大于爱亲。故曰：'孝弟也者，其为仁之本欤！'"② 实质上，程颐是以体用、性情来辨别孝悌与仁的关系。在这一点上，他和程颢的意见是一致的。程颢也说："'孝弟也者，其为仁之本与！'言为仁之本，非仁之本也。"③

---

① 陈来：《仁学本体论》，北京：生活·读书·新知三联书店，2014年，第268页。
② 〔宋〕程颢、程颐：《河南程氏遗书》卷第十八，《二程集》，北京：中华书局，1981年，第183页。
③ 〔宋〕程颢、程颐：《河南程氏遗书》卷第十一，《二程集》，北京：中华书局，1981年，第125页。

第三章
易学工夫论新内涵的凸显与理学工夫论的建构

　　一旦化身成形,个体就有了性命之理,也就有了如何做人、如何对待世界等人生应然。而个体在易学三才之道的架构下,学习、思索如何实现人、如何面对宇宙的过程,也就有了修养工夫的意味。程颢和程颐在研易过程中,凸显了易学工夫论的新内涵,并在这一过程中完成了其理学工夫论的建构。

　　程颢对理学工夫论的设计,与其易学研究有密不可分的关系。无论是识仁、定性,还是诚敬,都有其易学背景。离开对《易》中已有修养工夫的阐扬,他将无法建构起自身的理学工夫论。高怀民先生认为,程颢的《定性书》"虽非论易之言,然其义全合于易,故引《易·咸卦》九四之文以证明之"[①]。高先生所见甚是。

　　程颐的理学工夫论的建构,也是在易学研究的过程中实现的。在撰写《周易程氏传》时,程颐关心的是"如何通过道德实践来提升自己的道德境界,实现自己对天理的体认,即实现自己社会伦理道德纲常的高度自觉,进而达到个体与社会的和谐状态"[②]。所以,《周易程氏传》集

[①] 高怀民:《宋元明易学史》,桂林:广西师范大学出版社,2007年,第34页。
[②] 姜海军:《程颐〈易〉学思想研究——思想史视野下的经学诠释》,北京:北京师范大学出版社,2010年,第218页。

中体现了程颐的易学工夫论和理学工夫论。

尽管二程都借助易学研究来建构自身的理学工夫,但是,在工夫进路方面,二者各具特色。以生化日新、天人本一的宇宙图景为形而上依据,以"浑然与物同体"的人生应然为仪轨,程颢提出了以识仁和定性为特色的、直觉色彩浓厚的工夫进路。以万象共生、物我一理的宇宙图景为本体依据,以"与理为一"的理想人生为仪轨,程颐提出了以格物穷理和主敬为特色的、向外求索与向内探求相结合的工夫进路。

第一节 二程工夫进路的思想渊源

在《易传》中,已有一些易学工夫论的内容。先秦儒家的修养工夫,汉唐经学的修养工夫和王弼所提出的玄学工夫论,乃至周敦颐和张载的修养工夫等,都是程颢和程颐建构自身理学工夫论的思想资源。

一、易学工夫论的发端

象、数、理、占是《易》的四大要素。在先秦时期,"孔子通过对筮占的解释,将《周易》文本由卜筮话语系统转换为儒家哲学话语系统,筮占不再是《周易》研究的唯一选择,取而代之的是以德行智慧求福"[①]。因此,虽然孔子精通占卜,却更注重道德修养。《论语·子路》记载:"子曰:'不占而已矣。'"与孔子相同,荀子也反对迷信占卜,说:"善为《易》者不占。"(《荀子·大略》)可见,与占卜相比,先秦时期的儒家学者更重视道德修养。

在孔子赞《易》之后,道德修养工夫变成了《易》的有机组成部分,原因是"《周易》的核心思想在于阐述天地日月的运行与四时的变化以及

---

① 林忠军:《孔子儒学视域中的筮占观》,《学术月刊》2010 年第 12 期。

人如何效法、因循天地日月的运行与四时变化而成德广业、开物成务"①。因此,在《周易》经传中,我们就能发现一些易学修养工夫的内容。

首先,从卦爻位来说,《易》作者非常看重"中",讲求时、德和位的配合。在一卦六爻中,爻位既涵盖天、地、人三才,又有阴阳之别和当位失位之分,还有承、乘、比、应等讲究。这就要求研易者要认真体味,不仅要找到自己在宇宙中的分位,还要把握时机,更要注重道德修养。

其次,在《易》文辞中,还有不少修养工夫。在《易传》中,我们能够发现"两套顿渐不同的修养方法:顿教可以称之为'善为易者不占',渐教就是所谓君子'玩'易"②。其一,所谓"顿教",即效法天地之道,力求达到"开物成务,崇德广业"的目的。在这方面,《易》提出了诚、敬和慎等修养方法。例如,《坤卦·文言传》说:"君子敬以直内,义以方外,敬义立而德不孤。"《乾卦·文言传》说:"忠信,所以进德也;修辞立其诚,所以居业也。"再如,《需卦》云:"自我致寇,敬慎不败也。"《离卦》云:"初九:履错然,敬之无咎。"《说卦传》中提出了"穷理尽性以至于命"的工夫进路,界定了道德修养的层次。此外,《易传》作者还用三陈九卦的方式,阐述了君子修养道德的依据、意义和要旨。从实质上讲,《易传》中的"效天法地、参天地之化育思想的精神实质,说到底也就是基于对天的崇高性和人的主体性认识而提出的一种达到天人相通、相合、统一亦即'天人合一'的路径"③。其二,所谓"渐教",即在占卜之后,根据占卜结果,以道德修养的方法来趋吉避凶,或以神道设教的方式来劝人向善。在这方面,我们也能找到文献证据。马王堆帛书《易传·要》云:"子曰:易,我后其祝卜矣!我观其德义耳也。幽赞

---

① 李尚信:《〈序卦〉卦序中的阴阳平衡互补与变通配四时思想》,《中国哲学史》2000年第3期。
② 杨柳新:《不言之教——〈易传〉中的儒家道德修养思想》,《人文杂志》2011年第2期。
③ 苗润田:《论〈易传〉的天人学说》,《周易研究》2011年第6期。

而达乎数，明数而达乎德，又仁[守]者而义行之耳。"可见，重视德行、劝人向善，都是重要的《易》学修养工夫。

最后，《易》探讨了知识的来源和求知方法等问题。《乾卦·文言传》云："知至至之，可与言几也；知终终之，可与存义也。"意为如果一个人知晓人生应然，而又能达到它，就能和他探讨几微之事。若是一个人知道应该何时停止，而又能切实做到，就能保存事物发展的合宜状态。《易》作者认为，人能够通过仰观俯察等途径认识宇宙的规律，而穷神知化则是认识的结果。

二、宋代以前工夫论的研究及其偏差

早在先秦时期，哲学家就展开了对道德修养工夫的讨论。在《易传》之外，我们还能从《论语》等典籍中发现孔子讲述的道德修养工夫。孔子提出了"志于道，据于德，依于仁，游于艺"（《论语·述而》）的道德修养工夫。孟子不仅提出了求放心、反身而诚、寡欲等修养方法，还设计了尽心、知性、知天的修养工夫。在孟子看来，"生理意义的'气'，有待经过'集义'工夫的转化，才能成为至大至刚的'浩然之气'"[①]。孟子认为，人要在道德修养中养浩然之气，还提出了"必有事焉而勿正，心勿忘，勿助长也"的态度要求。在生活中，养气就是要自觉地培养是非观念"以及相应的直觉判断能力、内在感受能力、情绪体验能力"[②]。孟子还批评了丧失本心却不知求的错误，指出："求则得之，舍则失之，是求有益于得也，求在我者也。"（《孟子·尽心上》）《礼记·大学》提出了格物、致知、诚意、正心、修身、齐家、治国、平天下的修养工夫。

---

① 黄俊杰：《东亚儒学史的新视野》，上海：华东师范大学出版社，2008年，第318页。
② 黄玉顺：《养气：良知与正义感的培养》，《中国社会科学院研究生院学报》2014年第6期。

与孔孟不同,荀子提出了"虚壹而静"的认识方法,说:"人何以知道?曰心。心何以知?曰虚壹而静。"(《荀子·解蔽》)荀子认为,心灵的认知能力是人能够了解天道的原因;只有保持心灵的虚壹而静,才能取得良好的认识效果。在这一时期,儒家学者对修养工夫的探讨还停留在伦理层面,缺乏形而上的价值依据。

到了汉代,董仲舒提出了性三品说,认为唯有"中民"才具备潜在的善质,才有道德教化的可能。鉴于此,董仲舒提出了"渐民以仁,摩民以义,节民以礼"①的方法,希望可以收到"刑罚甚轻而禁不犯者,教化行而习俗美也"②的效果。以今人的眼光观之,董仲舒的人性论实质是认为"性也不是直接就可以成为善的,而是需要教化才能实现的"③。董仲舒又将义和利对立起来,提出了"正其谊不谋其利,明其道不计其功"④的主张。王充发展了董仲舒的修养工夫,提出了"留精澄意"的修养方法。王充说:"夫论不留精澄意,苟以外效立事是非,信闻见于外,不诠定于内,是用耳目论,不以心意议也。"⑤王充认为,如果仅仅依靠耳目等感觉器官所获得的感觉,个体就无法获得对外物的正确认识。在今人的眼光看来,王充认为"以人的方式去认识天,须超越人耳目闻见的限制,以及术数的偏颇和习惯的浅陋"⑥。只有经过心灵的理性思考,人们才能获得可靠的知识。汉儒虽然主张人人都禀气而生,却认为人的本性是不可改变的。因此,汉儒没能认识到社会中的每一个体都具有完

---

① 〔汉〕班固撰,〔唐〕颜师古注:《董仲舒传》,《汉书》,北京:中华书局,1999年,第1905页。
② 〔汉〕班固撰,〔唐〕颜师古注:《董仲舒传》,《汉书》,北京:中华书局,1999年,第1905页。
③ 任蜜林:《董仲舒王道视野下的人性善恶论》,《哲学动态》2016年第6期。
④ 〔汉〕班固撰,〔唐〕颜师古注:《董仲舒传》,《汉书》,北京:中华书局,1999年,第1918页。
⑤ 〔汉〕王充著,黄晖校释:《薄葬》,《论衡校释》,北京:中华书局,1990年,第962-963页。
⑥ 龚建平:《王充"实知"的方法论意义》,《广西大学学报(哲学社会科学版)》2016年第5期。

善自足的价值根基，也不能回答个体如何成就圣贤的问题。

在三国时期，王弼提出了"性其情"的工夫论。王弼认为，性是本体、情是发用；情有正邪之分，正情是性的表现，邪情是欲望的体现。他认为，人的欲望过多，是造成当时天下大乱的原因。他说："不性其情，焉能久行其正，此是情之正也。若心好流荡失真，此是情之邪也。"①只有人类效法天道的自然无为，才能实现天下太平。可是，王弼提倡贵无，将名教看作自然的产物。这一看法和儒家对伦理道德的推崇形成了反差。到了唐代，儒学开始复兴。韩愈虽然积极辟佛，却没能提出儒家成就圣贤的工夫进路。韩愈只是提出了"责己重以周，责人轻以约"②等道德修养工夫，要求人们要重视学习。

总之，在宋代之前，儒家没能说明个体成就圣贤的原因和路径。而"佛、道二教有一套追求彼岸世界的系统的宗教理论和修养方法，为儒教所不及"③。例如，在修养工夫上，"中国佛教宗派强调众生本性是清净的、觉悟的，众生之所以陷于迷惑，没有成佛，是由于本性被妄念浮云所盖覆，为各种情欲所蒙蔽。众生只要去掉妄念，排除情欲，返归本性，就成为佛"④。在儒家学者吸收佛教的精华后，"佛教探讨人心佛性的思维途径和宗教的修行方法，也渗透到了理学的方方面面"⑤。因此，余英时先生才会说："道学家的修养工夫颇有得于禅宗，其案已定。"⑥

于是，"隋唐之后的儒学逐渐朝着本体论的思维模式方向发展，而隋

---

① 〔魏〕王弼著，楼宇烈校释：《王弼集校释》，北京：中华书局，1980年，第631-632页。
② 〔唐〕韩愈著，马其昶校注：《原毁》，《韩昌黎文集校注》，上海：上海古籍出版社，1986年，第23页。
③ 任继愈：《任继愈禅学论集》，北京：商务印书馆，2005年，第113页。
④ 方立天：《中国佛教与中国传统文化》，上海：上海人民出版社，1988年，第310页。
⑤ 洪修平：《中国佛教文化历程》（第2版），南京：江苏教育出版社，2005年，第235页。
⑥ 余英时：《朱熹的历史世界：宋代士大夫政治文化的研究》，北京：生活·读书·新知三联书店，2004年，第100页。

唐以降的佛教也大量吸收了儒家人性、心性论的思想内容,这就导致了儒佛在修行方法上的相互靠拢,佛教的反本归极,逐渐变成禅宗的'明心见性',而儒家的'修心养性'也逐渐发展为'复性'、'明诚'"①。儒家学者涵摄吸收佛道思想精华的做法,对二程在易学架构下建构自身的理学工夫论,也产生了一定程度的影响。

三、建构理学工夫进路的准备

到了北宋庆历年间,胡瑗提出"'明体达用'的口号作为儒学复兴的基本纲领"②。在这一口号的指导下,儒家学者展开了儒学修养工夫的探讨。胡瑗继承了王弼"性其情"的工夫论,说:"喜、怒、哀、乐、爱、恶、欲,七者之来,皆由物诱于外,则情见于内,故流之为邪情。唯圣人则能使万物得其利,而不失其正者,是能性其情,不便外物迁之也。"③胡瑗的工夫论仍然没能脱离玄学工夫论的思维架构。周敦颐既明确指出"圣可学",又提出了主静、睿思、无欲等工夫进路。周敦颐说:"圣可学乎?曰:可。曰:有要乎?曰:有。请问焉。曰:一为要,一者无欲也,无欲则静虚动直。"④虽然周敦颐基本解决了成就圣贤何以必要和如何可能两个问题,可是他的"主静"说容易和佛教的虚静相混淆。因此,程颐才会批评周敦颐说:"才说静,便入于释氏之说也。不用静字,只用敬字。才说着静字,便是忘也。"⑤

张载提出了穷理、顺命的修养工夫,认为穷理即穷尽由阴阳产生的

---

① 赖永海:《佛学与儒学》,杭州:浙江人民出版社,1992年,第85页。
② 余敦康:《汉宋易学解读》,北京:华夏出版社,2006年,第395页。
③ 〔宋〕胡瑗口述,〔宋〕倪天隐整理:《乾》,《周易口义》第1卷,《影印文渊阁四库全书》第0008册,台北:台湾商务印书馆,1986年,第8-189页上。
④ 〔宋〕周敦颐:《通书·圣学》,《周敦颐集》,北京:中华书局,2009年,第31页。
⑤ 〔宋〕程颢、程颐:《河南程氏遗书》卷第十八,《二程集》,北京:中华书局,1981年,第189页。

事物之理，穷理、尽性和至命是有先后次序的三件事。他把道德修养的最高境界描述为存神知化，说："存神过化，忘物累而顺性命乎！"①他把物质生活欲求看作人类生存的基本条件，指出："饮食男女皆性也，是乌可灭？"②他认为，如果个体一心追求物质欲望的满足，就会被外物所牵制。张载认为，后天的恶是气质之性带来的，并据此提出了变化气质以复归天地之性的修养工夫。王夫之肯定了张载的工夫论，说："宋自周子出，而始发明圣道之所由，一出于太极阴阳人道生化之终始，二程子引而伸之，而实之以静一诚敬之功。"③虽然张载提出了明确的工夫进路，可是，他把成就圣贤的价值依据确立为太虚。程颢批评说："若如或者以清虚一大为天道，此乃以器言而非道也。"④程颢反对张载的做法，认为成就圣贤的价值依据在于天道背后的天理。

在儒学史上，程颢和程颐实现了从宇宙生成论探讨到工夫论探究的转换。在易学天人之学的宏大视野下，程颢和程颐以易为宗，又把《大学》《中庸》《论语》和《孟子》等经典中的修养工夫作为思想资源，并予以新的解释，最终建构起自己的工夫进路。

四、易学视域中的二程理学工夫论的提出

程颢和程颐提出的理学工夫论是与其易学研究密切关联的。例如，他们所重视的"敬"即来自对《易》中的"敬以直内，义以方外"的解释。正如金仁权先生所云："'敬以直内，义以方外'是二程与朱熹'敬'之思想理论依据和基石。"⑤

---

① 〔宋〕张载：《正蒙·神化》，《张载集》，北京：中华书局，1978年，第18页。
② 〔宋〕张载：《正蒙·乾称》，《张载集》，北京：中华书局，1978年，第63页。
③ 〔清〕王夫之：《张子正蒙序论》，《张子正蒙注》，北京：中华书局，1975年。
④ 〔宋〕程颢、程颐：《河南程氏遗书》卷第十一，《二程集》，北京：中华书局，1981年，第118页。
⑤ 金仁权、崔昌海：《二程与朱熹的主敬思想》，《东疆学刊》2000年第1期。

首先，程颢的工夫进路，是在易学的架构下阐发易学工夫论，涵摄其他典籍中的修养工夫，从而建构起来的。例如，程颢对《易》中的"继之者善，成之者性也"加以创造性诠释，加上对《大学》中的"知止而后有定"和《孟子》中的"必有事焉而勿正，心勿忘，勿助长也"（《孟子·公孙丑上》）的涵摄，提出了定性的修养工夫。再如，通过对《无妄卦》和《艮卦》的解读，程颢提出了诚敬并举、循理无违等修养工夫。

其次，与程颢类似，程颐也是在易学的架构下建立自身的理学工夫论的。他将易学中的"进德修业""敬以直内，义以方外"、重视中正等思想与《论语》中的"行仁""敬"，《孟子》中的"养气""集义""求放心"，《大学》中的"格物穷理""正心诚意"，《中庸》里的"诚""中庸"相互会通，变成了进德修身和至诚"安于义命"的修养工夫。

总之，程颢和程颐工夫进路的建构，是以其对易学工夫论新内涵的凸显为前提的。在易学的架构下，二程将易学工夫论与其他典籍中的修养工夫加以会通，并提出了自身的工夫进路。

第二节 程颢的易学工夫论新内涵及其理学工夫论的建构

虽然天理是极高明的本体，可是，主体却可以在日常的成德践履中体认天理、达致圣人境界。程颢说："理则极高明，行之只是中庸也。"[①]在日常的洒扫应对、待人接物中，主体就可以"即事尽天理"[②]（黄宗羲定为程颢语，见《宋元学案》第567页）。可见，本体与工夫合一、理学易学二而一是程颢工夫进路的特色。

[①]〔宋〕程颢、程颐：《河南程氏遗书》卷第十一，《二程集》，北京：中华书局，1981年，第119页。
[②]〔宋〕程颢、程颐：《河南程氏遗书》卷第二上，《二程集》，北京：中华书局，1981年，第31页。

在建构理学工夫论时,程颢在"借助《四书》诠释来论证理学工夫论上,更多强调《中庸》'中庸''诚敬''慎独'及《孟子》反省内求等思想,并将之作为道德修身的重要途径"①。需要说明的是,程颢理学工夫论的提出,是以易学为思维框架和思想资源的。

一、识 仁

程颢对《易》中的"生生之谓易"和"体仁"加以全新解释,加上对周敦颐观万物生意的修养方法的吸收,提出了识仁的修养工夫。识仁也是程颢最为重视的修为工夫。黄宗羲说:"明道之学,以识仁为主。"②要理解程颢的工夫进路,我们就要把握"识仁"这一枢纽。识仁"并不是概念分析一类的认识,而是一种直觉"③。程颢有关识仁的思想,集中体现在《识仁篇》中。原文如下:

学者须先识仁。仁者,浑然与物同体。义、礼、知、信皆仁也。识得此理,以诚敬存之而已,不须防检,不须穷索。若心懈则有防,心苟不懈,何防之有?理有未得,故须穷索。存久自明,安待穷索?此道与物无对,大不足以名之,天地之用皆我之用。孟子言"万物皆备于我",须反身而诚,乃为大乐。若反身未诚,则犹是二物有对,以己合彼,终未有之,又安得乐?《订顽》意思,乃备言此体。以此意存之,更有何事?"必有事焉而勿正,心勿忘,勿助长",未尝致纤毫之力,此其存之之道。若存得,便合有得。盖良知良能元不丧失,以昔日习心未除,却须存习此心,久则可夺旧习。此理至约,惟患不能守。既能体之而乐,亦不患不能守也。④

---

① 姜海军:《二程经学思想研究》,北京:北京师范大学出版社,2016 年,第 115 页。
② 〔清〕黄宗羲原著,〔清〕全祖望补修:《明道学案上》,《宋元学案》第一册,北京:中华书局,1982 年,第 542 页。
③ 蒙培元:《心灵超越与境界》,北京:人民出版社,1998 年,第 290 页。
④ 〔宋〕程颢、程颐:《河南程氏遗书》卷第二上,《二程集》,北京:中华书局,1981 年,第 16-17 页。

（一）识仁的原因

"识仁"这一工夫进路的提出，离不开程颢对"生生之谓易"的思考。程颢说："万物之生意最可观，此元者善之长也，斯所谓仁也。人与天地一物也，而人特自小之，何耶？"① 万物的生生不息，正是天地所内具的生生之德的实现过程。借由体察宇宙间的盎然生意和万事万物的勃勃生机，个体可以感受天地的仁德，获得对天人关系的透彻认识。他说："医书言手足痿痹为不仁，此言最善名状。仁者，以天地万物为一体，莫非己也。认得为己，何所不至？若不有诸己，自不与己相干。如手足不仁，气已不贯，皆不属己。故'博施济众'，乃圣之功用。仁至难言，故止曰'己欲立而立人，己欲达而达人，能近取譬，可谓仁之方也已。'欲令如是观仁，可以得仁之体。"② 立足天人本一的宇宙图景，程颢"不单破空间（破方位、破天地内外），亦破时间之'动'、'静'观念"③。他说："言有无，则多有字；言无无，则多无字。有无与动静同。如冬至之前天地闭，可谓静矣；而日月星辰亦自运行而不息，谓之无动可乎？但人不识有无动静尔。"④ 他认为，有与无、动和静都是相对而言、相伴相生的，不能独立自存。

在周敦颐观万物生意的修养方法的影响下，程颢喜欢把日常可见的事物当作观照物。他说："观鸡雏。"并加注说："此可观仁。"⑤ 这是从内蕴盎然生机的鸡雏身上来观照仁。这一修养方法来自他对"体

---

① 〔宋〕程颢、程颐：《河南程氏遗书》卷第十一，《二程集》，北京：中华书局，1981年，第120页。
② 〔宋〕程颢、程颐：《河南程氏遗书》卷第二上，《二程集》，北京：中华书局，2004年，第15页。
③ 温伟耀：《成圣之道——北宋二程修养工夫论之研究》，开封：河南大学出版社，2004年，第31页。
④ 〔宋〕程颢、程颐：《河南程氏遗书》卷第十一，《二程集》，北京：中华书局，1981年，第121页。
⑤ 〔宋〕程颢、程颐：《河南程氏遗书》卷第三，《二程集》，北京：中华书局，2004年，第59页。

仁"二字的全新解释。"体仁"来自《乾卦·文言传》，原文为"君子体仁足以长人"，意为如果君子具备仁德，就能得到百姓的拥护。程颢将"体仁"解释为通过观照万物的盎然生机，来体味天地的生生之德。程颢还喜欢以医家诊脉来体仁。他说"切脉最可体仁"①。程颢认为，脉搏的跳动反映了人的盎然生机。脉搏、鸡雏乃至天地生物气象，都来自天道之仁。牟宗三先生认为，程颢此语意在"指点天心仁体，其意同于'於穆不已'的天命流行之体，而天命流行之体之真实意义，即由此天心仁体来证实"②。借观照自然万物，我们就可以识仁。

（二）识仁的手段

在程颢看来，"洒扫应对便是形而上者，理无大小故也"③。洒扫应对是功用，属于形而下层面；而"仁体"则是本体，属于形而上层面。既然"天理-仁体"不离形而下层面，就存在于洒扫应对之中，那么，识仁完全可以在日常的待人接物中来进行。在识仁的过程中，我们需要全身心地投入其中，进而实现人与天地的感通。所谓"识仁"，是从对本体流行的直观中来入手的，实际上是一种直觉体验。贺麟先生说："体验即是用理智的同情去体察外物，去反省自己。体验法就是要人虚心忘我，深入事物的内在本质或命脉，以领会欣赏其意义与价值。"④贺先生认为，程颢的"识仁"实质上是人忘记自我，形成与天地全身心的沟通。在程颢的眼里，格物和穷理都是识仁的重要手段。

---

① 〔宋〕程颢、程颐：《河南程氏遗书》卷第三，《二程集》，北京：中华书局，2004年，第59页。
② 牟宗三：《心体与性体》中册，上海：上海古籍出版社，1999年，第190页。
③ 〔宋〕程颢、程颐：《河南程氏遗书》卷第十三，《二程集》，北京：中华书局，1981年，第139页。
④ 贺麟：《文化与人生》，北京：商务印书馆，1988年，第178页。

（三）识仁与格物的互通

程颢把《大学》中的"格物"纳入易学的架构，把《易传》中的"知至"解释为致知。在他看来，格物之"格"就是至，即要从生机盎然的大千世界来识仁。程颢反对把"格物"之"格"理解为止，指出："'致知在格物。'格，至也。或以格为止物，是二本矣。"① 所谓"至"，实质是个体获得天人本一的认识。他说："知至则便意诚，若有知而不诚者，皆知未至尔。知至而至之者，知至而往至之，乃吉之先见，故曰'可与几'也。知终而终之，则'可与存义'也。"② 他认为，一旦个体获得对天人关系的透彻认识，就能够体认天人一体的真实情况。

在程颢看来，学习也是识仁的手段。他说："昔受学于周茂叔，每令寻颜子、仲尼乐处，所乐何事。"③（黄宗羲将其收入《明道语录》，参见《宋元学案》第559页）他认为，写诗作文、记诵辞章、沉迷训诂都不算学习。只有孔颜之乐，才算是学习内容。他说："忧子弟之轻俊者，只教以经学念书，不得令作文字。"④（黄宗羲定为程颢语，见第567页）由于写诗作文、学习书法都无法获得孔颜之乐，所以程颢表示反对。他认为，古玩字画、精细美食、绮丽文章都属于玩物，要想成为圣贤，我们就不应该玩物丧志。

程颢借用《蛊卦》的卦辞"君子以振民育德"来说明人类在宇宙中的地位和道德责任。他说："蛊之象，'君子以振民育德'。君子之事，惟

---

① 〔宋〕程颢、程颐：《河南程氏遗书》卷第十一，《二程集》，北京：中华书局，1981年，第129页。
② 〔宋〕程颢、程颐：《河南程氏遗书》卷第十一，《二程集》，北京：中华书局，1981年，第133页。
③ 〔宋〕程颢、程颐：《河南程氏遗书》卷第二上，《二程集》，北京：中华书局，1981年，第16页。
④ 〔宋〕程颢、程颐：《河南程氏遗书》卷第一，《二程集》，北京：中华书局，1981年，第8页。

有此二者，余无他为。二者，为己为人之道也。"①所谓"振民"，指的是造福百姓；所谓"育德"，指的是成德践履。在程颢看来，只有做好修身，一个人才能够仁民爱物。他说："人须知自慊之道。"②所谓"自慊"，就是要明白自己本是宇宙中独一无二的价值自足的个体，不可轻视自我。他说："学要在自得。"③自得就是对于天人本一的宇宙本然确有透彻的感悟，对自身在宇宙中的地位有确切的认识。

在觉解自己在宇宙中的地位之后，个体还要践行仁爱之道，自觉地成就自我、他人和他物。如果一个人既能做好修身，又能造福百姓，那么他就可以获得仁者之乐。明道说："学至于乐则成矣。笃信好学，未知自得之为乐。好之者，如游佗人园圃；乐之者，则己物尔。"④所谓仁者之乐，实质是个体在达到与人同、与物同、与万物同的境界之后，所体味到的自由和快乐。

在格物之外，程颢认为，穷理也是识仁的手段。他反对用主客二分的、认知式的思路来穷理，说："不可将穷理作知之事。"⑤牟宗三先生认为，程颢的"'穷'字即解为究明之知，亦是究明'性命之理'而彻知之，既不是散开究明外物之理，亦不是对于'性命之理'只作一外在之知解"⑥。与程颢不同，程颐所讲的穷理，都是以认知方式来格物。可见，尽管二人都强调通过格物认识天人关系的本然面貌，可是，在如何穷理方面，二人的看法却有些微不同。

---

① 〔宋〕程颢、程颐：《河南程氏遗书》卷第十四，《二程集》，北京：中华书局，1981年，第140页。
② 〔宋〕程颢、程颐：《河南程氏遗书》卷第十一，《二程集》，北京：中华书局，1981年，第129页。
③ 〔宋〕程颢、程颐：《河南程氏遗书》卷第十一，《二程集》，北京：中华书局，1981年，第122页。
④ 〔宋〕程颢、程颐：《河南程氏遗书》卷第十一，《二程集》，北京：中华书局，1981年，第127页。
⑤ 〔宋〕程颢、程颐：《河南程氏遗书》卷第二上，《二程集》，北京：中华书局，1981年，第15页。
⑥ 牟宗三：《心体与性体》中册，上海：上海古籍出版社，1999年，第86页。

程颢认为，我们应该通过"观天理"的方式，来体认天人关系的本然。他说："观天理，亦须放开意思，开阔得心胸，便可见，……今如此混然说做一体，犹二本，那堪更二本三本！……今看得不一，只是心生。除了身只是理，便说合天人。合天人，已是为不知者引而致之。天人无间。夫不充塞则不能化育，言赞化育，已是离人而言之。"①观天理，就是要体察到万物与我一体，认识到天人之间不存在物我之分。他说："有道有理，天人一也，更不分别。"②（黄宗羲定为程颢语，见《宋元学案》第558页）穷理的对象不止包括观照外物，还包括在事上历练。一个人若能以忠信待人，就是在穷理。他说："忠信者以人言之，要之则实理也。"③总之，明道所谓的"穷理"，实质上是一种直觉体验，是要人体察到万物与我一体。

在程颢看来，穷理、尽性、至命三件事，可以一时并了。他说："'穷理尽性以至于命'，三事一时并了，元无次序，不可将穷理作知之事。若实穷得理，即性命亦可了。"④他认为，尽心、知性、知天是可以一并完成的。他说："只心便是天，尽之便知性，知性便知天，当处便认取，更不可外求。"⑤（此条语录符合程颢的思维脉络，语言风格也较活泼，应当定为程颢语）穷理、尽性、至命三件事是三而一、一而三的事，都是为了体悟天人本一，达致天地境界。

在程颢之前，张载认为，穷理、尽性与至命是前后相继的三件事。程颢明确反对张载的说法，指出："'穷理尽性以至于命'，一

---

① 〔宋〕程颢、程颐：《河南程氏遗书》卷第二上，《二程集》，北京：中华书局，1981年，第33页。
② 〔宋〕程颢、程颐：《河南程氏遗书》卷第二上，《二程集》，北京：中华书局，1981年，第20页。
③ 〔宋〕程颢、程颐：《河南程氏遗书》卷第十一，《二程集》，北京：中华书局，1981年，第121页。
④ 〔宋〕程颢、程颐：《河南程氏遗书》卷第二上，《二程集》，北京：中华书局，1981年，第15页。
⑤ 〔宋〕程颢、程颐：《河南程氏遗书》卷第二上，《二程集》，北京：中华书局，1981年，第15页。

物也。"① 原因是穷理、尽性与至命实质上是一件事，目的都是获得对天人关系的清晰认识。值得一提的是，程颢的格物穷理并无多少知识论的色彩，原因是"程颢守约内求的思想排除了对外界事物的认识和知识积累"②。与程颢不同，程颐的格物论有注重内外结合、讲求量变与质变统一的特点。

实质上，识仁就是个体要以内敛静定、心无旁骛的态度，从对个体事物的观照入手，实现自身与他人他物的万物一体、天人无间的全方位的心灵、精神的观照和体认，并逐层上溯，最终体认到"仁体"的存在。在后世，程颢的识仁工夫，受到了钱穆等学人的赞扬。钱穆先生说："盖濂溪、百源、横渠，皆不免悬空探索，造一宇宙缘起、人物本原之理，而以工夫为凑合。明道则鞭辟近里，谓心苟不懈，存久自明，即以吾心为宇宙，即以本体属工夫，而更不劳有勉赴彼之迹也。"③ 在谈及识仁的历史地位时，姜广辉先生认为，"《识仁篇》的贡献在于它创立了以'仁'为核心的道德本体，用以抗衡佛、道二氏的'空'、'无'本体，这样就使得儒家的全部伦理学说在佛、道势力的强大冲击下得以保留和继承下来，并且获得了本体论的依据"④。可见，要识仁，就要保持诚敬专一的态度。通过识仁，我们就可以觉解个体在宇宙中的地位。在程颢看来，在识仁之外，定性也是不可或缺的修养工夫。

二、定　性

在易学的框架下，程颢提出了定性这一工夫进路。蒙培元先生认为，

---

① 〔宋〕程颢、程颐：《河南程氏遗书》卷第十一，《二程集》，北京：中华书局，1981年，第121页。
② 蔡方鹿：《程颢程颐与中国文化》，贵阳：贵州人民出版社，1996年，第132页。
③ 钱穆：《国学概论》（下），上海：商务印书馆，1931年，第22-23页。
④ 姜广辉：《理学与中国文化》，上海：上海人民出版社，1994年，第102页。

定性之"定"是"从佛教来的"①。笔者认为，程颢不过是借用佛教的词汇，阐明儒门义理。《艮卦·象传》云："艮，止也。时止则止，时行则行，动静不失其时，其道光明。艮其止，止其所也。上下敌应，不相与也。是以不获其身，行其庭不见其人，无咎也。"程颢将《艮卦》中"止"解释为定，属于合理延伸。原因是："《卦辞》、《象辞》只表示'不相与'之'止'义，而'内外两忘'则是进一步言'止'言'定'。然此进一步之言止言定，亦是可允许之引申"②。

定性也是程颢颇为看重的修养工夫，并集中反映在《定性书》一书中。章太炎先生认为，要理解程颢的学问，"大专当以《定性书》为主。明其为主，其他得失，可悬衡而定也"③。

（一）何谓定性

定性就是要认识到性无内外，做到内外两忘、澄然无事。程颢说："所谓定者，动亦定，静亦定，无将迎，无内外。"④他反对张载是内非外的做法，提出要内外两忘、动静皆定。程颢说："圣人之喜，以物之当喜；圣人之怒，以物之当怒。是圣人之喜怒，不系于心而系于物也。"⑤虽然圣人也有感情，可是，他们却能在应事接物时随顺天理自然，处事应物无迹。

在与他人他物的感通之中，圣人可以"即事尽天理"，无须离事而言定。原因是"圣人既以物之当喜当怒者为喜怒，可见并不是无情，只是

---

① 蒙培元：《心灵超越与境界》，北京：人民出版社，1998年，第280页。
② 牟宗三：《心体与性体》中册，上海：上海古籍出版社，1999年，第199页。
③ 章太炎：《检论·通程》，载《章太炎全集》第三册，上海：上海人民出版社，1994年，第455页。
④〔宋〕程颢、程颐：《答横渠张子厚先生书》，《二程集》，北京：中华书局，1981年，第460页。
⑤〔宋〕程颢、程颐：《答横渠张子厚先生书》，《二程集》，北京：中华书局，1981年，第461页。

性即情，情即性，性情完全统一了"①。在对天理本体有清醒认识之后，在待人接物时，我们就可以像圣人那样，避免自私和用智等弊病，做到廓然大公、物来顺应。

在待人接物时，主体应该有应物无私、廓然大公的态度。程颢说："夫天之生物也，有长有短，有大有小。"②天地万物难免长短不齐，所以，人类应该有廓然大公之心，要学会以物待物。为了说明"廓然大公"，程颢引用了《咸卦》中的"贞吉，悔亡。憧憧往来，朋从尔思"，并将其解释为：如果有私心，就无法感通他人、感通天地。在这一点上，程颢和程颐的观点相同。程颐说："贞者，虚中无我之谓也。憧憧往来，朋从尔思：夫贞一则所感无不通，若往来憧憧然，用其私心以感物，则思之所及者有能感而动，所不及者不能感也，是其朋类则从其思也，以有系之私心，既主于一隅一事，岂能廓然无所不通乎？"③郭晓东先生认为，"伊川的这一注释颇能得明道之意"④。程颐也认为，不能感通的原因在于私心作祟。

程颢认为，圣人是涵容覆载、不拣别善恶的典范。他说："圣人即天地也。天地中何物不有？天地岂尝有心拣别善恶？一切涵容覆载，但处之有道尔。"⑤（此条未注明二先生谁语。此条说的是"天地岂尝有心拣别善恶"，与程颢"天下善恶皆天理"具有相同的内涵。牟宗三断定为程颢语，见《心体与性体》中册第70页）人类应该有天地涵容覆载万物之胸怀，原因是"人生存在世界中，道体现在世界中，我们只能在这一个现实的世界中来体会此'性'与'道'"⑥。若是能有此等胸怀，个体

---

① 蒙培元：《理学范畴系统》，北京：人民出版社，1989年，第255页。
② 〔宋〕程颢、程颐：《河南程氏遗书》卷第十一，《二程集》，北京：中华书局，1981年，第125页。
③ 〔宋〕程颢、程颐：《周易程氏传》卷第三，《二程集》，北京：中华书局，1981年，第857-858页。
④ 郭晓东：《识仁与定性》，上海：复旦大学出版社，2006年，第134页。
⑤ 〔宋〕程颢、程颐：《河南程氏遗书》卷第二上，《二程集》，北京：中华书局，1981年，第17页。
⑥ 郭晓东：《识仁与定性——工夫论视域下的程明道哲学研究》，上海：复旦大学出版社，2006年，第131页。

就不但能成就自我,还能成人成物。在人类社会中,"老者安之,朋友信之,少者怀之"(《论语·公冶长》)就是成人的结果;对待万物,人类也应该具有包容之心。

程颢又以镜子照物的例子来说明个体在待人接物时应有的合理态度。他说:"动乎血气者,其怒必迁。若鉴之照物,妍媸在彼,随物以应之,怒不在此,何迁之有?"① 如果人类能去掉私心和执着,像镜子照物那样来待人接物,自然就可以达到"浑然与物同体"的圣人境界。他还以眼睛担心被尖物刺伤的例子,说明如何以理胜气。他说:"目畏尖物,此事不得放过,便与克下。室中率置尖物,须以理胜佗,尖必不刺人也,何畏之有!"②(黄宗羲定为程颢语,见《宋元学案》第562页)倘若我们能够明白恐惧等负面情绪来源于自身对外物的错误认识,就可以不被情绪所牵制。

在程颢看来,定性的目的是个体能够觉解自身在宇宙中的地位,就会把成己、成人和成物当作自己的分内之事。如果一个人能够达到这一境界,就会根据客观情势来采取行动,就能做好自己的本分。程颢说:"知止则自定,万物挠不动,非是别将个定来助知止也。"③(黄宗羲将其纳入《明道语录》,参见《宋元学案》第566页)所谓"知止",首先是指个体要做好自己的本分。他说:"'艮其止,止其所也。'八元有善而举之,四凶有罪而诛之,各止其所也。"④ 所谓"止",就是要万物各得其所。在儒家的伦理道德中,"止"代表个体的本分和职责。他说:"'艮其止,止其所也。'各止其所,父子止于恩,君臣止于义之谓。'艮其背',

---

① 〔宋〕程颢、程颐:《河南程氏遗书》卷第十一,《二程集》,北京:中华书局,1981年,第129页。
② 〔宋〕程颢、程颐:《河南程氏遗书》卷第二上,《二程集》,北京:中华书局,1981年,第51页。
③ 〔宋〕程颢、程颐:《河南程氏遗书》卷第二上,《二程集》,北京:中华书局,1981年,第30页。
④ 〔宋〕程颢、程颐:《河南程氏遗书》卷第十三,《二程集》,北京:中华书局,1981年,第138页。

止于所不见也。"① 他认为，父子之恩和君臣之义是天理在人间的体现，也是个体所应该遵从的要求。如果个体能够遵循礼义的要求，就是知止；反之，则是不知止。

（二）养气是定性的手段

在《易传》中，无论是卦象、爻象都有物极必反、剥极必复的规律。据此，程颢将《孟子》中的养气工夫纳入易学的思维架构，将养气变成定性的手段。他认为，只有做到定性，个体才能做到内外两忘、应物无私。既然每个人都是理气共同作用的产物，又都有天命之性和气禀之性，那么，我们就能够通过涵养正气来定性，进而复归天命之性。

1. 为何要养气

程颢认为，人是万物之灵，禀受了天地之正气，具有先天的善性。他说："浩然之气，乃吾气也，养而不害，则塞乎天地。"②（此条语录是从天人本一的视角来说的，契合程颢的思想。另，黄宗羲定为程颢语，见《宋元学案》第 558 页）浩然之气是个体所禀受的正气，也是天理的表现。在谈及浩然之气时，程颢和程颐的观点有所不同，"程颢认为'浩然之气'是'吾气'，程颐则认为是天地之气"③。在程颢看来，既然浩然之气是"吾气"，那么人们就应该养浩然之气。与程颢不同，程颐说："浩然之气，天地之正气，大则无所不在，刚则无所屈，以直道顺理而养，则充塞于天地之间。'配义与道'，气皆主于义而无不在道，一置私意则

---

① 〔宋〕程颢、程颐：《河南程氏遗书》卷第十一，《二程集》，北京：中华书局，1981 年，第 133 页。
② 〔宋〕程颢、程颐：《河南程氏遗书》卷第二上，《二程集》，北京：中华书局，1981 年，第 20 页。
③ 张立文：《宋明理学研究》，北京：人民出版社，2002 年，第 315 页。

馁矣。'是集义所生',事事有理而在义也,非自外袭而取之也。"① 在程颐看来,既然是天地之气,那么个体就无法控制它。

在程颢看来,圣人禀受的全是清正之气,凡人禀受的是清浊相混的气;后天的恶,正是来源于人所禀受的偏邪之气。虽然凡人所禀受的有偏邪之气,可是,人人内部都有或多或少的清正之气。通过涵养自身的正气,个体可以复归天命之性。他把这一过程称为"理胜气",说:"凡为人言者,理胜则事明,气胜则招怫。"② 如果理胜过气,个体就能在待人接物时保持镇定平和的心态。

2. 养气的方法

要做到理胜气,就要采取制怒等涵养手段。古人可以通过遵循礼乐的要求来涵养心性,无须采取制怒即可实现性情之正。今人只有通过理义来涵养心性,才能使自己的情发而中节。

古人可以通过遵循礼乐,获得性情之正。程颢曰:"古之人,耳之于乐,目之于礼,左右起居,盘盂几杖,有铭有戒,动息皆有所养。今皆废此,独有理义之养心耳。"③(黄宗羲定为程颢语,见《宋元学案》第568页)通过遵循礼乐和日常操存,古人可以处理好性情关系。可是,到了宋代,人们已经没有了座右铭等日常操存的手段;只有通过理义和礼乐,人们才能涵养心性。他说:"礼乐只在进反之间,便得性情之正。"④(黄宗羲定为程颢语,参见《宋元学案》第556页)他把《易》中的"敬

---

① 〔宋〕程颢、程颐:《河南程氏遗书》卷第一,《二程集》,北京:中华书局,1981年,第11页。
② 〔宋〕程颢、程颐:《河南程氏遗书》卷十一,《二程集》,北京:中华书局,1981年,第131页。
③ 〔宋〕程颢、程颐:《河南程氏遗书》卷第一,《二程集》,北京:中华书局,1981年,第7页。
④ 〔宋〕程颢、程颐:《河南程氏遗书》卷第三,《二程集》,北京:中华书局,1981年,第68页。

以直内"解释为涵养，认为如果个体能够在待人接物时保持庄重恭敬的态度，就能涵养自己的心性。如果个体能够持之以恒，就能获得性情之正。

程颢将孟子的养气工夫纳入易学天人之学的架构，指出："'必有事焉而勿正，心勿忘勿助长'，养气之道当如此。"① 在养气时，人们既不能淡忘，又不能拔苗助长。他把人们犯下淡忘和拔苗助长两种错误的原因，都归结为人的自私和计较，说："孟子谓'必有事焉，而勿正，心勿忘，勿助长。'正是着意，忘则无物。"② 所谓"着意"，即自私和计较，如果一个人心有所系或者有把捉之心，就是有私心，就会影响养气的效果。《遗书》载："伯淳昔在长安仓中闲坐，后见长廊柱，以意数之，已尚不疑，再数之不合，不免令人一一声言而数之，乃与初数者无差，则知越着心把捉越不定。"③

正是因为人有私心，所以才会在养气时或淡忘、或助长。程颢说："今志于义理而心不安乐者，何也？此则正是剩一个助之长。虽则心操之则存，舍之则亡，然而持之太甚，便是必有事焉而正之也。亦须且恁去如此者，只是德孤。'德不孤，必有邻'，到德盛后，自无窒碍，左右逢其原也。"④（黄宗羲定为程颢语，见《宋元学案》第568-569页）只有去掉私心和执着，处在"勿忘勿助长之间"⑤，才能取得良好的养气效果。

---

① 〔宋〕程颢、程颐：《河南程氏遗书》卷第十一，《二程集》，北京：中华书局，1981年，第124页。
② 〔宋〕程颢、程颐：《河南程氏遗书》卷第十一，《二程集》，北京：中华书局，1981年，第132页。
③ 〔宋〕程颢、程颐：《河南程氏遗书》卷第二上，《二程集》，北京：中华书局，1981年，第46页。
④ 〔宋〕程颢、程颐：《河南程氏遗书》卷第二上，《二程集》，北京：中华书局，1981年，第42页。
⑤ 〔宋〕程颢、程颐：《河南程氏遗书》卷第三，《二程集》，北京：中华书局，1981年，第62页。

（三）定性实质上是定心

《定性书》虽然名曰定性，实质上却处处在说如何定心。原因是在程颢看来，性和心都是天理的展现方式，是无须分别的。孔令宏先生认为，程颢的定性工夫受到了道教的影响。理由是"《定性书》所反复强调的无心、无情、内外两忘、物来顺应、反对用智、反对归于外诱之际等，明显地打上了道家的烙印"①。这一观点有一定的代表性。叶适批评《定性书》，说它"攻斥老、佛至深，然尽用其学而不自知"②。笔者认为，程颢的定性工夫只是形式上与佛老类似，实质上则纯是儒家工夫。

朱熹抓住了程颢定性思想的实质，明确指出："《定性书》说得也诧异。此性字是个'心'字意。"③黄百家不同意朱熹的观点，将程颢的定性思想归结为主静，认为"主静之说，本千古秘密藏，即横渠得之，不能无疑。向微程伯子发明至此，几令千古长夜矣"④。黄氏的说法不符合程颢的原意。程颢虽然也讲静观万物，可是，他所谓的"静"实质上是敬。蔡仁厚先生同意朱熹的观点，指出："所谓定性，并不是要求'性'之定，而是要求性之表现时的'心'定。"⑤

总之，定性就是要认识到性无内外，做到内外两忘、澄然无事。在程颢看来，定性与识仁，都需要诚敬的配合。他说："'天地设位而易行乎其中'，只是敬也。敬则无间断，体物而不可遗者，诚敬而已矣，不诚则无物也。诗曰：'维天之命，於穆不已，於乎不显，文王之德之纯'，'纯亦不已'，纯则无间断。"⑥

---

① 孔令宏：《宋明理学与道家、道教》（上），北京：中华书局，2006年，第218页。
② 〔宋〕叶适：《习学记言序目》，北京：中华书局，1977年，第751-752页。
③ 〔宋〕黎靖德：《朱子语类》卷九十五，北京：中华书局，1986年，第2441页。
④ 〔清〕黄宗羲原著，〔清〕全祖望补修：《明道学案上》，《宋元学案》，北京：中华书局，1982年，第548页。
⑤ 蔡仁厚：《宋明理学·北宋篇》，长春：吉林出版集团有限责任公司，2009年，第255页。
⑥ 〔宋〕程颢、程颐：《河南程氏遗书》卷第十一，《二程集》，北京：中华书局，1981年，第118页。

三、诚、敬工夫

在程颢看来，无论是识仁，还是定性，都离不开诚敬。正如郭晓东先生所云："明道所论'识仁'的工夫，落脚在诚敬二字上。"① 只有与诚敬紧密配合，识仁与定性才能取得预期效果。原因是"'先识仁体'是道德实践（道德行为之纯亦不已）所以可能之本质的关键，亦即其明确的方向，而'诚敬存之'则是实现此'纯亦不已'之简易的工夫"②。程颢以《易传》中的"敬以直内，义以方外"为架构，对《中庸》中的"诚者，天之道也；诚之者，人之道也"加以重新诠释，提出了诚敬并举的修养工夫。

（一）诚

在先秦时期，儒家学者已经对"诚"做了不少探究。《中庸》有云："诚者，天之道也；诚之者，人之道也。""诚"既是天道的体现，又是具体的伦理范畴。将"诚"作为修养工夫，是天道在人道上面的落实。孟子将"诚"视为修养工夫，称："诚者，天之道也；思诚者，人之道也。"（《孟子·离娄上》）孟子认为，天道是真实无妄的，人应该效法天道，以诚立身。在《易》中，"诚"指的是天道真实无妄的特性。

程颢非常重视"诚"，将其看作个体进德修业的必然要求。他认为，在祭祀时，只有祭祀者怀着至诚之心，才能和祖先感通。他说："'祖考来格'者，惟至诚为有感必通。"③ 在他看来，心怀至诚，是一个人感通神灵的根本所在。如果把祭祀仅仅理解为形式，那就是舍本逐末了。在

---

① 郭晓东：《识仁与定性——工夫论视域下的程明道哲学研究》，上海：复旦大学出版社，2006年，第122页。
② 牟宗三：《心体与性体》中册，上海：上海古籍出版社，1999年，第179页。
③ 〔宋〕程颢、程颐：《河南程氏遗书》卷第十一，《二程集》，北京：中华书局，1981年，第124页。

道德实践中，践行"诚"，就是要求我们讲求忠信。他说："圣人言忠信者多矣，人道只在忠信。"①他认为，忠信是"诚"在人道上的体现。

程颢认为，"诚"是确保识仁获得成效的重要保证。他说："'万物皆备于我矣，反身而诚，乐莫大焉。'不诚则逆于物而不顺也。"②只有主体保持至诚之心，才能体察天人本一的宇宙实然，才可以参赞天地之化育。他说："至诚可以赞天地之化育，则可以与天地参。"③参赞"就是消除物我、内外界限的和谐之美的一种体验，是自己的生命与宇宙生命合为一体"④，就是以诚来感悟天人关系的真谛，以期实现"先天而天弗违，后天而奉天时"的自由。

在凸显了"诚"的工夫论内涵后，程颢又在易学的架构下，建构起与"敬"有关的工夫论。

（二）敬

程颢以《易传》中的"敬以直内，义以方外"为框架，来解释"敬"。他说："'敬以直内'，则'义以方外'。'义以为质'，则'礼以行之，孙以出之，信以成之'。孙，顺也，不止于言。"⑤只有主体心怀成人成物之尊重心，才会有待人接物时的善举。

程颢认为，"敬"是工夫进路的核心要求。他说："敬胜百邪。"⑥

---

① 〔宋〕程颢、程颐：《河南程氏遗书》卷第十一，《二程集》，北京：中华书局，1981年，第127页。
② 〔宋〕程颢、程颐：《河南程氏遗书》卷第十一，《二程集》，北京：中华书局，1981年，第129页。
③ 〔宋〕程颢、程颐：《河南程氏遗书》卷第十一，《二程集》，北京：中华书局，1981年，第133页。
④ 蒙培元：《理学范畴系统》，北京：人民出版社，1989年，第287页。
⑤ 〔宋〕程颢、程颐：《河南程氏遗书》卷第十一，《二程集》，北京：中华书局，1981年，第127页。
⑥ 〔宋〕程颢、程颐：《河南程氏遗书》卷第十一，《二程集》，北京：中华书局，1981年，第119页。

"敬"和不惰是颜子达致贤人境界的工夫进路。他说:"学者须敬守此心,不可急迫,当栽培深厚,涵泳于其间,然后可以自得。但急迫求之,只是私己,终不足以达道。"①(黄宗羲定为程颢语,见第557页)他反对急迫和私意,认为只要个体"随顺此天理本体之流行,毋加以个人之私意"②,就自然能体认天理-仁体。

"敬",是贯彻成德践履始终的道德要求。一个人在待人接物时要敬,写字作诗也要敬。程颢说:"某写字时甚敬,非是要字好,只此是学。"③(《宋元学案》收入《明道语录》,见第561页)"敬",还是穷理的必要条件。他说:"学者不必远求,近取诸身,只明人理,敬而已矣,便是约处。……故有道有理,天人一也,更不分别。"④(此条语录是从天人本一的角度来说的,符合程颢的思维特点,可以定为程颢语)只有以诚敬之心来穷理,个体才能获得对天人关系的透彻认识。

在待人接物时,一个人需要"敬",却又不可矜持太过。"执事须是敬,又不可矜持太过。"⑤(黄宗羲定为程颢语,见557页)如果矜持太过,就会适得其反。只要有应物无私的心态,就不会矜持太过,就能在成德践履中保持中道。

需要说明的是,虽然程颢和程颐都讲"敬",可是二者的观点却有所不同:"程颐主张的敬主要是内心的敬畏和外表的严肃。而在程颢看来,只强调敬畏严肃,难免失于拘谨,不能达到自由活泼的精神境界。"⑥

---

① 〔宋〕程颢、程颐:《河南程氏遗书》卷第二上,《二程集》,北京:中华书局,1981年,第14页。
② 郭晓东:《识仁与定性——工夫论视域下的程明道哲学研究》,上海:复旦大学出版社,2006年,第125页。
③ 〔宋〕程颢、程颐:《河南程氏遗书》卷第三,《二程集》,北京:中华书局,1981年,第60页。
④ 〔宋〕程颢、程颐:《河南程氏遗书》卷第二上,《二程集》,北京:中华书局,1981年,第20页。
⑤ 〔宋〕程颢、程颐:《河南程氏遗书》卷第三,《二程集》,北京:中华书局,1981年,第61页。
⑥ 陈来:《宋明理学》(第二版),上海:华东师范大学出版社,2004年,第67页。

（三）中

在程颢看来，敬而无失的表现，就是行事保持中道。他说："且唤做中，若以四方之中为中，则四边无中乎？若以中外之中为中，则外面无中乎？如'生生之谓易，天地设位而易行乎其中'，岂可只以今之《易》书为易乎？中者，且谓之中，不可捉一个中来为中。"① 对于"中"，我们的理解和把握不能执着，要随时制宜、因地因事制宜。他又说："中之理至矣。独阴不生，独阳不生，偏则为禽兽，为夷狄，中则为人。中则不偏，常则不易，惟中不足以尽之，故曰中庸。"② 正因为禽兽、夷狄禀受了偏浊之气，才会因资质禀赋较差而无法认识儒家的义理。只有禀受清正之气的人，才能够成德践履。

程颢认为，"中"就是要让人们找到天地人物的适切定位。他说："'中者，天下之大本。'天地之间，亭亭当当，直上直下之正理，出则不是，唯敬而无失最尽。"③ 只要以敬来保持本心的自然流行，主体就能够符合"中"的要求。与程颐不同，程颢不大区分未发之中和已发之和，原因是二者皆是本心存在的合理状态。程颢说："一物不该，非中也；一事不为，非中也；一息不存，非中也。何哉？为其偏而已矣。故曰：'道也者，不可须臾离也，可离非道也。'修此道者，'戒慎乎其所不睹，恐惧乎其所不闻'而已。由是而不息焉，则'上天之载，无声无臭'，可以驯致也。"④（黄宗羲定为程颢语，见《宋元学案》第568页）在程颢看来，无论是人类，还是自然万物，都应该找到自身的恰当位置，都应

---

① 〔宋〕程颢、程颐：《河南程氏遗书》卷第十一，《二程集》，北京：中华书局，1981年，第135页。
② 〔宋〕程颢、程颐：《河南程氏遗书》卷第十一，《二程集》，北京：中华书局，1981年，第122页。
③ 〔宋〕程颢、程颐：《河南程氏遗书》卷第十一，《二程集》，北京：中华书局，1981年，第132页。
④ 〔宋〕程颢、程颐：《河南程氏遗书》卷第四，《二程集》，北京：中华书局，1981年，第75页。

该得到妥善安置。

要做到中,我们还要因时制宜。程颢说:"古今异宜,不惟人有所不便,至于风气亦自别也。"① 由于古代和今天的社会风俗不同,所以不可泥古,应该在施政时采取相应的对策。他说:"时者圣人所不能违,然人之智愚,世之治乱,圣人必示可易之道,岂徒为教哉?盖亦有其理故也。"② 程颢提出的这一观点,是针对宋代的社会实际而言的。他并不反对变法、改革,还曾在王安石变法初期参与其中。后来,只是因为不同意王安石的变法措施,程颢才会和王安石分道扬镳。

从实质上讲,诚敬并举是希望"通过超越物我二元对立的思维方式以挣脱习心的羁绊,使心达到一种宁静专一的状态"③。只有保持诚敬,个体才能在识仁和定性的过程中,"真切了悟天地万物与我的基于此己人物我所同具的天理-仁体之一本的一体无隔,了悟到我的生命就是一个本与天地万物一体无隔的、全方位向其开放的生命"④。要实现成己成人成物的目的,个体还要在成德践履中循理无违。

四、循理无违

在程颢看来,识仁、定性和诚敬相配合的结果,就是体察天人本一的宇宙实然,体认到天人本一的价值根据是天理。在谈到格物穷理时,程颢和程颐的观点又有所差异:程颢要求把直觉体验贯彻始终,认为个体在体认天理之后,自然会循理;而程颐则主张先用理性认知去格物,

---

① 〔宋〕程颢、程颐:《河南程氏遗书》卷第十一,《二程集》,北京:中华书局,1981年,第122页。
② 〔宋〕程颢、程颐:《河南程氏遗书》卷第十一,《二程集》,北京:中华书局,1981年,第122页。
③ 彭耀光:《从〈定性书〉与〈识仁篇〉看程颢工夫论的基本精神》,载《齐鲁文化研究》第十二辑,济南:泰山出版社,2012年,第134页。
④ 王新春:《仁与天理通而为一视域下的程颢易学》,《周易研究》2006年第6期。

再用直觉体验来穷理。与程颢不同，程颐认为，循理有一个从自发到自觉、自为的过程。但是，程颢和程颐在循理方面又有一致性，即二人都认为，个体应该循理无违，追求与物同体的圣人境界。

程颢借助诠释《无妄卦》，提出了循理无违的工夫进路。他说："无妄，震下乾上，动以天，安有妄乎？动以人，则有妄矣。"① 因为天道是真实无妄的，所以人类应该效法天道，遵循天理的要求。以今人的眼光观之，这一思维逻辑体现了"本天道以立人道，法天道以开人文"② 的易学思路。程颢说："万物皆有理，顺之则易，逆之则难，各循其理，何劳于己力哉？"③ 既然天理是万物背后的价值依据，那么，个体就应该各循其理。要循理，个体应该严辨义利，还要明天理、灭人欲。

（一）严辨义利

在程颢看来，在成德践履中，遵循天理的要求，就是要服从"义"这一人道本体的要求。原因是"人生行事，只在分别义利而已"④。天理是天道本体，而"义"则是人道本体。程颢说："理义，体用也。"⑤ 天理和义之间，是本体和功用的关系，后者是前者在人道中的展现方式。在他看来，道德行为又是以"义"为本体的。程颢说："'和顺于道德而理于义'者，体用也。"⑥ 人类应该服从人道本体的要求，不仅要积极投身成德践履，还要严辨义利。

---

① 〔宋〕程颢、程颐：《河南程氏遗书》卷第十一，《二程集》，北京：中华书局，1981年，第121-122页。
② 王新春：《哲学视野下的汉易卦气说》，《周易研究》2002年第6期。
③ 〔宋〕程颢、程颐：《河南程氏遗书》卷第十一，《二程集》，北京：中华书局，1981年，第123页。
④ 张岱年：《中国哲学大纲》，北京：中国社会科学出版社，1982年，第394页。
⑤ 〔宋〕程颢、程颐：《河南程氏遗书》卷第十一，《二程集》，北京：中华书局，1981年，第133页。
⑥ 〔宋〕程颢、程颐：《河南程氏遗书》卷第十一，《二程集》，北京：中华书局，1981年，第127页。

程颢认为，义和利是对立的，原因是"义利之分就是公私之异，公代表义，私代表利，凡有计较之心，便是利"①。他说："大凡出义则入利，出利则入义。天下之事，惟义利而已。"②既然"义利之辨"如此重要，那么做人就要严辨义利。他认为，"礼"是天理在人类社会中的展现方式，是与人情世故和世风人情相适应的，而"义"就是符合人伦道德的行为。他说："礼者因人情者也，人情之所宜则义也。三年之服，礼之至，义之尽也。"③他以丧礼中的三年之丧为例，来说明礼与义之间的关联。因而，个体应该遵循礼义的要求。

（二）存理去欲

程颢用《无妄卦》来解释天理与人欲的区别："无妄，震下乾上，动以天，安有妄乎？动以人，则有妄矣。"④天道是真实无妄的，人类应该效法天道，遵循天理的要求。如果行事符合天理的要求，就是"动以天"，否则就是"动以人"。圣人能够时时处处循理而为，贤人则有造作的痕迹。他说："无妄，震下乾上。圣人之动以天，贤人之动以人。"⑤若是个体行事符合天理的要求，就不会有无妄之灾。

程颢认为，人们之所以不能循理而为，往往是因为被利欲诱惑。他说："人心莫不有知，惟蔽于人欲，则亡天理也。"⑥人们之所以会被人

---

① 蔡方鹿：《程颢程颐与中国文化》，贵阳：贵州人民出版社，2001年，第143页。
② 〔宋〕程颢、程颐：《河南程氏遗书》卷第十一，《二程集》，北京：中华书局，1981年，第124页。
③ 〔宋〕程颢、程颐：《河南程氏遗书》卷第十一，《二程集》，北京：中华书局，1981年，第127页。
④ 〔宋〕程颢、程颐：《河南程氏遗书》卷第十一，《二程集》，北京：中华书局，1981年，第121-122页。
⑤ 〔宋〕程颢、程颐：《河南程氏遗书》卷第十一，《二程集》，北京：中华书局，1981年，第126页。
⑥ 〔宋〕程颢、程颐：《河南程氏遗书》卷第十一，《二程集》，北京：中华书局，1981年，第123页。

欲控制，是因为他们丧失了道心。道心和人心是对立的，前者是天理的体现，后者是人欲的表现。他说："'人心惟危'，人欲也。'道心惟微'，天理也。'惟精惟一'，所以至之。'允执厥中'，所以行之。"① "人心惟危，道心惟微，惟精惟一，允执厥中"出自古文《尚书·大禹谟》，是孔门儒学历代相传的心法。这十六个字描绘了人心的危险、道心的微妙清明，要求道德主体专注成德践履，奉行中庸之道。程颢认为，人心代表了人欲，道心是天理的表现，"惟精惟一"和"允执厥中"则是处理理欲之辨的方法。要辨别理欲，就要了解人欲的确切含义。

程颢认为，满足人类的基本生活需要是天理，不是人欲。原因是在禀气成形之后，个体难免会有衣食住行等需要。他说："视听思虑动作皆天也，人但于其中要识得真与妄尔。"② 如果人的欲望只是停留在满足基本生活需要的层次上，就不违反天理。正如饥则欲食、寒则欲衣一类的需要，都是天理。他说："饥食渴饮，冬裘夏葛，若致些私吝心在，便是废天职。"③（此条语录反映了二程子思想的相同之处，可以定为程颢语）如果在满足基本需要后，还有追求奢华的心思，就会超出天理的范围，变成人欲了。在程颢看来，要是因为私心作祟而影响别人的基本生活需要的满足，就会违反天理的要求。

值得一提的是，程颢对天理人欲的分辨，有其政治考量。在古代，君王的施政最有可能影响其他人的生活。因此，程颢提倡节制欲望，主观是为了约束以皇帝为代表的政治家，使其避免骄奢淫逸，懂得关心百姓疾苦，以求实现秩序重建。然而，在政治现实中，程颢"对人欲的过分压抑和对天理的过分高扬，则产生了不良后果"④。

---

① 〔宋〕程颢、程颐：《河南程氏遗书》卷第十一，《二程集》，北京：中华书局，1981年，第126页。
② 〔宋〕程颢、程颐：《河南程氏遗书》卷第十一，《二程集》，北京：中华书局，1981年，第131页。
③ 〔宋〕程颢、程颐：《河南程氏遗书》卷第六，《二程集》，北京：中华书局，1981年，第82页。
④ 蔡方鹿：《程颢程颐与中国文化》，贵阳：贵州人民出版社，2001年，第147页。

（三）克己复礼

克己复礼就是在循理而为，原因是"礼"是天理在人间的展现方式。遵循"礼"的要求，有助于克去人欲、重现天理。程颢说："视听言动，非理不为，即是礼，礼即是理也。不是天理，便是人欲。人虽有意于为善，亦是非礼。无人欲即皆天理。"① 因为人欲来自个人的私心，所以克己复礼就是要去除人欲。他说："克己则私心去，自然能复礼，虽不学文，而礼意已得。"② 圣人已达化境，不需克己复礼，而普通人却需要克己复礼。在与韩维交谈时，程颢指出："道则不消克，却不是持国事。在圣人，则无事可克；今日持国，须克得己便然后复礼。"③ 韩维只是普通人，必须踏实做一番克己复礼的工夫，才能循理而为。

克己非常难做到，原因是"人的生存必须满足其基本的个人利益，人们各自的利益不同，彼此存在着冲突"④。程颢说："克己最难。《中庸》曰：'天下国家可均也，爵禄可辞也，白刃可蹈也，中庸不可能也。'"⑤ 这是借中庸之道的难行，来凸显克己之难。如果个体有朝闻夕死的决心，克己也会容易起来。他说："皆实理也，人知而信者为难。孔子曰：'朝闻道，夕死可矣。'死生亦大矣，非诚知道，则岂以夕死为可乎？"⑥ 如果个体能够有克己复礼的韧劲，就能做到循理而为。

总体来看，识仁和定性是程颢最为看重的工夫进路，而二者又离不开诚敬的配合。识仁、定性的目的是体察天人本一的宇宙实然，成为浑

---

① 〔宋〕程颢、程颐：《河南程氏遗书》卷第十四，《二程集》，北京：中华书局，1981年，第144页。
② 〔宋〕程颢、程颐：《河南程氏遗书》卷第二上，《二程集》，北京：中华书局，1981年，第18页。
③ 〔宋〕程颢、程颐：《河南程氏遗书》卷第二上，《二程集》，北京：中华书局，1981年，第28页。
④ 蔡方鹿：《程颢程颐与中国文化》，贵阳：贵州人民出版社，2001年，第142页。
⑤ 〔宋〕程颢、程颐：《河南程氏遗书》卷第十一，《二程集》，北京：中华书局，1981年，第128页。
⑥ 〔宋〕程颢、程颐：《河南程氏遗书》卷第十一，《二程集》，北京：中华书局，1981年，第123页。

然与物同体的圣人。而程颢宽和厚重、令人如沐春风的人格气象,则正是他所追求的圣人境界的现实体现。

第三节 程颐的易学工夫论新诠释及其对理学修养工夫的设想

程颐把《易》《大学》《中庸》《论语》和《孟子》等典籍作为思想资源,提出了以格物穷理、居敬集义为特色的工夫进路。在他看来,不仅《易》中有工夫论,而且四书中也有不少修养工夫。在易学的框架下,程颐"将《易》学与《四书》学进行互释与会通,不仅在于他对于《易》学与《四书》学的推崇与表彰"①,更为重要的是建构其理学工夫论的需要。

在程颐看来,道德践履无须脱离日常生活。他说:"易曰:'闲邪存其诚。'闲邪则诚自存,而闲其邪者,乃在于言语饮食进退与人交接之际而已矣。"②在日常的洒扫应对中,个体就可以认识天理。他在解释《乾卦·文言传》中的"乾元用九,乃见天则"时,说:"天之法则谓天道也。或问:《乾》之六爻皆圣人之事乎?曰:尽其道者圣人也。得失则吉凶存焉,岂特《乾》哉?诸卦皆然也。"③只要效法天道,每个人都能成为圣人。程颐看重"时"和"中",并在解释《震卦》六五爻辞"六五,震往来厉,亿无丧有事"时,说:"诸卦二五虽不当位,多以中为美;三四虽当位,或以不中为过,中常重于正也。盖中则不违于正,正不必中也。天下之理,莫善于中,于六二、六五可见。"④这

---

① 姜海军:《程颐〈易〉学思想研究——思想史视野下的经学诠释》,北京:北京师范大学出版社,2010年,第164页。
② 〔宋〕程颢、程颐:《河南程氏遗书》卷第二十五,《二程集》,北京:中华书局,1981年,第317-318页。
③ 〔宋〕程颢、程颐:《周易程氏传》卷第一,《二程集》,北京:中华书局,1981年,第703页。
④ 〔宋〕程颢、程颐:《周易程氏传》卷第四,《二程集》,北京:中华书局,1981年,966页。

一思想具有工夫论内涵,原因是"所谓时中之德,也许可以说是一个人在其所认知到得时(变)之中,为达成秩序与和谐而行为的一种品德"①。他的工夫进路与其心性论相适应,又以天人合一的圣人境界为追求。

一、格物穷理

程颐把《文言传》中的"知至至之,知终终之"和《大学》中的格物致知结合起来,提出了格物穷理的修养工夫。在注解《乾·文言传》中的"九三曰君子终日乾乾,夕惕若,厉,无咎,何谓也?子曰:君子进德修业。忠信,所以进德也;修辞立其诚,所以居业也。知至至之,可与几也;知终终之,可与存义也。是故居上位而不骄,在下位而不忧,故乾乾因其时而惕,虽危无咎矣"时,他说:"知至至之,致知也。"②这是把"知至至之"和格物致知联系起来加以解释。程颐说:"知至则当至之,知终则当遂终之,须以知为本。知之深,则行之必至,无有知之而不能行者。知而不能行,只是知得浅。饥而不食乌喙,人不蹈水火,只是知。人为不善,只为不知。知至而至之,知几之事,故可与几。知终而终之,故可与存义。知至是致知,博学、明辨、审问、慎思,皆致知、知至之事,笃行便是终之。如始条理,终条理,因其始条理,故能终条理,犹知至即能终之。"③程颐认为,所谓"知而不能行",只是因为没有获得真知。在他看来,只要获得真知,个体自然就会循理。方旭东先生认为,"在'知而不行'问题的解释上,程朱注意到认知之外的其

---

① [美]成中英:《易学本体论》,北京:北京大学出版社,2006年,第188页。
② 〔宋〕程颢、程颐:《周易程氏传》卷第一,《二程集》,北京:中华书局,1981年,第700页。
③ 〔宋〕程颢、程颐:《河南程氏遗书》卷第十五,《二程集》,北京:中华书局,1981年,第164页。

他多重因素，包括人的意愿乃至性格等非理性因素，从而将思维的触角伸向了道德实践的深层机制"①。可见，格物致知的提出，确有其易学背景和底蕴。

程颐认为，作为道德主体，人类禀受了清正之气，应该有成就圣贤的自觉意识。他说："人乃五行之秀气，此是天地清明纯粹气所生也。"如果工夫够了，常人自然可以成为圣贤。即使是圣人，也要进德修业。在解释《乾卦·文言传》中的"君子学以聚之，问以辩之，宽以居之，仁以行之"时，他说："圣人在下，虽已显而未得位，则进德修业而已。学、聚、问、辨，进德也。宽居、仁行，修业也。"②伊川的工夫进路的要诀，全在"涵养须用敬，进学则在致知"③一句话。因此，格物穷理是他最看重的工夫进路。

程颐格物工夫的提出，也是借助易学研究来实现的。他在阐释《晋卦·大象》"象曰：明出地上，晋，君子以自昭明德"时，说："昭，明之也。《传》曰：'昭德塞违，昭其度也。'君子观明出地上而益明盛之象，而以自昭其明德。去蔽致知，昭明德于己也；明明德于天下，昭明德于外也。明明德在己，故云自昭。"④此处的"致知"即来源于《大学》，既体现了程颐以四书释易，又表明其理学工夫论来源于解易。去蔽致知是内圣工夫，明明德于天下则是外王功夫。程颐以内圣为基础，以外王为归依，体现了他对善治的追求。而程颐的以史解易，也是格物工夫的重要体现。他说："读史须见圣贤所存治乱之机，贤人君子出处进退，便是格物。"⑤

---

① 方旭东：《道德实践中的认知、意愿与性格——论程朱对"知而不行"的解释》，《哲学研究》2011年第11期。
② 〔宋〕程颢、程颐：《周易程氏传》卷第一，《二程集》，北京：中华书局，1981年，第705页。
③ 〔宋〕程颢、程颐：《河南程氏遗书》卷第十八，《二程集》，北京：中华书局，1981年，第188页。
④ 〔宋〕程颢、程颐：《周易程氏传》卷第三，《二程集》，北京：中华书局，1981年，第875页。
⑤ 〔宋〕程颢、程颐：《河南程氏遗书》卷第十九，《二程集》，北京：中华书局，1981年，第258页。

（一）格　物

在程颐看来，格物是穷理致知最重要的手段，原因是"心中本来有知，但心不能直接体认，而须'格物'，以求达到心的自我体认"①。他说："君子之学，将以反躬而已矣。反躬在致知，致知在格物。"②他认为，格物的目的在于穷理："格犹穷也，物犹理也，犹曰穷其理而已也。"③

1. 格物的理由

在程颐看来，格物是重要的修养工夫。他认为，天理就是宇宙人生的理则和规律，而万物则是天理的实现方式。一草一木皆有理，君臣父子之道也是天理的体现。他说："凡眼前无非是物，物物皆有理。如火之所以热，水之所以寒，至于君臣父子间皆是理。"④不但物理是天理的体现，而且人伦道德也是天理的展现方式。因为"物物皆有理"，所以格物可以穷理、致知。他说："如千蹊万径，皆可适国，但得一道入得便可。所以能穷者，只为万物皆是一理。"⑤因为万物皆内具天理，而主体又有认识能力，所以，借由格物，人类就可以实现致知穷理的目的。

作为修养工夫，格物对于个体成就圣贤，乃至整体家国天下的和谐通泰，都具有重要的意义。由于被纷繁复杂的外物牵制，很多人不知道自己是完善自足的价值主体，不知道天理是自身固有的。可是，通过格

---

① 张立文：《宋明理学研究》，北京：人民出版社，2002年，第297页。
② 〔宋〕程颢、程颐：《河南程氏遗书》卷第二十五，《二程集》，北京：中华书局，1981年，第316页。
③ 〔宋〕程颢、程颐：《河南程氏遗书》卷第二十五，《二程集》，北京：中华书局，1981年，第316页。
④ 〔宋〕程颢、程颐：《河南程氏遗书》卷第十九，《二程集》，北京：中华书局，1981年，第247页。
⑤ 〔宋〕程颢、程颐：《河南程氏遗书》卷第十五，《二程集》，北京：中华书局，1981年，第157页。

物手段，我们就可以获知天理，进而通过循理而为，就能依次实现诚意、正心、修身、齐家、治国、平天下的价值目标。

2. 格物的内容与方式

就格物内容而言，主体所要格之"物"不止是一草一木，还包括主体自身。程颐说："物不必谓事物然后谓之物也，自一身之中，至万物之理，但理会得多，相次自然豁然有觉处。"① 格物不但要格物理，而且要穷究主体内在的天理，还包括在事上历练。他说："格物之理，不若察之于身，其得尤切。"② 因此，程颐反对直接体认天理，认为格物必须在和外物的接触中来进行。他说："'致知在格物'，物来则知起。物各付物，不役其知，则意诚不动。意诚自定则心正，始学之事也。"③（黄宗羲定为程颐语，见《宋元学案》第 635 页）在格物时，主体要保持客观清醒，不做知识的奴仆。唯有如此，我们才能诚意，进而才能正心。在格物时，主体既不能有私心，又要知大本。程颐说："根本须是先培壅，然后可立趋向也。趋向既正，所造有浅深，则由勉与不勉也。"④ 所谓"知大本"，意思是说主体要知道天理是自身固有的，不是外来强加的。如果能够保持正确的心态，个体就能通过格物认识天理。从过程上看，格物又可以分为量变和突变两个阶段。

量变包括格一物和集众理两个层次。因为万物皆有理，所以，格一物和格多物所认识到的天理，实质上是同一个天理。在格一物之理后，主体可以采取类推的办法来集众理。程颐说："格物穷理，非是要尽穷天

---

① 〔宋〕程颢、程颐：《河南程氏遗书》卷第十七，《二程集》，北京：中华书局，1981 年，第 181 页。
② 〔宋〕程颢、程颐：《河南程氏遗书》卷第十七，《二程集》，北京：中华书局，1981 年，第 175 页。
③ 〔宋〕程颢、程颐：《河南程氏遗书》卷第六，《二程集》，北京：中华书局，1981 年，第 84 页。
④ 〔宋〕程颢、程颐：《河南程氏遗书》卷第六，《二程集》，北京：中华书局，1981 年，第 87 页。

下之物,但于一事上穷尽,其他可以类推……"①又说:"人要明理,若止一物上明之,亦未济事,须是集众理,然后脱然自有悟处。"②乍看之下,似乎两条语录存在矛盾之处,其实不然。对天资聪颖的人来说,格一物之后,即可实现豁然贯通。可是,对资质一般的芸芸众生来讲,只是格一物,并不能豁然贯通,需要"集众理",才能认识天理。总之,从格一物到格多物,是向外探求,是量变;从集众理到豁然贯通,则是向内探索,是突变。前者需要的是认知模式,后者需要的是直觉思维。从认知模式到直觉思维是一种突变,也就是主体从格物理和事理的浅层次上,直觉体验到万事万物皆以天理为本体。要实现从认知模式到直觉思维的突变,则需要以诚、敬为有效保障。离开诚、敬,个体就只能获得类似今天的自然科学一类的知识,而无法体认天理。有些学者认为,程颐强调"格物穷理须今日格一件,明日格一件,积习既多,然后脱然贯通,这种思想明显带有佛教渐悟与顿悟的痕迹"③。笔者认为,与其说程颐吸收了佛教的修养工夫,不如说他借鉴佛教的言说方式发扬了儒门固有义理。理由是,格物是《大学》中已有之工夫,程颐的功绩在于阐扬了先秦儒家的修养工夫,使其内在真意得以豁然显露。因此,在建构理学工夫论时,程颐是在易学的框架下,涵摄、吸收了佛教的修养工夫。

格物的方式不只包括格物理和事理,还包括读书、评点人物等。程颐说:"穷理亦多端:或读书,讲明义理;或论古今人物,别其是非;或应接事物而处其当,皆穷理也。"④他认为,读书要思考经书背后的义理,不可把"考详略,采同异"当作学习内容。他批评了当时的三种学者,说:

---

① 〔宋〕程颢、程颐:《河南程氏遗书》卷第十五,《二程集》,北京:中华书局,1981年,第157页。
② 〔宋〕程颢、程颐:《河南程氏遗书》卷第十七,《二程集》,北京:中华书局,1981年,第175页。
③ 高建立:《程朱理学与佛学》,郑州:中州古籍出版社,2006年,第180页。
④ 〔宋〕程颢、程颐:《河南程氏遗书》卷第十八,《二程集》,北京:中华书局,1981年,第188页。

"今之学者有三弊：一溺于文章，二牵于训诂，三惑于异端。"①在他看来，喜好辞章之学、沉溺训诂之学、信仰佛道二教的人都是误入歧途。只有学习经书背后的义理，才是真正的学习，才能算是在穷理。在给方元寀的信中，程颐说："经所以载道也，诵其言辞，解其训诂，而不及道，乃无用之糟粕耳。"②研读经文，应该发现文字背后的真意；仅是训诂，无法触及大道。在他看来，研读史书，也是格物的重要手段，原因是"历史事实是天理的外在体现，天理是历史发生和运行的内在动力；而历史中的人或事的展开，都是依据天理而展现"③。他说："凡读史，不徒要记事迹，须要识治乱安危兴废存亡之理。"④正是因为认识到读史对格物的作用，所以程颐才会在《周易程氏传》中，用大量史事来解释《周易》。此外，在事上历练，也是格物穷理的手段。他说："物则事也，凡事上穷极其理，则无不通。"⑤因为社会事务也是天理的展现方式，所以，主体可以借由亲身参与事务处理来格物穷理。

格物的目的在于致知，二者的关系是"'致知'是'格物'的深化，'格物'是'致知'的基础"⑥。格物所获得的知识又可以分为闻见之知和德性之知两种，格物的重点在于获取德性之知。

（二）致知穷理

格物是最重要的致知方式。此外，多识前言往行、寡欲和"敬"都是

---

① 〔宋〕程颢、程颐：《河南程氏遗书》卷第十八，《二程集》，北京：中华书局，1981年，第187页。
② 〔宋〕程颢、程颐：《与方元寀手帖》，《二程集》，北京：中华书局，1981年，第671页。
③ 姜海军：《程颐〈易〉学思想研究——思想史视野下的经学诠释》，北京：北京师范大学出版社，2010年，第139页。
④ 〔宋〕程颢、程颐：《河南程氏遗书》卷第十八，《二程集》，北京：中华书局，1981年，第232页。
⑤ 〔宋〕程颢、程颐：《河南程氏遗书》卷第十五，《二程集》，北京：中华书局，1981年，第143页。
⑥ 张立文：《宋明理学研究》，北京：人民出版社，2002年，第299页。

致知的手段。他说："入道莫如敬，未有能致知而不在敬者。"①可见，致知离不开敬。他又说："致知在所养，养知莫过于寡欲二字。"②从知识论角度看，寡欲有助于一个人获得真知。在中国哲学中，致知实际上讨论的是知行关系问题，而知行关系问题又"是中国古代思想家尤其是儒家学者特别关切的问题之一"③。在知行关系上，程颐主张知先行后、知难行易。

如上所述，程颐把知识分为闻见之知和德性之知两类，他说："闻见之知，非德性之知。物交物则知之，非内也，今之所谓博物多能者是也。德性之知，不假闻见。"④闻见之知是关于外物的知识，要靠"主体耳目感官与客体对象的能动作用而获得"⑤；而德性之知则是关于道德伦理的知识，需要靠直觉体验来获取。

在程颐看来，德性之知是主体自身固有的，是"对于普遍原理之知识，则非原于感官"⑥。因为外物的诱惑、牵制，主体往往不知道自己内具德性之知。程颐说："'致知在格物'，非由外铄我也，我固有之也。因物有迁，迷而不知，则天理灭矣，故圣人欲格之。"⑦因为德性之知不假见闻，是主体固有的，所以，借由格物，主体可以获取德性之知。他说："知者吾之所固有，然不致则不能得之，而致知必有道，故曰'致知在格物'。"⑧因此，致知之道的关键在于主体能够反求诸己，直觉体验

---

① 〔宋〕程颢、程颐：《河南程氏遗书》卷第三，《二程集》，北京：中华书局，1981年，第66页。
② 〔宋〕程颢、程颐：《河南程氏外书》卷第二，《二程集》，北京：中华书局，1981年，第365页。
③ 苗润田：《知之非艰，行之惟艰——儒家知行学说的现代思考》，《哲学研究》1999年第11期。
④ 〔宋〕程颢、程颐：《河南程氏遗书》卷第二十五，《二程集》，北京：中华书局，1981年，第317页。
⑤ 张立文：《宋明理学研究》，北京：人民出版社，2002年，第301页。
⑥ 张岱年：《中国哲学大纲》，北京：中国社会科学出版社，1982年，第506页。
⑦ 〔宋〕程颢、程颐：《河南程氏遗书》卷第二十五，《二程集》，北京：中华书局，1981年，第316页。
⑧ 〔宋〕程颢、程颐：《河南程氏遗书》卷第二十五，《二程集》，北京：中华书局，1981年，第316页。

到自身固有的德性之知。

由闻见之知入手，也可以穷得天理，原因是万物皆有理。程颐说："穷至于物理，则渐久后天下之物皆能穷，只是一理。"① 可是，如果我们由德性之知入手来穷理，则会收效更快。因此，程颐将致知的重点放在德性之知上。他说："致知，但知止于至善、为人子止于孝、为人父止于慈之类，不须外面，只务观物理，泛然正如游骑无所归也。"②（黄宗羲定为程颐语，见《宋元学案》第631页）如果只知去格物理，不懂得要知天理，就像不知家在何处的骑手一样。只有穷得天理，并获得对万象共生、物我一理的宇宙本然的清晰认识，主体才算是学有实得。他说："学者欲有所得，须是笃，诚意烛理。"③ 只有能够彻悟天理，个体才算是有所得。主体是否"实得"，可以从心气上看出来。又说："欲知得与不得，于心气上验之。思虑有得，中心悦豫。沛然有裕者，实得也。思虑有得，心气劳耗者，实未得也，强揣度耳。"④（黄宗羲定为程颐语，见《宋元学案》第605页）如果有人表面上看来已经烛理，却显出心气劳损之象，那么他就不是实得。程颐认为，主体的"实得"不是外来的。他说："学莫贵于自得，得非外也，故曰自得。"只有主体"实得"，才不会被外物所牵制。又说："自得者所守固，而自信者所行不疑。"⑤ 只有体认到天理本体的人，才能在道德修养上保持自信，才有可能成为圣人。

在程颐看来，格物、致知的最终目的是穷理，这样一来，"作为《大

---

① 〔宋〕程颢、程颐：《河南程氏遗书》卷第十五，《二程集》，北京：中华书局，1981年，第144页。
② 〔宋〕程颢、程颐：《河南程氏遗书》卷第七，《二程集》，北京：中华书局，1981年，第100页。
③ 〔宋〕程颢、程颐：《河南程氏遗书》卷第十七，《二程集》，北京：中华书局，1981年，第178页。
④ 〔宋〕程颢、程颐：《河南程氏遗书》卷第二上，《二程集》，北京：中华书局，1981年，第16页。
⑤ 〔宋〕程颢、程颐：《河南程氏遗书》卷第二十五，《二程集》，北京：中华书局，1981年，第318页。

学》最基础的功夫就是要穷究事物之理,这样,就把理学的天理说与知识论沟通起来了"①。程颐的这一创见在哲学史上具有重要意义。以今人的眼光观之,程颐的格物论实质是指"道德的发展和完善取决于向外部来源(主要是儒家经典)学习理,以及学会透过表面情势辨识理"②。从闻见之知的量的积累,到德性之知的获得,需要以直觉体验为条件和催化剂。所以,他并不反对直觉体验,只是认为它必须在格物之后来进行。在这一点上,程颐与程颢的观点有不同之处。程颢反对从知识论的角度把握天理,主张当下认取,不可外求。所以,程颢认为,直觉体验是认识天人关系本然的唯一正路。而程颐主张,认识物理与体验天理有先后次序之别,认识物理是为了体验天理。可见,程颢和程颐都主张体认天理,区别在于方法不同,进路有异。对于成就圣贤来说,察知天理只是第一步,更重要的还在于在道德实践中顺理而为。程颐把第一步称为致知,把第二步叫作力行。他借助知行关系,说明了致知与力行的关系。

(三)知难行易

在论述知行关系时,程颐在易学的架构下,涵摄吸收了《易》和《孟子》等典籍中的思想资源。他在解释《乾·文言传》中的"九三曰君子终日乾乾,夕惕若,厉,无咎,何谓也?子曰:君子进德修业。忠信,所以进德也;修辞立其诚,所以居业也。知至至之,可与几也;知终终之,可与存义也。是故居上位而不骄,在下位而不忧,故乾乾因其时而惕,虽危无咎矣"时,说:"知至至之,致知也。求知所至而后至之,知之在先,故可与几,所谓'始条理者知之事也'。知终终之,力行也。既知所终,则力进而终之,守之在后,故可与存义,所谓'终条理者圣之

---

① 陈来:《宋明理学》(第二版),上海:华东师范大学出版社,2004年,第88页。
② [英]葛瑞汉著,程德祥译:《中国的两位哲学家:二程兄弟的新儒学》,郑州:大象出版社,2000年,第131页。

事也'。此学之始终也。君子之学如是,故知处上下之道而无骄忧,不懈而知惧,虽在危地而无咎也。"①他将《易》中的"知至至之"解释为致知,认为行要以知为前提;又将《易》中的"知终终之"解释为力行,认为力行是达到圣贤境界的必要条件。

在知行关系上,程颐主张知在行之先,认为行以知为本,能知则能行。他说:"须是识在所行之先,譬如行路,须得光照。"②(黄宗羲定为程颐语,见《宋元学案》第602页)知在行先,就像没有光照,人无法在晚上行路一样。如果知而不能行,只是因为没有获得对天理的确切把握。如果一个人知道人性本善,就会有向善之心和善行善举。与此同时,他还提出了知难行易的观点:"如眼前诸人,要特立独行,煞不难得,只是要一个知见难。人只被这个知见不通透。人谓要力行,亦只是浅近语。人既能知见,岂有不能行?一切事皆所当为,不必待着意做。才着意做,便是有个私心。这一点意气,能得几时了?"③如果主体确有知见,不待着意去做,就自然知道该如何行事。他说:"古不必验,今之所患,止患不得为,不患不能为。"④他认为,知而不行,是因为个体没能获得真知。他说:"知有多少般数,煞有深浅。向亲见一人,曾为虎所伤,因言及虎,神色便变。傍有数人,见佗说虎,非不知虎之猛可畏,然不如佗说了有畏惧之色,盖真知虎者也。学者深知亦如此。且如脍炙,贵公子与野人莫不皆知其美,然贵人闻着便有欲脍炙之色,野人则不然。"⑤真知必须有切身体会,不可仅凭他人言说。在今人看来,程颐知难行易

---

① 〔宋〕程颢、程颐:《周易程氏传》卷第一,《二程集》,北京:中华书局,1981年,第700-701页。
② 〔宋〕程颢、程颐:《河南程氏遗书》卷第三,《二程集》,北京:中华书局,1981年,第67页。
③ 〔宋〕程颢、程颐:《河南程氏遗书》卷第十七,《二程集》,北京:中华书局,1981年,第181页。
④ 〔宋〕程颢、程颐:《河南程氏遗书》卷第二上,《二程集》,北京:中华书局,1981年,第13页。
⑤ 〔宋〕程颢、程颐:《河南程氏遗书》卷第十八,《二程集》,北京:中华书局,1981年,第188页。

论实际是说"无知者只是不思进取者,所以无知者必须对自己的无知负责"①。笔者认为,知难行易实质是说在穷理之后,循理而行就不是问题了。

由此可见,格物、致知、穷理是程颐最为看重的修养工夫,目的是明晓理一分殊的总体宇宙图景、人性命之本然实然及人生价值应然、担当。而格物、致知、穷理,又要以诚敬为保障。如果没有诚敬做保障,格物就只能认识物理,而不能认识天理了。需要说明的是,虽然程颐所谓的格物致知有知识论的色彩,却不以获得知识为目的。原因是"伊川言'格物'、'致知'与'穷理',目的并非纯粹作为一种知性的增加,乃指向道德生命的提升。因此是落在修养论和工夫论的范畴,而非纯粹知识论的思辨问题"②。

在道德修养方面,程颐的格物致知论有明显的优点和深远的影响,"他关于格物的对象、范围、方法、程序的理论后来由朱熹加以综合发展,成为宋明时代士人精神发展的基本方法"③。但是,若以近代知识论的眼光观之,程颐"'格物致知'论的根本缺陷在于:既坚持认为要探求外在自然事物的本质和规律,却又没能给出一套切实可行的认知方法,并且当他们连最初步、简单的耳闻、目见等感性方法都排除之后,他们所能提供的也就仅只是些沉思、直观和体悟的方法了"④。因此,程颐的格物致知论既有鲜明的优点,又有其不可忽视的局限性。

值得一提的是,虽然程颢和程颐都把《易传》中的穷理和《大学》中的格物相结合,并提出了格物穷理的修养方法,可是,他们对格物穷

---

① 方旭东:《道德实践中的认知、意愿与性格——论程朱对"知而不行"的解释》,《哲学研究》2011 年第 11 期。
② 温伟耀:《成圣之道——北宋二程修养工夫论之研究》,开封:河南大学出版社,2004 年,第 59 页。
③ 陈来:《宋明理学》(第二版),上海:华东师范大学出版社,2004 年,第 89 页。
④ 邓联合、周广立:《程颐、朱熹"格物致知"论思路判析——从近代认识论角度》,《徐州师范大学学报(哲学社会科学版)》2001 年第 3 期。

理的认识,却有大同小异之处。共同点在于:在二人看来,格物的目的都是穷理,也即认识天人关系的本然面貌。不同点在于:在程颢看来,格物是识仁的手段,"得仁之体"也即认识了天理;而程颐认为,从格物到穷理,需要借助致知过渡。

如上所述,格物、致知、穷理都离不开诚敬,而程颐凸显诚敬的工夫论内涵,确与其易学有关联。正如胡自逢先生所云:"伊川教人主敬,本《易坤文言》'敬以直内,义以方外',主敬又重在主一,主一无适即是心作主,天君常在,神志清明,即见太和一元之流行、天理自然明,此涵养心志之第一要义也。"①

二、诚 敬

在《周易程氏传》中,程颐在易学的架构下,以诚敬来诠解"孚""无妄"等易学词汇。在解释《比卦》初六爻辞"初六,有孚,比之无咎。有孚盈缶,终来有他吉"时,程颐曰:"诚信充实于内,若物之盈满于缶中也。"②他还多次在工夫论的意义上提到诚敬,将它们当作君王、大臣治国理政的措施,当作家长治家的修养工夫。例如,在解释《萃卦》卦辞中的"萃:亨,王假有庙"时,程颐说:"王者萃聚天下之道,至于有庙,极也。群生至众也,而可一其归仰;人心莫知其乡也,而能致其诚敬;鬼神之不可度也,而能致其来格。天下萃合人心,总摄众志之道非一,其至大莫过于宗庙,故王者萃天下之道,至于有庙,则萃道之至也。"③在宗庙中祭祀,是增强民众向心力的有效手段。而诚敬,又是帝王获取鬼神福佑和民众支持的必要途径。只有在待人接物时保持诚敬,王者才

---

① 胡自逢:《程伊川易学述评》,台北:文史哲出版社,1995年,第256页。
② 〔宋〕程颢、程颐:《周易程氏传》卷第一,《二程集》,北京:中华书局,1981年,第740页。
③ 〔宋〕程颢、程颐:《周易程氏传》卷第三,《二程集》,北京:中华书局,1981年,第929页。

能获得民众的认同。再如,在解释《困卦》九五爻辞"九五,劓刖,困于赤绂,乃徐有说,利用祭祀"时,程颐说:"利用祭祀:祭祀之事,必致其诚敬,而后受福。人君在困时,宜念天下之困,求天下之贤,若祭祀然,致其诚敬,则能致天下之贤,济天下之困矣。五与二同德,而云上下无与,何也?曰:阴阳相应者,自然相应也,如夫妇骨肉,分定也。五与二皆阳爻,以刚中之德,同而相应,相求而后合者也。如君臣朋友,义合也。方其始困,安有上下之与?有与,则非困,故徐合而后有说也。二云享祀,五云祭祀,大意则宜用至诚,乃受福也。"①在困境中,君王应任人唯贤,以用人不疑的气度,借助大臣的勤勉,使天下百姓各得其所。离开诚敬,君王与大臣之间就不能讲求道义。因此,只有心怀诚敬,君王才能渡过难关。经过程颐的诠释,诚敬工夫论的意蕴得以充分展现。

程颐的主敬工夫也与其易学思想有关联,原因是"《易》中的'敬以直内'等思想,成为程颐关聚'敬'字的主要思想资源"②。诚是敬的前提,敬是诚的结果;而主一又是实现敬的手段。有些学者认为,"所谓主敬,就是像佛家那样,通过静坐来排除思虑的一切人欲纷扰,使心保持自然本真状态。如此坚持下去,假以时日,便可体认'天理'"③。其实,程颐的敬和佛道二教的虚静,在价值追求、思维内容等方面是有差别的,形式上的相似并不能掩盖内容上的巨大差异。

(一)诚敬不离

在道德行为中,"诚"体现在真实无妄地对待自己和待人接物。在解释《无妄卦》卦辞"无妄:元亨,利贞。其匪正有眚,不利有攸往"时,程颐说:"无妄者至诚也,至诚者天之道也。天之化育万物,生生不穷,

---

① 〔宋〕程颢、程颐:《周易程氏传》卷第四,《二程集》,北京:中华书局,1981年,第945页。
② 梅珍生:《论二程"主敬"工夫的易学思想资源》,《周易研究》2014年第1期。
③ 高建立:《程朱理学与佛学》,郑州:中州古籍出版社,2006年,第181页。

各正其性命,乃无妄也。人能合无妄之道,则所谓与天地合其德也。"①真实无妄是天道的特性,人应该效法天道的真实无妄,追求天人合一的圣人境界。

程颐将真实无妄看作"诚"的内涵,说:"无妄之谓诚,不欺其次矣。"②(黄宗羲定为程颐语,见《宋元学案》第633页)一个人在待人处事时,不自欺、不欺人也是"诚"的重要体现。要实现诚,我们就要防止邪心。程颐说:"非礼而勿视听言动,邪斯闲矣。"③(《遗书》卷第十五记载"要息思虑,便是不息思虑"。此外,《遗书》中还有多条记录讨论如何主一而敬的语录。此条语录与其他几条语录思维脉络相似、语言风格相近,应当定为程颐语)要做到真实无妄,我们还要心存至诚。他在解释《豫卦》九四爻辞"九四,由豫,大有得,勿疑,朋盍簪"时,说:"夫欲上下之信,唯至诚而已。苟尽其至诚,则何患乎其无助也?"④只有怀有至诚之心,君臣上下才能和谐相处。他又用"孚诚"来表示人道的真实无妄,并在解释《随卦》九五象辞"象曰:孚于嘉吉,位正中也"时,说:"处正中之位,由正中之道,孚诚所随者正中也,所谓嘉也,其吉可知。"⑤在他看来,只有找准自己的分位,并且在待人接物时心怀赤诚,才能建立和谐的人我关系和天人关系。

在注解《中孚卦》九二爻辞"九二,鸣鹤在阴,其子和之,我有好爵,吾与尔靡之"时,程颐指出:"有孚于中,物无不应,诚同故也。……

---

① 〔宋〕程颢、程颐:《周易程氏传》卷第二,《二程集》,北京:中华书局,1981年,第822页。
② 〔宋〕程颢、程颐:《河南程氏遗书》卷第六,《二程集》,北京:中华书局,1981年,第92页。
③ 〔宋〕程颢、程颐:《河南程氏遗书》卷第二上,《二程集》,北京:中华书局,1981年,第26页。
④ 〔宋〕程颢、程颐:《周易程氏传》卷第二,《二程集》,北京:中华书局,1981年,第781-782页。
⑤ 〔宋〕程颢、程颐:《周易程氏传》卷第二,《二程集》,北京:中华书局,1981年,第787页。

至诚感通之理,知道者为能识之。"① 在他看来,"诚"可以实现人与人之间的感通。如果一个人能够以诚待人,不但于人有益,也可以避免给自身带来屈辱。他说:"责善之道,要使诚有余而言不足,则于人有益,而在我者无自辱矣。"②(黄宗羲定为程颐语,见《宋元学案》第633页)在社会交往中,如果一个人不能打动他人,那么,原因必然是主体的至诚之心不够。他说:"不能动人,只是诚不至;于事厌倦,皆是无诚处。"③(黄宗羲定为程颐语,见《宋元学案》第633页)如果一个人只会夸口,自然就无法打动别人。他在解释《咸卦》上六象辞"象曰:咸其辅颊舌,滕口说也"时,说:"唯至诚为能感人,乃以柔说腾扬于口舌,言说岂能感于人乎?"④ 如果我们以"诚"来修养内心,就可以应物无累。他说:"诚则自然无累,不诚便有累。"⑤(黄宗羲定为程颐语,见《宋元学案》第633页)

在程颐看来,"诚"不但是个人的修养工夫,而且可以应用于治家、治国等方面。原因在于它"是人们日常生活之间的为学、为事、做人、交朋友的基本准则,一刻也是不能少的"⑥。在注解《家人卦》上九爻辞"上九,有孚,威如,终吉"时,他说:"治家之道,非至诚不能也,故必中有孚信,则能常久,而众人自化为善。不由至诚,己且不能常守也,况欲使人乎?故治家以有孚为本。"⑦ 只有把至诚作为治家原则,才能实现家

---

① 〔宋〕程颢、程颐:《周易程氏传》卷第四,《二程集》,北京:中华书局,1981年,第1011页。
② 〔宋〕程颢、程颐:《河南程氏遗书》卷第四,《二程集》,北京:中华书局,1981年,第75页。
③ 〔宋〕程颢、程颐:《河南程氏遗书》卷第五,《二程集》,北京:中华书局,1981年,第78页。
④ 〔宋〕程颢、程颐:《周易程氏传》卷第三,《二程集》,北京:中华书局,1981年,第860页。
⑤ 〔宋〕程颢、程颐:《河南程氏遗书》卷第六,《二程集》,北京:中华书局,1981年,第87页。
⑥ 刘象彬:《二程理学基本范畴研究》,开封:河南大学出版社,1987年,第143页。
⑦ 〔宋〕程颢、程颐:《周易程氏传》卷第三,《二程集》,北京:中华书局,1981年,第888页。

庭的和睦兴旺。在解释《家人卦·象辞》中的"父父、子子、兄兄、弟弟、夫夫、妇妇而家道正，正家而天下定矣"时，他说："父子兄弟夫妇各得其道，则家道正矣。推一家之道，可以及天下，故家正则天下定矣。"①如果家庭成员都能顺应天理的要求，就能够实现一家的和谐。推而广之，如果家家都能和谐，那么天下的和谐通泰也就可以实现了。在解释《姤卦》九五爻辞"九五，以杞包瓜，含章，有陨自天"时，他说："自古人君至诚降屈，以中正之道，求天下之贤，未有不遇者也。高宗感于梦寐，文王遇于渔钓，皆由是道也。"②只有以诚待人，君王才能取信于天下。离开诚，君王就无法取得贤人的辅佐。离开贤人的帮助，君王无法一人治理天下。所以，诚又是实现善治的政治价值。

程颐认为，作为修养工夫，诚敬是不可分割的。他说："只为诚便存，闲邪更着甚工夫？但惟是动容貌、整思虑，则自然生敬。"③只要主体心存至诚，就会生出敬来，而主一则是敬的体现和实现手段。

（二）主一与敬

"主一"的思想来源于《易传》，原文为"天下之动贞夫一者也"。王弼将其解释为"夫动不能治动，制天下之动者，贞夫一者也。……统之有宗，会之有元，故繁而不乱，众而不惑。……故自统而寻之，物虽众，则知可以执一御也。义虽博，则知可以一名举也。"④王弼把"主一"理解为体用关系，认为变动不居的万物拥有寂然不动的唯一本体。程颐不同意王弼的观点，他用"主一"来解释"敬"，说："所谓敬者，主一之

---

① 〔宋〕程颢、程颐：《周易程氏传》卷第三，《二程集》，北京：中华书局，1981年，第885页。
② 〔宋〕程颢、程颐：《周易程氏传》卷第三，《二程集》，北京：中华书局，1981年，第928页。
③ 〔宋〕程颢、程颐：《河南程氏遗书》卷第十五，《二程集》，北京：中华书局，1981年，第149页。
④ 〔魏〕王弼著，楼宇烈校释：《周易例略·明象》，《王弼集校释》，北京：中华书局，1980年，第591页。

谓敬。所谓一者，无适之谓一。"① 以今人的眼光观之，程颐的"敬"是"个体心灵对天理本体的恭敬、专注"②。

在程颐看来，敬既包括内在修养，又包含外在表现。他说："发于外者谓之恭，有诸中者谓之敬。"③（黄宗羲定为程颐语，见《宋元学案》第 633 页）恭顺是表现出来的伦理行为，而敬则是恭的内在依据。陈来先生认为，程颐的"敬"可做如下解释："敬的外在修养指举止容貌的整齐严肃，敬的内在修养是指闲邪克私。"④ 行为举止合乎礼仪规范，就是"敬"的外在体现。程颐说："俨然正其衣冠，尊其瞻视，其中自有个敬处。"⑤ 在举止合礼之后，如果个体不能遵循礼乐的要求，就会产生鄙诈心和怠慢心。他说："敬即便是礼，无己可克。"⑥（黄宗羲定为程颐语，见《宋元学案》第 619 页）在持敬时，主体要自然而然，不能着意为之，即"忘敬而后无不敬"⑦。

如果主体能够以"敬"来涵养心性，就能够知晓天理，进而获取对天人关系的透彻认识。程颐说："至于不敢欺、不敢慢、尚不愧于屋漏，皆是敬之事也。但存此涵养，久之自然天理明。"⑧ 与"诚"类似，"敬"不仅是明天理的手段，还是实现家国天下和谐通泰的重要途径。他说：

---

① 〔宋〕程颢、程颐：《河南程氏遗书》卷第十五，《二程集》，北京：中华书局，1981 年，第 169 页。
② 张岂之主编，朱汉民分卷主编：《中国思想学说史》（宋元卷），桂林：广西师范大学出版社，2008 年，第 211 页。
③ 〔宋〕程颢、程颐：《河南程氏遗书》卷第六，《二程集》，北京：中华书局，1981 年，第 92 页。
④ 陈来：《宋明理学》（第二版），上海：华东师范大学出版社，2004 年，第 82 页。
⑤ 〔宋〕程颢、程颐：《河南程氏遗书》卷第十八，《二程集》，北京：中华书局，1981 年，第 185 页。
⑥ 〔宋〕程颢、程颐：《河南程氏遗书》卷第十五，《二程集》，北京：中华书局，1981 年，第 143 页。
⑦ 〔宋〕程颢、程颐：《河南程氏遗书》卷第三，《二程集》，北京：中华书局，1981 年，第 66 页。
⑧ 〔宋〕程颢、程颐：《河南程氏遗书》卷第十五，《二程集》，北京：中华书局，1981 年，第 169 页。

"圣人修己以敬，以安百姓，笃恭而天下平。惟上下一于恭敬，则天地自位，万物自育，气无不和，四灵何有不至？"①（黄宗羲定为程颐语，见《宋元学案》第634页）如果社会中的每一个体都能够以敬自处和待人，就能参赞天地化育，使万物各得其所。倘若此一情形成为现实，善治也就从政治理念变为实践了。

程颐认为，"主一"是达到"敬"的修养工夫，而持敬又是心中有主的前提条件。他说："所谓敬者，主一之谓敬。所谓一者，无适之谓一。且欲涵泳主一之义，一则无二三矣。"②所谓"主一"，就是主体专心致志、心无旁骛。他曾用许渤读书的例子来说明何为主一。《遗书》记载："许渤与其子隔一窗而寝，乃不闻其子读书与不读书。先生谓：此人持敬如此。"③许渤在持敬时，做到了心无旁骛。可是，许渤的做法不合人情，有不顾子女安危之嫌。因此，后世有人认为，程颐是用言语讥讽许渤。王阳明即持此观点。在回答陈九川提问时，王阳明回答说："伊川恐亦是讥他。"④

在程颐看来，主一与敬是互为条件和结果的。以今人的眼光来看，程颐的"主一"就是要心中有主，做到"恭谨、沉着、专心致志、不敷衍、不受干扰而分散精力"⑤。在未与外物接触时，主体应该持敬。程颐说："若未接物，如何为善？只是主于敬，便是为善也。"⑥如果主体能够主一，就能在与外物接触时不被外物干扰。他说："人心不能不

---

① 〔宋〕程颢、程颐：《河南程氏遗书》卷第六，《二程集》，北京：中华书局，1981年，第81页。
② 〔宋〕程颢、程颐：《河南程氏遗书》卷第十五，《二程集》，北京：中华书局，1981年，第169页。
③ 〔宋〕程颢、程颐：《河南程氏遗书》卷第三，《二程集》，北京：中华书局，1981年，第65页。
④ 陈荣捷：《王阳明传习录详注集评》，台北：台湾学生书局，1988年，第287页。
⑤ [英]葛瑞汉著，程德祥译：《中国的两位哲学家：二程兄弟的新儒学》，郑州：大象出版社，2000年，第122页。
⑥ 〔宋〕程颢、程颐：《河南程氏遗书》卷第十五，《二程集》，北京：中华书局，1981年，第170页。

交感万物，亦难为使之不思虑。若欲免此，唯是心有主。如何为主？敬而已矣。"①

只有个体以天理作为行为规范，才能做到心中有主。他说："人多思虑不能自宁，只是做他心主不定，要作得心主定，惟是止于事，为人君止于仁之类。如舜之诛四凶，四凶已作恶，舜从而诛之，舜何与焉？人不止于事，只是揽他事，不能使物各付物。物各付物，则是役物。为物所役，则是役于物。有物必有则，须是止于事。"②程颐主张，要做到主一，就要去除私心，避免"为物所役"。要去除私心，就要遵循通行的儒家道德规范。他把持敬看作达到主一状态的手段，说："若主于敬，则自然不纷扰。譬如以一壶水投于水中，壶中既实，虽江湖之水，不能入矣。"③只有持敬，一个人才能主一，才不会被纷扰的外物干扰。

如果一个人能够持敬，就能行为举止合乎中道。因为天道总是不偏不倚的，所以，我们可以把"中"看作道的体现。程颐说："敬而无失，便是'喜怒哀乐未发之谓中'也。敬不可谓之中，但敬而无失，即所以中也。"④（黄宗羲定为程颐语，见《宋元学案》第634页）在他看来，"敬"和"中"并不是一回事：敬是中的前提，中是敬的结果。他说："不偏之谓中。道无不中，故以中形道。"⑤中是道的体现，不偏不倚便是中。在注解《乾·文言传》"亢之为言也，知进而不知退，知存而不知亡，知得而不知丧。其唯圣人乎！知进退存亡而不失其正者，其唯圣人乎！"时，他说："极之甚为亢。至于亢者，不知进退存亡得丧之理也。圣人则知而

---

① 〔宋〕程颢、程颐：《河南程氏遗书》卷第十五，《二程集》，北京：中华书局，1981年，第168-169页。
② 〔宋〕程颢、程颐：《河南程氏遗书》卷第十五，《二程集》，北京：中华书局，1981年，第144页。
③ 〔宋〕程颢、程颐：《河南程氏遗书》卷第十八，《二程集》，北京：中华书局，1981年，第191页。
④ 〔宋〕程颢、程颐：《河南程氏遗书》卷第二上，《二程集》，北京：中华书局，1981年，第44页。
⑤ 〔宋〕程颢、程颐：《与吕大临论中书》，《二程集》，北京：中华书局，1981年，第606页。

处之，皆不失其正，故不至于亢也。"①圣人知晓进退存亡之机，所以可以动静合宜。胡自逢先生认为，程颐论"中"，意在"求不失中，欲人之恒守中道而已"②。

（三）止比定、静高明

在宋代，"儒佛修持方法上的差异，理学家有时也用'止'或'定'来区分"③。周敦颐曾有"看一部《华严经》，不如看一艮卦"之语。在周敦颐看来，《艮卦》远比《华严经》对维系社会秩序有利。在解释《艮卦·象辞》中的"艮其止，止其所也"时，程颐将《大学》中的"止"纳入易学视域，并说："艮其止，谓止之而止也。止之而能止者，由止得其所也。止而不得其所，则无可止之理。夫子曰：'于止知其所止。'谓当止之所也。夫有物必有则，父止于慈，子止于孝，君止于仁，臣止于敬，万物庶事莫不各有其所，得其所则安，失其所则悖。圣人所以能使天下顺治，非能为物作则也，唯止之各于其所而已。"④《大学》云："为人君，止于仁；为人臣，止于敬；为人子，止于孝；为人父，止于慈；与国人交，止于信。"考其原意，只是要人做个仁君、敬臣、孝子、慈父，要人讲究诚信。在易学的视域下，程颐强化了这段话的工夫论意味，将之变成其理学工夫论的有机组成部分。在他看来，所谓"止"，即让我们明白自己的位置和责任，完成自身无法推脱的天伦天职。

程颐认为，儒家的"止"比佛教的"定"更高明。程颐说："释氏多言定，圣人便言止。且如物之好，须道是好；物之恶，须道是恶。物自

---

① 〔宋〕程颢、程颐：《周易程氏传》卷第一，《二程集》，北京：中华书局，1981年，第705-706页。
② 胡自逢：《程伊川易学述评》，台北：文史哲出版社，1995年，第118页。
③ 姜海军：《程颐〈易〉学思想研究——思想史视野下的经学诠释》，北京：北京师范大学出版社，2010年，第227页。
④ 〔宋〕程颢、程颐：《周易程氏传》卷第四，《二程集》，北京：中华书局，1981年，第968页。

好恶，关我这里甚事？若说道我只是定，更无所为，然物之好恶，亦自在里。故圣人只言止。所谓止，如人君止于仁，人臣止于敬之类是也。《易》之《艮》言止之义曰：'艮其止，止其所也。'言随其所止而止之，人多不能止。盖人万物皆备，遇事时各因其心之所重者，更互而出，才见得这事重，便有这事出。若能物各付物，便自不出来也。"① 在他看来，儒家的"止"能让人类得到妥善安置，通过明确个体的分位和道德责任，促使人人为理想政治秩序的实现贡献力量，最终实现天下太平、长治久安；而佛教的"定"只会让人毁弃人伦、远离尘世，有可能造成家庭破裂、社会解体。

程颐不但比较了"止"和"定"，还对"敬"和"静"做了分辨。他对周敦颐的"主静"之说提出了批评，认为与其讲"主静"，不如讲"主敬"。他批评了佛教远离尘世、遁迹山林的修养方式，指出："释氏要屏事，不问这事是合有邪，合无邪？若是合有，又安可屏？若是合无，自然无了，更屏什么？彼方外者，苟且务静，乃远迹山林之间，盖非明理者也。"② 佛教认为，世间万象皆是假有真无的，因此，伦理道德也被视作空。程颐认为，佛教的修行是自私自利，是无事生非、灭绝伦理、破坏家庭。他主张理事合一，认为修养心性无须远离社会生活，反对离开尘世去修身。陈来先生对"主敬"和"主静"做了区分，认为程颐的"为学之方只能是主敬，而不能是主静，把静置于敬之上是不正确的。敬可生静，而静不能生敬"③。

除此之外，程颐还对道教的修养方法提出了批评，指出："胎息之说，谓之愈疾则可，谓之道，则与圣人之学不干事，圣人未尝说着。"④（此

---

① 〔宋〕程颢、程颐：《河南程氏遗书》卷第十八，《二程集》，北京：中华书局，1981年，第201页。
② 〔宋〕程颢、程颐：《河南程氏遗书》卷第十八，《二程集》，北京：中华书局，1981年，第195页。标点有改动。
③ 陈来：《宋明理学》（第二版），上海：华东师范大学出版社，2004年，第86页。
④ 〔宋〕程颢、程颐：《河南程氏遗书》卷第二下，《二程集》，北京：中华书局，1981年，第49页。

条语录是从养气的角度来讲的,体现了二程兄弟思想的共同之处。将其定为程颐语,亦无不当)他认为,呼吸吐纳之术只可用来强身健体,不能把它看作道,原因是它不是成圣成贤之工夫进路。

有学者认为,程颐整合了佛道二教的修养工夫,创立了自己的理学工夫论。笔者认为,佛道二教的工夫论与程颐的工夫论只在形式上有共性;从内容上看,则有入世与出世的本质区别。因此,程颐是在佛道二教修养工夫的刺激下,阐扬了儒门本有的以四书和《易》为杰出代表的修养工夫,并确立了自身的工夫进路。

值得注意的是,虽然程颢和程颐都讲诚敬,可是,二者的看法仍有细微差别。对此,陈来先生做了分辨,认为"大体说来,程颢以诚与敬并提,他说的'敬'近于'诚'的意义,同时他十分强调'敬'的修养必须把握一个限度,不应伤害心境的自在和乐。程颐则不遗余力地强调'敬',他所谓主敬的主要内容是里整齐严肃与主一无适,要求人在外在的容貌举止与内在的思虑情感两方面同时约束自己"[1]。

在程颐看来,作为修养工夫,诚敬并举不但是人类法天道立人道的结果,也是个体实现性命向天理复归的重要手段。原因是"人修养到了至诚之境,便和天道流行合一了。敬是勉强求无间断的工夫,在学知力行或困知勉行的地位,工夫不能自然而然,而须知行并进"[2]。

三、涵养正气

在程颐看来,"主一"不仅是一种庄重严肃、心无旁骛的敬畏状态,而且是养气的手段。他说:"主一无适,敬以直内,便有浩然之气。"[3]

---

[1] 陈来:《宋明理学》(第二版),上海:华东师范大学出版社,2004年,第81页。
[2] 钟彩钧:《二程道德论与工夫论述要》,《中国文哲研究集刊》1994年第4期,第15页。
[3] 〔宋〕程颢、程颐:《河南程氏遗书》卷第十五,《二程集》,北京:中华书局,1981年,第143页。

他的涵养正气的修养工夫，也有其鲜明的易学背景。

在注解《坤卦》六二爻辞"六二，直、方、大，不习无不利"时，程颐说："直、方、大，孟子所谓至大至刚以直也。"①他认为，"直、方、大"就是孟子所讲的正气的特性，个体的正直、端方、广大的德性正是来源于正气。他在解释"上六，冥豫成，有渝无咎"时，说："人之失，苟能自变，皆可以无咎，故冥豫虽已成，能变则善也。圣人发此义，所以劝迁善也，故更不言冥之凶，专言渝之无咎。"②在他看来，涵养正气可以让我们超脱实然的、有善有恶的"生之谓性"，返归至善的天命之性。

（一）养气的原因

作为万物之灵，人禀受了天地之正气，因而具有来源于天理本体的至善的天命之性。程颐把正气称为浩然之气，指出："'至大'，'至刚'，'以直'，此三者不可阙一，阙一便不是浩然之气。"③浩然之气即正气，它无处不在。如果我们能顺理而养，就能使它充塞于广袤的天地之间。

由于在化生成形时禀受了不同种类的气，所以人有愚人、贤人、圣人的区别，后天的恶来源于个体在化生成形时所禀受的偏浊之气。程颐既承认人的气禀确有不同，又指出了变化气质的必要性。他说："气有善不善，性则无不善也。人之所以不知善者，气昏而塞之耳。孟子所以养气者，养之至则清明纯全，而昏塞之患去矣。"④他把孟子的养气说具体化为涵养正气，认为如果一个人能够涵养正气，就可以消解偏浊之气。

---

① 〔宋〕程颢、程颐：《周易程氏传》卷第一，《二程集》，北京：中华书局，1981年，第708页。
② 〔宋〕程颢、程颐：《周易程氏传》卷第二，《二程集》，北京：中华书局，1981年，第783页。
③ 〔宋〕程颢、程颐：《河南程氏遗书》卷第十九，《二程集》，北京：中华书局，1981年，第252页。
④ 〔宋〕程颢、程颐：《河南程氏遗书》卷第二十一下，《二程集》，北京：中华书局，1981年，第274页。

正如胡自逢先生所云:"气质之性,自人受形之初已具,但气质可以变化,则善性亦终必可复。"① 在牟宗三先生看来,养气的目的是"使合道德性者更顺适调畅而得其正,使不合道德性者渐转化之使之合"②。可见,涵养正气,可以把体内的正气涵养到清明纯全的境地。

(二)养气之法

在程颐看来,立志是养气的前提,而勿忘勿助长和制怒则是重要的养气之法。有学者认为,在程颐的眼中,养气类似佛教的入定和道教的胎息,因而"不能成为独立的为学方法"③。笔者认为,从《遗书》中,我们能够发现不少程颐有关养气的语录。例如:"除是积学既久,能变得气质,则愚必明,柔必强。"④ 再如:"问:'人敬以直内,气便能充塞天地否?'曰:'气须是养,集义所生。积集既久,方能生浩然气象。人但看所养如何,养得一分,便有一分;养得二分,便有二分。只将敬,安能便到充塞天地处?且气自是气,体所充,自是一件事,敬自是敬,怎生便合得?如曰'其为气,配义与道',若说气与义时自别,怎生便能使气与义合?'"⑤ 因此,通过梳理这些言论,我们就能够归纳出程颐的养气之法。

程颐认为,一个人要想养气,首先要立志。常人很难以志胜气,所以会有不道德的行为。他说:"人只为气胜志,故多为气所使。……若是志胜气时,志既一定,更不可易。"⑥ 他以曾子易箦为例,说明了立志的

---

① 胡自逢:《程伊川易学述评》,台北:文史哲出版社,1995年,第269页。
② 牟宗三:《中国哲学的特质》,上海:上海古籍出版社,2007年,第66页。
③ 陈来:《宋明理学》(第二版),上海:华东师范大学出版社,2004年,第86页。
④ 〔宋〕程颢、程颐:《河南程氏遗书》卷第十八,《二程集》,北京:中华书局,1981年,第191页。
⑤ 〔宋〕程颢、程颐:《河南程氏遗书》卷第十八,《二程集》,北京:中华书局,1981年,第207页。
⑥ 〔宋〕程颢、程颐:《河南程氏遗书》卷第十八,《二程集》,北京:中华书局,1981年,第190页。

重要性。在临死时,曾子命令儿子替自己撤换席子,以免违背礼法的要求。程颐感叹说,如果不是曾子已经立定志向,怎么能在弥留之际坚守礼法呢。只有立下大志,才有可能涵养正气。他说:"学者为气所胜、习所夺,只可责志。"① 只有立下以志胜气的决心,才能克服困难、取得效果。

在程颐看来,"勿忘勿助长"是养气的重要方法。程颐说:"勿忘勿助长,只是养气之法,如不识,怎生养?"② 如果能够勿忘勿助长,就能够在养气时把握好度。如果一个人要涵养气质,就要自然而然,不可有拘迫之心。曰:"学者须恭敬,但不可令拘迫,拘迫则难久矣。"③ 无论俨然危坐的是吕大临还是刘绚,都符合程颐以恭敬养气的工夫进路。可是,若是主体有了拘迫之心,就会影响涵养气质的效验。此外,程颐也把制怒当成养气的重要手段,说:"怒惊皆是主心不定。"④(黄宗羲定为程颐语,见《宋元学案》第 630 页)他希望人们能够不被外物干扰,避免迁怒于人。

在程颐看来,发怒和惊恐都是因为主体内心不安定,被外物干扰。他说:"人患乎慑怯者,盖气不充,不素养故也。"⑤(黄宗羲定为程颐语,见《宋元学案》第 631 页)他认为,恐惧正是涵养气质未到火候的表现。因此,克去私心可以制怒,察知天理可以消除恐惧。他说:"忿懥,怒也。治怒为难,治惧亦难。克己可以治怒,明理可以治惧。"⑥(黄宗羲定为程

---

① 〔宋〕程颢、程颐:《河南程氏遗书》卷第十五,《二程集》,北京:中华书局,1981 年,第 155 页。
② 〔宋〕程颢、程颐:《河南程氏遗书》卷第十八,《二程集》,北京:中华书局,1981 年,第 205 页。
③ 〔宋〕程颢、程颐:《河南程氏遗书》卷第十八,《二程集》,北京:中华书局,1981 年,第 191 页。
④ 〔宋〕程颢、程颐:《河南程氏遗书》卷第六,《二程集》,北京:中华书局,1981 年,第 82 页。
⑤ 〔宋〕程颢、程颐:《河南程氏遗书》卷第一,《二程集》,北京:中华书局,1981 年,第 12 页。
⑥ 〔宋〕程颢、程颐:《河南程氏遗书》卷第一,《二程集》,北京:中华书局,1981 年,第 12 页。

颐语,见《宋元学案》第631页)他认为,如果主体能够在一件事上战胜恐惧、发怒、忧愁等情绪,就可以"豁然贯通",就不会再因为个人私欲而发怒。

从一个人能否制怒,我们还可以看出他达到了何种道德境界。圣人可以应物无累,而小人则会为了个人的欲望而发怒。程颐云:"小人之怒在己,君子之怒在物。"[①]作为道德主体,我们应该效法圣人,做到应物无累。他说:"圣人之心本无怒也。譬如明镜,好物来时,便见是好,恶物来时,便见是恶,镜何尝有好恶也?"[②](黄宗羲定为程颐语,见《宋元学案》第618页)圣人做事出于公心,能够役物,而不会迁怒于人。

在程颐看来,养气的目的在于涵养正气,而涵养正气又是为了消解自身的偏浊之气。原因是普通人"只有通过后天的格物穷理、变化气质等艰苦工夫,才能恢复自己的本性,接近于圣贤"[③]。程颐认为,如果个体能够消解体内的偏浊之气,就能处理好性情关系。

(三)养气的目的

性是善的,在人与外物接触后,它就会表现为有善有恶的情。如果情发而中节,则为和;若是发而不中节,则为恶。程颐的这一思想受到了王弼"性其情"思想的影响。王弼说:"圣人茂于人者,神明也;同于人者,五情也。神明茂,故能体冲和以通无;五情同,故不能无哀乐以应物。然则,圣人之情,应物而无累于物者也。"[④]在今人看来,王弼的圣人观意味着"圣人虽然与一般人一样有'情',但圣人却不为情所累、不溺于

---

① 〔宋〕程颢、程颐:《河南程氏遗书》卷第二十三,《二程集》,北京:中华书局,1981年,第306页。
② 〔宋〕程颢、程颐:《河南程氏遗书》卷第十八,《二程集》,北京:中华书局,1981年,第210-211页。
③ 乔清举:《天人关系:中国古代人学的本体基础》,《文史哲》1999年第4期。
④ 〔魏〕王弼著,楼宇烈校释:《王弼集校释》,北京:中华书局,1980年,第640页。

情"①。在程颐看来，养气的目的正是处理好性情关系，使情发而中节。

由于人具有形体，所以不可避免地会与外物接触。在和外物接触时，个体有可能会被外物诱惑，而遗忘自身固有的至善的天命之性。在程颐看来，情欲的激荡会对人的至善本性产生妨害。为了防止出现这一不利情况，主体应该修治人情。他说："……约其情使合于中，正其心，养其性，故曰性其情。"②所谓"性其情"，就是要约束节制情欲，使其符合中庸之道的要求，还要正心、涵养天理本性。修治人情的结果就是：在未发时，加以存养；在已发时，能够合乎天理。他说："若言存养于喜怒哀乐未发之时，则可；若言求中于喜怒哀乐未发之前，则不可。"③原因是他把"思"看作情，认为思只可言"和"，不可言"中"。

如果人能够保持中道，就能在成德践履中取得成效。他说："所以得悔亡者，由其能恒久于中也。人能恒久于中，岂止亡其悔，德之善也。"④在理解"中"时，程颐把它和时、位相联系，说："蒙亨，以亨行时中也。"⑤要保持中，就要因时制宜，反对泥古。他认为，"中"和"位"之间具有密切联系。他说："居中得正，而应中正，是其志正也，所以为吉。"⑥只有在待人接物时居中得正，个体才能得吉。

在今人看来，程颐的涵养正气论实质上是要人们"心中时时居敬涵养，使自己时时刻刻都体认天理，进而使心气的发动都与天理相合，做

---

① 王光照、仲晓瑜：《性、情及圣人——王弼性情理论探析》，《南昌大学学报（人文社会科学版）》2011年第5期。
② 〔宋〕程颢、程颐：《河南程氏文集》卷第八，《二程集》，北京：中华书局，1981年，第577页。
③ 〔宋〕程颢、程颐：《河南程氏遗书》卷第十八，《二程集》，北京：中华书局，1981年，第200页。
④ 〔宋〕程颢、程颐：《周易程氏传》卷第三，《二程集》，北京：中华书局，1981年，第863页。
⑤ 〔宋〕程颢、程颐：《周易程氏传》卷第一，《二程集》，北京：中华书局，1981年，第719页。
⑥ 〔宋〕程颢、程颐：《周易程氏传》卷第三，《二程集》，北京：中华书局，1981年，第869页。

到心与理一、气与道一"①。实际上，在程颐的工夫进路中，格物致知的目的在于穷理，诚敬是穷理的必要保障，而涵养正气则是希望变化气质，复归发端于天理的天命之性。但是，上述修养工夫都属于勉强而为，勉强而为的目的在于形成乐于循理的习惯。

四、循理而为

既然天理是天人万象背后的终极性、整体性的根基依据，那么，作为天地间的一分子，人类也应该循理而为。程颐在解释《大有卦》九四象辞"象曰：匪其彭无咎，明辩晢也"时，说："贤智之人，明辩物理，当其方盛，则知咎之将至，故能损抑，不敢至于满极也。"②他认为，贤者能够明察世情物理，妥善调整自己的行为，不会给自己招来灾祸。

如果主体能够坚持格物穷理、诚敬并举和涵养正气，就能认识万象共生、物我一理的宇宙本然，从而乐于循理。程颐曰："古人言乐循理之谓君子，若勉强，只是知循理，非是乐也。才到乐时，便是循理为乐，不循理为不乐，何苦而不循理，自不须勉强也。"③如果个体能够察知天理，就会乐于循理。要循理而为，不仅要避免违背天理的行为，还要遵行礼乐和安于义命。而程颐的以史解易，也有希望君王和大臣循理而为的意思。

程颐"循理而为"修养工夫的提出，也有其易学背景。例如，在解释《大有卦》上九爻辞"上九，自天祐之，吉无不利"时，程颐说："唯至明所以不居其有，不至于过极也。有极而不处，则无盈满之灾，能顺

---

① 李会富:《养浩然之气，成圣贤气象——理学语境中的"养气"说探析》,《理论界》2016 年第 3 期。
② 〔宋〕程颢、程颐:《周易程氏传》卷第一,《二程集》,北京：中华书局，1981 年，第 771 页。
③ 〔宋〕程颢、程颐:《河南程氏遗书》卷第十八,《二程集》,北京：中华书局，1981 年，第 186 页。

乎理者也。"① 又如，他在解释《无妄卦》卦辞"元亨，利贞。其匪正有眚，不利有攸往"时，说："虽无邪心，苟不合正理，则妄也，乃邪心也，故有匪正则为过眚。"② 他认为，只有顺理而行，才能避免盈满之灾。再如，在解释《剥卦》彖辞中的"顺而止之，观象也。君子尚消息盈虚，天行也"时，程颐说："理有消衰，有息长，有盈满，有虚损，顺之则吉，逆之则凶，君子随时敦尚，所以事天也。"③ 面对万物的变化，君子应该循理而为。在解释《豫卦》彖辞中的"豫顺以动，故天地如之，而况建侯行师乎？"时，程颐说："天地之道，万物之理，唯至顺而已。大人所以先天后天而不违者，亦顺乎理而已。"④ 正因为循理而为，圣人才能成其为圣人。可见，程颐的循理而为，确系通过易学研究提出的。

（一）存天理灭人欲

在易学的框架下，程颐对理欲关系做了分析。在解释《益卦》上九爻辞"上九，莫益之，或击之，立心勿恒，凶"时，他说："利者，众人所同欲也。专欲益己，其害大矣。欲之甚，则昏蔽而忘义理；求之极，则侵夺而致仇怨。故夫子曰：'放于利而行，多怨。'孟子谓先利则不夺不餍，圣贤之深戒也。"⑤ 在他看来，私心是产生人欲的根源，公心是顺应天理的基础。通过将孔孟对义利关系的阐述纳入易学的思维框架，程

---

① 〔宋〕程颢、程颐：《周易程氏传》卷第一，《二程集》，北京：中华书局，1981年，第772页。
② 〔宋〕程颢、程颐：《周易程氏传》卷第二，《二程集》，北京：中华书局，1981年，第822页。
③ 〔宋〕程颢、程颐：《周易程氏传》卷第二，《二程集》，北京：中华书局，1981年，第813页。
④ 〔宋〕程颢、程颐：《周易程氏传》卷第二，《二程集》，北京：中华书局，1981年，第778-779页。
⑤ 〔宋〕程颢、程颐：《周易程氏传》卷第三，《二程集》，北京：中华书局，1981年，第917页。

颐不但丰富了易学的内涵，而且为理欲之辨做了理论准备。

1. 天理与人欲的对立

程颐把天理和人欲对立起来，说："视听言动，非理不为，即是礼，礼即是理也。不是天理，便是私欲。人虽有意于为善，亦是非礼。无人欲即皆天理。"① 他认为，礼是天理的体现，人们应该遵从礼乐的要求。而人欲则来源于人们的私心和不合理的欲望。他在解释《损卦》卦辞中的"曷之用？二簋可用享"时，说："天下之害，无不由末之胜也。峻宇雕墙，本于宫室；酒池肉林，本于饮食；淫酷残忍，本于刑罚；穷兵黩武，本于征讨。凡人欲之过者，皆本于奉养；其流之远，则为害矣。先王制其本者，天理也；后人流于末者，人欲也。"② 他认为，屋宇、饮食、刑罚和征讨都属于人类生活的基本条件，属于合理需求，是天理的范畴；而峻宇雕墙、酒池肉林、淫酷残忍和穷兵黩武，则属于不合理的现象，是人欲的表现。

程颐把"分"作为区分天理与人欲的标准："口目耳鼻四支之欲，性也，然有分焉，不可谓我须要得，是有命也。"③ 在他看来，天理指的是符合个体身份、位置的需求；只要是超过定分的要求，就属于人欲。因此，要想不被人欲控制，个体就要循理而为。

2. 理欲之辨的真意

在程颐看来，天理是人必须服从的道德要求。他说："莫之为而为，莫之致而致，便是天理。"④ 天理人欲之辨，又与义利之辨密不可分，原因是"'义'即道义，也就是合乎道德要求的行为；'利'指利益，又指

---

① 〔宋〕程颢、程颐：《河南程氏遗书》卷第十五，《二程集》，北京：中华书局，1981年，第144页。
② 〔宋〕程颢、程颐：《周易程氏传》卷第三，《二程集》，北京：中华书局，1981年，第907页。
③ 〔宋〕程颢、程颐：《河南程氏遗书》卷第十九，《二程集》，北京：中华书局，1981年，第257页。
④ 〔宋〕程颢、程颐：《河南程氏遗书》卷第十八，《二程集》，北京：中华书局，1981年，第215页。

功利或功效，通常指个人利益、私利"①。他认为，天理即公、义，人欲即私、利，二者之间有明确的界限。他说："仁义根于人心之固有，天理之公也。利心生于物我之相形，人欲之私也。循天理，则不求利而自无不利；殉人欲，则求利未得而害己随之。所谓毫厘之差，千里之谬。"②人欲是将人引入困境的恶魔，天理是妥善处理个体眼前利益与长远利益的有效法则，是实现个体利益与社会整体福利辩证关系的必要规范。

程颐认为，人欲对一个人成德践履具有重大危害："苟惟欲之从，则人道废而入于禽兽矣。"③要节制欲望，就要思考人欲出现的原因。他说："人之为不善，欲诱之也。诱之而弗知，则至于天理灭而不知反。故目则欲色，耳则欲声，以至鼻则欲臭，口则欲味，体则欲安，此皆有以使之也。然则何以窒其欲，曰思而已矣。"④人欲的出现，是因为人们忘记了自己的天命之性，被外物诱惑、牵制。所谓"思"，是指主体要珍视自己天赋的天命之性，节制欲望。

需要说明的是，程颐只是要求节制欲望，并不主张禁欲主义。在解释《节卦》象辞中的"天地节而四时成，节以制度，不伤财，不害民"时，他说："天地有节故能成四时，无节则失序也。圣人立制度以为节，故能不伤财害民。人欲之无穷也，苟非节以制度，则侈肆，至于伤财害民矣。"⑤寡欲和禁欲不是一回事：前者承认欲望的合理性，要求节制欲望；后者否认欲望存在的价值，要求去除欲望。在程颐看来，"克己复礼"

---

① 苗润田：《"放于利而行多怨"——儒家义利学说再探讨》，《哲学研究》2007年第4期。
② 〔宋〕程颢、程颐：《河南程氏遗书》卷第十八，《二程集》，北京：中华书局，1981年，第202页。
③ 〔宋〕程颢、程颐：《河南程氏经说》卷第三，《二程集》，北京：中华书局，1981年，第1053页。
④ 〔宋〕程颢、程颐：《河南程氏遗书》卷第二十五，《二程集》，北京：中华书局，1981年，第319页。
⑤ 〔宋〕程颢、程颐：《周易程氏传》卷第四，《二程集》，北京：中华书局，1981年，第1006页。

"以道制欲"都是节制欲望的必要手段。他在解释《遁卦》九四爻辞"九四，好遁，君子吉，小人否"时，说："君子虽有所好爱，义苟当遁，则去而不疑，所谓克己复礼，以道制欲，是以吉也。"① 有些学者认为，程颐的"以道制欲"受到了道家思想的影响，理由是节制欲望只不过是"把老庄所讲的由无欲而实现的合于自然换成了合于礼而已"②。

如果一个人要想节制人欲，还要安分守己。他在解释《艮卦》卦辞"艮其背，不获其身；行其庭，不见其人"时，说："人之所以不能安其止者，动于欲也。欲牵于前而求其止，不可得也。故艮之道，常艮其背。所见者在前，而背乃背之，是所不见也。止于所不见，则无欲以乱其心，而止乃安。不获其身，不见其身也，谓忘我也。无我则止矣。不能无我，无可止之道。行其庭不见其人：庭除之间，至近也。在背，则虽至近不见，谓不交于物也。外物不接，内欲不萌，如是而止，乃得止之道，于止为无咎也。"③ 要想节制欲望，就要找到自己的分位。

程颐认为，每一个体做好自己的本分，是实现天下大治的必要前提。他在解释《泰卦》卦辞"泰：小往大来，吉亨"时，说："以人事言之：大则君上，小则臣下，君推诚以任下，臣尽诚以事君，上下之志通，朝廷之泰也；阳为君子，阴为小人，君子来处于内，小人往处于外，是君子得位，小人在下，天下之泰也。"④ 他认为，如果君臣都能循理而为，就可以重建理想的政治秩序；如果君子（精英）和小人（普通民众）都能找到自己的分位，就可以实现家国天下的和谐通泰。程颐说："不与民

---

① 〔宋〕程颢、程颐：《周易程氏传》卷第三，《二程集》，北京：中华书局，1981年，第868页。
② 李仁群：《两宋理学与道家思想》，复旦大学博士论文，2004年，第59页。
③ 〔宋〕程颢、程颐：《周易程氏传》卷第四，《二程集》，北京：中华书局，1981年，第968页。
④ 〔宋〕程颢、程颐：《周易程氏传》卷第一，《二程集》，北京：中华书局，1981年，第753页。

同欲，故民疾上之为，诗人言君当与民同欲也。"① 因此，余英时先生才会说："道学虽然以'内圣'显其特色，但'内圣'的终极目的不是人人都成圣成贤，而仍然是合理的人间秩序的重建。"② 对程颐来说，内圣的最终目的是实现外王。正如卢国龙先生所云："二程洛学本质上是一种政治哲学。"③

3. 理欲之辨的重新评价

需要说明的是，灭人欲所要灭去的只是过分的欲望，并不包括基本生活需要的满足。所以，把"灭人欲"理解为消灭一切欲望、实行禁欲主义，是非常错误的。程颐在解释《节卦》卦辞"节：亨，苦节不可贞"时，说："节贵适中，过则苦矣。"④

曾有门人问道："或有孤孀贫穷无托者，可再嫁否？"程颐回答说："只是后世怕寒饿死，故有是说。然饿死事极小，失节事极大。"⑤ 戴震将"饿死事小，失节事大"理解为"以理杀人"，说："上以理责其下，而在下之罪，人人不胜指数。人死于法，犹有怜之者；死于理，其谁怜之。"⑥ 从历史影响来看，戴震的批评并非无的放矢。仅仅"'饿死事极小，失节事极大'一句话，就摧残和吞噬了多少人的心身"⑦。在分析程颐的用意时，章太炎先生说："其言诚过，然妇人不践二廷，旧有

---

① 〔宋〕程颢、程颐：《河南程氏经说》卷第三，《二程集》，北京：中华书局，1981年，第1061页。
② 余英时：《朱熹的历史世界：宋代士大夫政治文化的研究》，北京：生活·读书·新知三联书店，2004年，第118页。
③ 卢国龙：《宋儒微言：多元政治哲学的批判与重建》，北京：华夏出版社，2001年，第300页。
④ 〔宋〕程颢、程颐：《周易程氏传》卷第四，《二程集》，北京：中华书局，1981年，第1005页。
⑤ 〔宋〕程颢、程颐：《河南程氏遗书》卷第二十二下，《二程集》，北京：中华书局，1981年，第301页。
⑥ 〔清〕戴震：《孟子字义疏证》，北京：中华书局，1982年，第10页。
⑦ 张立文：《宋明理学研究》，北京：人民出版社，2002年，第339页。

是说，亦因绝礼俗而为言也。而其书又言男子不当再娶；礼惟宗子七十无主妇，其他则否；且婚礼成言时，本未言妇死再娶也。其意盖当言夫妇皆当坚守契约，又未尝偏抑妇人也。"① 贺麟先生认为，程颐的"饿死事小，失节事大"继承了孟子的"舍生取义""舍鱼而取熊掌"和"贫贱不能移"等思想，认为"伊川此语之意，亦不过是孟子'舍生取义'，'贫贱不能移'的另一说法。因为'舍生取义'实即'舍生守节'，'贫贱不能移'实即'贫贱或饿死不能移其节操'之意"②。两相比较，章太炎和贺麟二位先生的观点更具"同情之理解"的精神。理由是程颐曾说："夫妇之道同，黾勉和同，不宜有怨怒也。盖和则夫妇之道成而家室正，如阴阳和而成雨。……夫妇之道，贵其有终。"③ 可见，从理论上讲，守节确实不是仅仅要求女性。因此，笔者更赞同章、贺二先生的意见。另外，讲求节操具有共时性，即使是在今天，也仍然具有时代意义。

此外，在生态恶化、环保压力日益增加的今天，我们需要对现代生活方式加以反思。而程颢和程颐灭人欲明天理的思想可以引发我们的思考，进而对人们的需要和欲望做出梳理。首先，我们应该反思奢靡与贫困共存、科技飞速发展与环保问题日益加重的现实情况，致力于全体人类的基本生活需要的满足。其次，人类应该抛弃讲求奢华、注重享受的生活方式，过上绿色健康、简单快乐的生活。最后，只有每个人都为建设人我和谐、人天和谐的世界发挥作用，地球才能万象共生、生生不息，人类才能瓜瓞绵长。

---

① 章太炎：《检论·通程》，载《章太炎全集》第三册，上海：上海人民出版社，1994年，第454页。
② 贺麟：《文化与人生》，北京：商务印书馆，1988年，第192-193页。
③ 〔宋〕程颢、程颐：《河南程氏经说》卷第三，《二程集》，北京：中华书局，1981年，第1050页。

（二）不合礼则非理

妥善处理族群关系和人我关系，是维系社会存续的关键问题。程颐在解释《同人卦》卦辞"同人于野，亨，利涉大川，利君子贞"时，说："夫同人者，以天下大同之道，则圣贤大公之心也。"① 而群体和个体的界限、权利和义务等问题的提出，正说明了界定族群关系和人我关系的必要性。在儒家哲学中，礼乐的设立正是为了妥善处理族群关系和人我关系。程颐把礼乐看成天理的体现，指出："礼乐无处无之，学者要须识得。"② 他认为，如果离开礼乐，人类就会陷入无政府状态。在他看来，天理指的是符合礼乐要求的欲望，人欲指的是超出基本生活需要的欲求。

在注解《乾卦·文言传》中的"嘉会足以合礼"时，程颐说："得会通之嘉，乃合于礼也。不合礼则非理，岂得为嘉？非理安有亨乎？"③ 礼是天理在人间的实现方式，是人人必须遵循的行为规范。在解释《履卦》序卦时，他说："上下之分，尊卑之义，理之当也，礼之本也，常履之道也，故为履。"④ 他认为，礼乐不但是个体需要时时遵行的行为规范，还是实现整体家国天下和谐通泰的有效手段。与刑罚相比，推行礼乐更易实现修齐治平的目标。他在解释《履卦》大象"象曰：上天下泽，履，君子以辨上下，定民志"时，说："君子观履之象，以辨别上下之分，以定其民志。夫上下之分明，然后民志有定。民志定，然后可以言治。民志不定，天下不可得而治也。"⑤ 礼乐是由个体在社会中所处分位所决定

---

① 〔宋〕程颢、程颐：《周易程氏传》卷第一，《二程集》，北京：中华书局，1981年，第763-764页。
② 〔宋〕程颢、程颐：《河南程氏遗书》卷第十八，《二程集》，北京：中华书局，1981年，第225页。
③ 〔宋〕程颢、程颐：《周易程氏传》卷第一，《二程集》，北京：中华书局，1981年，第699页。
④ 〔宋〕程颢、程颐：《周易程氏传》卷第一，《二程集》，北京：中华书局，1981年，第749页。
⑤ 〔宋〕程颢、程颐：《周易程氏传》卷第一，《二程集》，北京：中华书局，1981年，第750页。

的职责、道德。如果君王遵礼而为，就能任人唯贤。倘若君臣同心，就能为民众提供保质保量的公共产品。以质量俱佳的公共服务为基础，民众就能安居乐业，国家亦能长治久安。在内政实现善治之后，外交也就具备了道德制高点，国家也会展现出强大的软实力。如果各国都能见贤思齐，那么，平治天下也就顺理成章了。可见，只有遵从礼乐的规范，个体才能得其所哉，才能实现社会的和谐通泰，也才能使万物各得其所。

以今人的眼光来看，程颐之所以会主张灭人欲明天理，原因是"人通过克制自己的私欲，就能够达到道德高尚的境界"[①]。在程颐看来，即使面对困境，个体也要遵循礼义的要求。基于这一原因，他提出了"义命"观。

（三）安于义命

在儒家思想中，命往往"是从人必须遵循的、不以人的意志为转移的角度而言的"[②]。据此，程颐提出了"义命"，认为"命"是天理的体现，是个体必须遵循的道德要求。他说："命，正理也。以道制欲则顺命。"[③]如果个体已经尽了最大努力，却仍然无法改变自己的困境，那么，就应安于义命。他说："贤者惟知义而已，命在其中。中人以下，乃以命处义。如言'求之有道，得之有命'，是求无益于得，知命之不可求，故自处以不求。若贤者则求之以道，得之以义，不必言命。"[④]（在《周易程氏传》中，程颐曾经多次讲到义命。因而，此条语录可以定为程颐语）如果一

[①] 刘蔚华：《二程的"理欲"观与弗洛伊德的"超我"说》，《文史哲》2002年第3期。
[②] [英]葛瑞汉著，程德祥译：《中国的两位哲学家：二程兄弟的新儒学》，郑州：大象出版社，2000年，第62页。
[③] 〔宋〕程颢、程颐：《河南程氏经说》卷第三，《二程集》，北京：中华书局，1981年，第1053页。
[④] 〔宋〕程颢、程颐：《河南程氏遗书》卷第二上，《二程集》，北京：中华书局，1981年，第18页。

个人能够遵循义的要求，就能致命遂志。以今人的眼光来看，"义命论中的'义'就是'道德的应当'，即人们道德上的义务和责任"①。

在患难之中，只有安于义命，个体才可无咎。程颐在解释《困卦》大象"象曰：泽无水，困，君子以致命遂志"时，说："君子当困穷之时，既尽其防虑之道，而不得免，则命也，当推致其命，以遂其志。知命之当然也，则穷塞祸患不以动其心，行吾义而已。"②即使面对逆境，君子也应该践行仁义。他在解释《否卦》六二爻辞"六二，包承，小人吉，大人否亨"时，说："大人当否，则以道自处，岂肯枉己屈道，承顺于上……"③张岱年先生认为，程颐的"义命"实际上是说个体"只应考虑义之当然，不必考虑命之必然"④。张先生言之不谬，程颐的"安于义命"凸显了个体在道德修养上的无可推脱、无法逃避。

从思想内涵而言，程颐的这一思想是对孔子命运观的发展。孔子说"五十而知天命"（《论语·为政》），又说"知其不可而为之"（《论语·宪问》）。尽管明知多国君王不认可自己的政治价值，可是，孔子依然四处奔走，积极宣扬自己的治国主张。正是因为拥有对自身政治理念的坚定信仰，孔子才能在逆境中坚持前行。后人将孔子的这一思想总结为"尽人事听天命"。

在易学的视域下，程颐创新性地解释了孔子命运观的内涵，将其发展为义命观。程颐主张，不管外在的境遇如何，我们都应该自觉承担起自己应尽的道德责任。以"安于义命"为基础，程颐为讲求气节做了充分论证。在古代，程颐的义命观鼓舞着忠臣良将为国尽忠。到了

---

① 吴付来：《义命论的逻辑发展及其现代意义》，《中国人民大学学报》2007年第1期。
② 〔宋〕程颢、程颐：《周易程氏传》卷第四，《二程集》，北京：中华书局，1981年，第941页。
③ 〔宋〕程颢、程颐：《周易程氏传》卷第一，《二程集》，北京：中华书局，1981年，第760页。
④ 张岱年：《中国伦理思想研究》，上海：上海人民出版社，1989年，第185页。

今天，程颐的义命观不仅可以激励我们提升道德修养的主动性，而且能促使我们在家庭美德、职业道德和社会公德等方面，不断提升自己的道德水准。

  由以上的分析可以看出，程颐所提出的工夫进路是层次清晰、切实可行的。他一生严格遵循礼义规范的要求。曾经有人问他，谨守礼仪规范四五十年应该很辛苦吧？他反驳说："吾日履安地，何劳何苦？他人日践危地，此乃劳苦也。"[①] 程颐的行为既是其工夫进路的现实化，又是其所追求的圣人境界的外现。

---

① 〔宋〕程颢、程颐：《河南程氏遗书》卷第一，《二程集》，北京：中华书局，1981年，第8页。

第四章
易学理学二而一视域下的理想人格与理想人生

在实现人生应然之后,个体就能过上理想人生,就可以成就理想人格。在二程看来,《易》中已有境界哲学。《乾卦·文言传》中的"夫大人者,与天地合其德,与日月合其明,与四时合其序,与鬼神合其吉凶,先天而天弗违,后天而奉天时",即代表了《易》中的境界哲学。在研易的过程中,二程揭示了易学中的境界哲学的新内涵,又建构起了自身对理想人格与理想人生的设想。

在中国哲学中,个体的安身立命和社会层面的合理秩序,是永恒的追求。正如牟宗三先生所云:"中国哲学的主要课题是生命,就是我们所说的生命的学问。"① 而个体在一生中所达到的道德水准和生命高度,则被称为境界。陈来先生认为,"境界是标志人的精神完美性的范畴,是包含人的道德水平在内的对宇宙人生全部理解水平的范畴"②。在中国哲学中,境界又表现在生命与学问合一的圣贤人格上。

---

① 牟宗三:《中国哲学十九讲》,上海:上海古籍出版社,1997年,第14页。
② 陈来:《有无之境——王阳明哲学的精神》,北京:人民出版社,1991年,第6页。

向世陵先生认为,"'境界'是基于'人'而论的,它既涉乎对象又离不开主体,是中国文化从目的、意义层面区别于西方文化的一个主要特征"①。

在哲学史上,《庄子》首先在哲学意义上言"境",佛教学者进一步凸显了境界的哲学意义。到了宋明时期,理学家将儒、释、道三教的思想精华熔为一炉,建构了境界哲学。在现代,在《人间词话》中,王国维先生首先在美学意义上使用境界范畴,指出:"词以境界为最上。有境界则自成高格,自有名句。"②王国维对境界的探究,对现当代学人具有重大影响。蒙培元先生即认为,"王国维的'境界说'虽然是讲词学,却更符合中国哲学的精神"③。

必须承认的是,佛教和道教的境界哲学不仅能够自圆其说,而且自有其道理。可是,在儒家学者看来,佛道二教的境界都有毁弃人伦、远离人世之嫌。因此,他们觉得自己有责任重建儒家的境界哲学。正是在此意义上,程颢和程颐才致力于自身境界哲学的建构。

在易学的架构下,程颢和程颐将《易》中的境界哲学与《大学》《中庸》《孟子》等典籍中的境界思想加以会通,辅之以对前人境界哲学的吸收和批评,建立起了自己的境界哲学。原因是"儒家强调的对社会和他人的仁爱尊重,道家追求的自我独立和精神自由等,都是完整的、健全的人格所必须的,两者结合,显然更利于理想人格的培养"④。程颢和程颐的境界哲学展现了自身对于理想人格和理想人生的思索和探求,而二人不同的人格气象,正是其境界哲学的外在反映。

---

① 向世陵:《序》,载李万钢著《圣贤——先秦时代儒家人生境界思想研究》,北京:科学普及出版社,2011年。
② 王国维:《人间词话》,上海:上海古籍出版社,1998年,第3页。
③ 蒙培元:《心灵超越与境界》,北京:人民出版社,1998年,第74页。
④ 洪修平:《论儒道佛三教人生哲学的异同与互补》,《社会科学战线》2003年第5期。

第一节　境界哲学探究的返本开新

早在先秦时期，已有学者对境界哲学做了探讨。韦政通先生认为，"孔子乃境界形态哲学的创建者。这种哲学的特色，不重思辨，不重概念，不重分析；而特重反省、体验和心领神会"①。以《易传》《论语》等典籍为诠释文本，今人能够研究孔子的境界哲学。从《论语》中，我们能够发现"孔子已有充分人生境界的自觉，其后，《老子》《庄子》《孟子》《荀子》中都有不同的人生境界思想"②。在笔者看来，《大学》中的"止于至善"、《论语》中的"知之者不如好之者，好之者不如乐之者"（《论语·雍也》）、《中庸》中的"与天地参"等，都有明确的境界意味。

到了汉代，经学家注重经义注疏，对境界哲学探讨不多。虽然在汉代典籍中，我们也能看到"境界"二字，却无法解读出哲学味道。此后，玄学家推进了道家境界哲学的探究。王弼、郭象等人都提出了自身的境界哲学。在佛教传入中国后，佛教学者也提出了自身的境界哲学。在唐代，经学家在境界哲学上也没有取得明显的成就。

到了宋代，儒家学者对经学家的偏差做了纠正，为理学境界论的提出做了重要准备。在易学天人之学的框架下，程颢和程颐对《大学》《中庸》《论语》《孟子》等典籍中的境界思想加以重新解释，进而建构起自己的境界哲学。

一、《易》中的境界哲学

在儒家哲学中，境界哲学的探讨开始很早，"儒家的境界观是由《易经》的作者首先设计并开始构建的，中经孔子的充分发挥，再经《易传》

---

① 韦政通：《先秦七大哲学家》，上海：上海古籍出版社，2003 年，第 12 页。
② 李万钢：《圣贤——先秦时代儒家人生境界思想研究》，北京：科学普及出版社，2011 年，第 8 页。

的进一步论证、深化,其基本框架结构也就初步定型了"①。《易》确立了以天地人三才为基本内容的易学天人之学,挺立起人类法天立人的主体性,树立起以崇德广业、利用厚生为内容的内圣外王相贯通的人生应然。

在《易》中,境界哲学并不鲜见。《系辞传》云:"一阴一阳之谓道,继之者善也,成之者性也。"《乾卦·彖传》云:"乾道变化,各正性命,保合太和,乃利贞。"《说卦传》云:"昔者圣人之作《易》也,将以顺性命之理。是以立天之道曰阴与阳,立地之道曰柔与刚,立人之道曰仁与义。兼三才而两之,故《易》六画而成卦。"在《易传》看来,如果一个人效法天道、和顺道德,就能够成为君子;而圣人境界则是道德修养的最终目标。胡自逢先生认为,《说卦传》中的"穷理尽性,以至于命"既有工夫进路,又有境界意味。胡先生说:"穷理为入手工夫,下学之事也;尽性至命,上达之境也。"②

在《易》中,境界哲学集中表现在圣人上,圣人是法天道立人道的典范。《系辞上传》云:"圣人立象以尽意,设卦以尽情伪,系辞焉以尽其言,变而通之以尽利,鼓之舞之以尽神。"圣人明察天道、关心民瘼,以崇德广业、人文化成、利用厚生为人生应然。《乾卦·文言传》云:"夫大人者,与天地合其德,与日月合其明,与四时合其序,与鬼神合其吉凶,先天下而天弗违,后天而奉天时。"在此处,所谓"大人",就是达到圣人境界的人。他们是道德和智慧的完美体现,也在人生中充分体会到自由。《易》作者认为,君子当效法圣人,找到自身在宇宙中的适切定位,做到"与天地相似,故不违;知周乎万物而道济天下,故不过;旁行而不流,乐天知命,故不忧;安土敦乎仁,故能爱"(《系辞上传》)。

---

① 刘太恒:《论儒家境界观的构建——从〈易经〉、孔子到〈易传〉》,《复旦学报(社会科学版)》1993第6期。
② 胡自逢:《程伊川易学述评》,台北:文史哲出版社,1995年,第266页。

二、宋代以前的境界探讨及其偏失

如前所云,早在先秦时期,儒家、道家学者就已对理想人格和理想人生做了探讨,并且开创了以学问滋润生命、以生命验证学问的研究范式。

(一)先秦儒家、道家的境界探讨

在谈到中国古代的理想人格时,张岱年先生说:"最高的理想人格,儒家谓之'圣人',其次是'仁人'。《老子》亦以'圣人'为最高人格,庄子则提出所谓至人,加之于'圣人'之上。"[①]在境界哲学方面,孔子"既有目的层面的与天命流行合一的精神快乐,也有作为手段的人生抱负(包括政治抱负)的实现,而对精神自由和尽善尽美境界的期盼,则成为从内在化方面推动人前进的动力"[②]。虽然孔子对儒家境界哲学的发展具有开创性的贡献,可是,他并不以圣人自许。《大学》有云:"大学之道,在明明德,在亲民,在止于至善。"笔者以为,明明德、亲民是修养工夫,而止于至善则是人生境界。《中庸》说:"能尽其性,则能尽人之性;能尽人之性,则能尽物之性;能尽物之性,则可以赞天地之化育;可以赞天地之化育,则可以与天地参矣。"即人不但要成己成物,而且应该达到"与天地参"的境界。孟子认为"圣人与我同类"(《孟子·告子上》),要求君子尽心知性知天,实现"上下与天地同流"(《孟子·尽心上》)的人生境界。如果人能够反求诸己,就能达到"万物皆备于我。反身而诚,乐莫大焉"(《孟子·尽心上》)的境界。从孔子到孟子,儒家学者提出的"人格境界论决不是空疏之论。它一方面确有神圣性、超越性,另一方面又不脱离社会政事、教育师道和日用伦

---

① 张岱年:《中国伦理思想研究》,上海:上海人民出版社,1989年,第220页。
② 向世陵:《儒家人文精神与快乐境界》,《河北学刊》2006年第4期。

常等生活世界"①。荀子提出"涂之人可以为禹"(《荀子·性恶》)的观点，认为人人都具有天赋的认识能力。荀子说："圣人者，人之所积而致也。"(《荀子·性恶》)荀子认为，通过认真学习礼义，每个人都能达到圣人境界。值得一提的是，虽然荀子的境界追求和孔孟有相似之处，可是，达致圣人境界的路径却大不相同。这是因为荀子主张性恶论，否认个体能够成为圣贤是因为人性本善，认为善是后天教化的结果。

与儒家类似，道家学者早在先秦时代，也已开始研究境界哲学。在《庄子》中，"境"已经有"境界"之义了。《庄子·逍遥游》云："且举世而誉之而不加劝，举世而非之而不加沮，定乎内外之分，辩乎荣辱之境，斯已矣。"此处的"境"即有明确的"境界"的意思。据此，唐君毅先生认为，"此境界一名，初出自庄子之言境"②。

（二）汉唐经学家对境界哲学的忽视

在汉代，置身于经学的礼乐文化价值系统中，经学家把儒家典籍看成法天地设政教的王者之书。他们通过注解经典的方式来教化君王，希望借由王者的礼乐教化来化民成俗，进而实现整体天下意识笼罩下的家国天下的有机和谐通泰。君王只能接受圣贤的教化，而民众则只能接受君王的教化。但是，君王和民众都不能成为圣贤。于是乎，社会中的个体只有被动接受教化的义务，并未挺立起自身的价值自觉，不知道自己都是充足的价值主体。而每一个体的成德践履和成为圣贤，也并不受到儒家学者的重视。例如，董仲舒认为，"天生民性，有善质而未能善，于是为之立王以善之，此天意也。民受未能善之性于天，而退受成性之教

---

① 郭齐勇：《孔孟儒学的人格境界论》，《华中师范大学学报（人文社会科学版）》2000年第6期。
② 刘梦溪：《中国现代学术经典·唐君毅卷》，石家庄：河北教育出版社，1996年，第8页。

于王。王承天意以成民之性为任者也"①。在性三品说的框架中,圣人之至善和斗筲之人的至恶都是不可变的。中民虽有善质,却只能接受教化,而不能成为圣贤。可见,汉代的儒家学者并没有继续推进境界哲学研究。

刘向在《新序·杂事》中明确使用了"境界"一词:"守封疆,谨境界。"可是,此处的境界仅仅具有地域上的范围之意。在为《诗·大雅·江汉》做笺注时,郑玄说:"召公于有判戾之国,则往正其境界,修斯理。"在这里,郑玄仅仅把境界看成疆域、领土,并无一丝一毫的境界哲学味道。

在唐代,经学的发展可以分为以下三个时期:"一是唐初,从经学的分立到统一的演变,二是武则天至玄宗时期,对两汉以来章句之学的批判与惑经思潮的产生,三是中唐以后,啖、赵、陆舍传求经学派的形成。"②通观唐代经学,无论是传承汉代章句注疏之学的学者,还是批评注疏、怀疑经典者,抑或是"舍传求经"学派学者,都没有发展先秦儒家的境界哲学。以韩愈为例,作为"舍传求经"学派的一员,他掀起了儒学复兴运动。他认为,圣人和愚人的区别在于是否好学。他说:"圣人无常师。"③正是因为积极向郯子、老子、苌弘、师襄等人学习,孔子才能成为圣人。可是,韩愈继承的是荀子的人性观,未能回答个体成就圣贤何以必要和如何可能的问题。可见,从汉代到唐代,儒家的境界哲学都没有得到明显的发展。

就人格气象而言,在两汉时期,士大夫关注的是整体家国天下的平治,展现出了鲜明的群体意识。余英时先生认为,"宋儒于东汉士大夫之名节,颇为推许,但不许其见道耳"④。余先生的说法合乎历史事实。

---

① 〔汉〕董仲舒:《深察名号》,《春秋繁露》,北京:中华书局,1975年,第368页。
② 杨荫楼:《唐代经学略论》,《求是学刊》1992年第4期。
③ 〔唐〕韩愈撰,马其昶校注:《师说》,《韩昌黎文集校注》,上海:上海古籍出版社,1986年,第44页。
④ 余英时:《中国知识人之史的考察》,桂林:广西师范大学出版社,2004年,第310页。

程颐曾经指出:"东汉士人尚名节,只为不明理。若使明理,却皆是大贤也。"① 他认为,东汉的士大夫虽然能够重视名节,却不明白道德背后的价值根基根据。在程颐看来,毛苌、董仲舒和扬雄的人格气象和儒者的非常接近,如果他们能够明晓天理,就能展露贤者气象。

(三)玄学家的境界哲学

玄学出现后,中国哲学的境界哲学得到了进一步发展。例如,王弼提出了圣人体无的说法,认为圣人能够领会无的真谛,可以与无同体而又有情。在《王弼传》中,何晏指出:"圣人茂于人者,神明也;同于人者,五情也。神明茂,故能体冲和以通无;五情同,故不能无哀乐以应物。然则,圣人之情,应物而无累于物者也。"② 王弼不同意何晏等人"圣人无情"的观点,认为圣人虽然有情,却能应物无累。因此,"圣人是把有欲与无欲集于一身,从'情'来说圣人有欲,从'性'来讲圣人无欲"③。

再以郭象为例。在为《庄子》作注时,郭象进一步发展了道家的境界思想。在注解《逍遥游》时,郭象说:"天下虽宗尧,而尧未尝有天下也,故官然丧之,而尝游心于玄冥之境,虽寄望万物之上,而未始不逍遥也。"④ 此处的"玄冥之境"即"一种具有本体意义的终极境界,是圣人完全体道、达道、实现精神自由之后所呈现出的超越性精神状态,或

---

① 〔宋〕程颢、程颐:《河南程氏遗书》卷第十八,《二程集》,北京:中华书局,1981年,第232页。
② 〔魏〕王弼著,楼宇烈校释:《王弼传》,《王弼集校释》,北京:中华书局,1980年,第640页。
③ 许杭生等:《魏晋玄学史》,西安:陕西师范大学出版社,1989年,第127页。
④ 〔晋〕郭象注,〔唐〕成玄英疏,曹础基、黄三发整理:《庄子注疏》,中华书局,2011年,第18页。

所进驻于其中的心灵世界"①。

在这一时期,士大夫的主体意识开始觉醒,他们"厌恶经学的烦琐、功名的卑污、礼教的峻刻,而趋于通脱、玄远和放达"②。他们追求的是个体主体意识的推重、个体真实性情的流露与肉体感性生命的快乐和满足。后人将这一阶段的士大夫称为魏晋名士,又把他们的人格特质称为魏晋风度。

(四)佛教的境界哲学

在哲学史上,真正为境界一词赋予哲学意味的是佛教学者。例如,《成唯识论》曰:"觉通知来,尽佛境界。"在慈怡看来,从佛菩萨到如来,共能分出七种境界,包括"心境界、慧境界、智境界、见境界、过二见境界,过佛子地境界,入如来地内行境界"③。前面六种属于佛菩萨境界,最后一种为最高的如来境界。再如,《华严梵行品》有云:"了知境界,如幻如梦。"牟宗三先生认为,"佛教说境,由境说界,境和界都是一个实有的意义。境是指着对象讲的,境在佛教就是 objects,就是 external objects,外在的对象……界是因义,是 ground 或 cause 的意思"④。在佛教中,"境界"指的是"信仰修持践履中所达到的造诣深浅的精神层次。"⑤

笔者认为,在境界的含义和实现途径等方面,儒家的境界哲学与佛教既有相似之处,又有明显差异。相似在于:在东方文化中,个体的成佛和成就圣贤都能实现。区别在于:佛教的成佛属于外在超越,儒家的

---

① 李明:《境界范畴的历史演变及其基本理论特质——中国哲学精神管窥》,《中国哲学史》2006年第4期。
② 姜广辉:《汉末魏晋的名士风度》,《河北学刊》1994年第3期。
③ 慈怡:《佛光大辞典》(第一卷),北京:文物出版社,1984年,第1247页。
④ 牟宗三:《中国哲学十九讲》,上海:上海古籍出版社,2005年,第102页。
⑤ 武高寿:《以提升精神境界为旨趣的佛教》,《社会科学评论》2007年第4期。

成就圣贤属于内在超越。从实现途径来看，佛教和儒家又有共性：佛教讲"砍柴担水，无非妙道"，《中庸》说"道不远人"，两种修行工夫都意味着境界可以实现，且不须远离尘世。

由于儒佛在境界哲学上既有共性，又有冲突，所以，儒家学者与佛教也产生了思想互动与碰撞。在佛教方面，"佛学自东汉从印度传入中国之后，就一直希望能调和与中国主体文化儒学的矛盾，故而竭力吸收儒家的思想"[①]。就儒家而言，儒家学者一方面批评佛教的境界哲学，认为佛教讲空，道家言无，都无益于安定人心、建构理想社会；另一方面，他们也站在儒家的立场上，积极涵摄、吸收佛教思想的精华，并积极投身儒学复兴运动。

加之，在科举制确立之后，很多人把儒学当作获取功名利禄的敲门砖，只关心科举功名，无心追求成圣成贤。结果，追求成仙得道的道教和企图成佛的佛教提出了颇具吸引力的境界追求，并且在社会上产生了很大影响。为了扭转这一局面，儒家学者逐渐开始重视境界哲学的探讨。但是，在唐代，"儒者对'无'的境界的向往多出于满足自己在坎坷的人生旅途中安心立命的心灵需要"[②]。

三、理学境界论探讨的前奏

到了宋代，儒家学者重新发现了人的价值，挺立起人的主体性。在他们看来，"道德本体所呈现的乃是一个本然世界，对本然世界的自觉和理解即成为人生在世之境界的展开"[③]。对宋代儒家学者来说，"其境界

[①] 朱汉民：《宋明理学通论——一种文化学的诠释》，长沙：湖南教育出版社，2000年，第54页。
[②] 陈来：《有无之境——王阳明哲学的精神》，北京：人民出版社，1991年，第237-238页。
[③] 宁新昌：《本体与境界》，《孔子研究》1998年第4期。

论的中心论题依然是要追问'圣人何以可能'"①。他们把儒家典籍看作圣贤之书，认为社会中的每一个体都是充足的价值主体，都具有成为圣贤的可能性，都应该成为圣贤。首先，读书人应该学习和践行孔孟之道。读书人修习儒学，不只是为了安身立命，而且是为着修己安人、平治天下。其次，社会中的每一个人都应把成就圣贤作为自己的境界追求。在理学家看来，如果人人都能成为圣贤，那么，家庭就将拥有理想秩序，社会也将成为理想社会，政治也将实现理想政治秩序。与经学家一样，理学家追求的也是家国天下的平治，只是他们所采取的路径和汉唐经学家不一样，个体所取得的成就自然也有所不同。汉唐经学家不关注个体的道德成就，希望借由君王的教化来实现天下的和谐通泰。与经学家不同的是，理学家认为，如果社会中的每一个体都能够成为圣贤，整体的家国天下的平治就会自然而然地实现了。因此，汉唐经学家和理学家的追求目标有相似之处，可是二者的出发点、着眼点和个体成就却大不相同。

理学家超越了汉唐经学家，首先返归先秦儒家的生命与学问合一的研究范式，进而提升了儒家的境界哲学。理学家将汉儒和魏晋名士的优势结合起来，以圣贤气象"包括了上述两个重要方面：社会责任与个人自在、忧患意识与闲适心态、道义情怀与洒落胸襟"②。可见，理学家所追求的是圣贤境界与气象，不仅关注个体身心的安定与人生境界的提高，而且关切整体家国天下的和谐通泰。

理学家把圣人当作理想人格的化身，并且把对圣贤境界的追求予以现实化，变成了自己的生活体验。有人问周敦颐："圣可学乎？"周敦颐回答说："可。"③ 周敦颐把"诚"作为个体成就圣贤的充足价值根基根

---

① 付长珍：《宋代理学境界论》，华东师范大学博士论文，2001年，第4页。
② 朱汉民、龚抗云：《论"名士风度"与"圣贤气象"的思想脉络》，《湖南大学学报（社会科学版）》2008年第1期。
③〔宋〕周敦颐：《通书·志学》，《周敦颐集》，北京：中华书局，2009年，第31页。

据，指出"士希贤，贤希圣，圣希天"①，要求学生"志伊尹之所志，学颜子之所学"②。周敦颐认为，君子要以成为贤人作为自己的人生追求；在成为贤人后，道德主体不能自满，还要把成为圣人作为自己的人生追求。即使是孔子那样的圣人，也要继续努力，力求让自己完美体现天道的要求。周敦颐的三希说，开启了宋明理学对人生境界的追求。周敦颐还明确要求二程"寻孔颜乐处"，并对二程的境界哲学探讨产生了很大影响。以今人的眼光来看，"'孔颜乐处'是一个人生理想，也是一个理想境界的问题"③。在周敦颐之后，张载继续推进儒家的境界哲学研究。张载说："圣者，至诚得天之谓。"④在张载看来，圣人是无私无我的，可以超越肉体感性生命的限制，享受同天之乐；圣人具有神道设教的职能，能够通过制定礼仪来教化民众。尽管周敦颐和张载在境界追求的探讨方面已经颇有成就，可是，他们未能把天理明确为个体成就圣贤境界的价值根据。

四、易学与理学二而一视域中的境界哲学与气象

通过对《易》中的境界哲学的创造性诠释，程颢和程颐借鉴了前人在境界哲学方面的研究成果，把天理视为个体成就圣贤人格的充足价值根基根据，认为不但士大夫应该寻孔颜乐处，而且社会中的每一个体都应追求圣贤境界。

程颢以天人本一的宇宙图景为基础，提出"仁者，浑然与物同体"⑤

---

① 〔宋〕周敦颐：《通书·志学》，《周敦颐集》，北京：中华书局，2009年，第22页。
② 〔宋〕周敦颐：《通书·志学》，《周敦颐集》，北京：中华书局，2009年，第23页。
③ 陈来：《宋明理学》（第二版），上海：华东师范大学出版社，2004年，第34页。
④ 〔宋〕张载：《正蒙·太和篇》，《张载集》，北京：中华书局，1978年，第9页。
⑤ 〔宋〕程颢、程颐：《河南程氏遗书》卷第二上，《二程集》，北京：中华书局，1981年，第16页。

的圣人境界。他说："仁者，以天地万物为一体，莫非己也。"①在他看来，仁者能够感受到人与天地万物浑然一体，无法区分彼此、动静、有无。他的识仁、定性、诚敬、循理等修养工夫，都是希望人们达到这样的境界。他说："言体天地之化，已剩一体字，只此便是天地之化，不可对此个别有天地。"②他认为，"体天地之化"的"体"字是多余的，理由是人类自身即天地生化的结果，即在天地生化之中。

程颐将《乾卦·文言传》中的大人解释为圣人，并据此提出了"与理为一"的境界哲学。他在解释《乾卦·文言传》中的"夫大人者，与天地合其德，与日月合其明，与四时合其序，与鬼神合其吉凶，先天而天弗违，后天而奉天时"时，说："大人与天地日月四时鬼神合者，合乎道也。天地者道也，鬼神者造化之迹也。圣人先于天而天同之，后于天而能顺天者，合于道而已。合于道，则人与鬼神岂能违也？"③他认为，圣人之所以能够先天后天皆不违，就是因为他们能够顺应天理的要求，并达到了"己与理一"的人生境界。他说："大而化，则己与理一。"④所谓"己与理一"，指的是主体的道德修养达到了化境，实现了主体与天理的合二为一。这也是圣人境界的现实化。

在二程的境界哲学中，既有人生境界，又第一次提出了"气象"。正如姜广辉先生所云："'气象'说首先是由二程明确提出的，崇褒'圣贤气象'是他们倡导圣学（又称'道学'）的一个重要组成部分。"⑤从概念上看，"气象"一词"往往是指一个人的道德修养、精神境界、人格理

---

① 〔宋〕程颢、程颐：《河南程氏遗书》卷第二上，《二程集》，北京：中华书局，1981年，第15页。
② 〔宋〕程颢、程颐：《河南程氏遗书》卷第二上，《二程集》，北京：中华书局，1981年，第18页。
③ 〔宋〕程颢、程颐：《周易程氏传》卷第一，《二程集》，北京：中华书局，1981年，第705页。
④ 〔宋〕程颢、程颐：《河南程氏遗书》卷第十五，《二程集》，北京：中华书局，1981年，第143页。
⑤ 姜广辉：《理学与中国文化》，上海：上海人民出版社，1994年，第283页。

想及其智慧能力以及气质、风范等综合因素，使别人得到的一种印象和审美感受"①。笔者认为，所谓"气象"，即个体在达到特定的人生境界后所表现出来的人格特质。

在程颐看来，如果个体达到了一定的人生境界，那么他就会表现出特定的人格特质。他说："'居处恭，执事敬，与人忠'，充此便睟面盎背，有诸中必形诸外，观其气象便见得。"②（此条当为程颐语。程颐曾说："存诸中为德，发于外为行。"见《周易程氏传》卷四，《二程集》第1006页）笔者认为，气象、胸襟、气魄、气概都是表征人格特质的语词。

第二节　程颢建构的圣人与仁者二而一的圣贤境界与气象

尽管《易传》多次提到了"仁"，却只是把它看作具体的道德范畴，未能从人生境界的高度上加以论述。《系辞上传》云："仁者见之谓之仁，知者见之谓之知。"此处的"仁者"，可以理解为具备仁德的人。另外，虽然《论语》中多次提到仁者，但是，孔子并未将其明确化为人生境界。之后，"《中庸》言'成己成物'，孟子言'亲亲而仁民，仁民而爱物'，已昭发天地万物一体之大义"③。直到程颢，才把"儒家'仁'的境界提升为普遍的宇宙关怀"④。

程颢以其天人本一的宇宙图景为基础，把圣人和仁者贯通起来，视为理想人格与理想人生的代表。他不仅倡导仁者境界，而且重视

---

① 姜广辉：《理学与中国文化》，上海：上海人民出版社，1994年，第283页。
② 〔宋〕程颢、程颐：《河南程氏遗书》卷第五，《二程集》，北京：中华书局，1981年，第77页。
③ 胡自逢：《程伊川易学述评》，台北：文史哲出版社，1995年，第144页。
④ 蒙培元：《心灵超越与境界》，北京：人民出版社，1998年，第284页。

圣贤气象。程颢的境界哲学是洒落圆融之境,具有"更重内向涵养,心灵体验,直觉感悟"①的维度。笔者认为,程颢的人格气象正是其境界哲学的外在表现。

一、君子境界与气概

在程颢易学的视野中,人是处于天地人三才并立格局下有机联系宇宙整体中的人。程颢说:"'万物皆备于我',不独人尔,物皆然。都自这里出去,只是物不能推,人则能推之。"②(黄宗羲将其断为程颢语,见《宋元学案·明道学案下》,第562页)因为人具备天命之性,所以能够推己及人、仁民爱物,达到圣人境界。

冯友兰先生将人生境界分为自然境界、功利境界、道德境界、天地境界四个层次。③如果用冯先生的四境界说来衡量,君子可以说是处于功利境界中的、具有道德意识的主体。如果一个人已经形成了道德人格,能够遵行礼乐的要求,就算是君子了。程颢说:"知之明,信之笃,行之果,知仁勇也。若孔子所谓成人,亦不出此三者。臧武仲知也,孟公绰仁也,卞庄子勇也。"④程颢认为,知、仁、勇,是君子必备的三种德行。

按照传统观点,子贡、子路等人都是贤人。可是,程颢不同意这一点,他认为子贡、子路还停留在功利境界中,只能算是君子。首先,子贡的人生境界层次较低。子贡有雄辩之才,头脑灵活,善于经商,可是,他在道德修养方面却用力不多。孔子曾以"君子不器",勉励子贡要有道

---

① 付长珍:《试论程颢境界进路中的直觉性特征》,《上海大学学报(社会科学版)》2008年第4期。
② 〔宋〕程颢、程颐:《河南程氏遗书》卷第二上,《二程集》,北京:中华书局,1981年,第34页。
③ 冯友兰:《新原人》,北京:生活·读书·新知三联书店,2007年,第132-160页。
④ 〔宋〕程颢、程颐:《河南程氏遗书》卷第十三,《二程集》,北京:中华书局,1981年,第139页。

德追求。程颢说:"子贡之知,亚于颜子,知至而未至之也。"①颜子是成德践履的典范,已经接近圣人境界。虽然子贡知道圣人境界,却不能达到它,所以,他的境界不如颜子。其次,子路、子夏和子张等人在境界追求方面,也没有多少建树。在孔门弟子中,子夏、子张都以精于政事见长。程颢说:"子夏问政,子曰:'无欲速,无见小利。'子夏之病,常在近小。子张问政,子曰:'居之无倦,行之以忠。'子张常过高而未仁,故以切己之事答之。"②在程颢看来,子夏眼界狭窄,没有远大志向;子张则有些好高骛远,缺乏实践精神。所以,二人都没有达到贤人境界。可见,在程颢眼里,只有颜子和曾子才达到了贤人境界,孔门其他弟子都是君子。

在人格特质方面,君子也有自己的特点。君子有优游宽容之象,注重个人道德境界的提升;小人则会被肉体感性生命欲求限制,在境界方面不能上达,反而会向下堕落。程颢说:"君子坦荡荡,心广体胖。"③由于君子拥有开阔的心胸,所以,他们能够展现出安详自在的生命状态。

二、贤人境界与襟怀

在程颢看来,只有颜子和曾子能够传承孔子之道:"颜子默识,曾子笃信,得圣人之道者,二人也。"④原因是"颜子志向高,他学习不为干禄,不求闻达,而是要学至圣人"⑤,所以,他能够成为仅次于孔子的贤人。程

---

① 〔宋〕程颢、程颐:《河南程氏遗书》卷第十一,《二程集》,北京:中华书局,1981年,第128页。
② 〔宋〕程颢、程颐:《河南程氏遗书》卷第十一,《二程集》,北京:中华书局,1981年,第134页。
③ 〔宋〕程颢、程颐:《河南程氏遗书》卷第十一,《二程集》,北京:中华书局,1981年,第132页。
④ 〔宋〕程颢、程颐:《河南程氏遗书》卷第十一,《二程集》,北京:中华书局,1981年,第119页。
⑤ 姜广辉:《理学与中国文化》,上海:上海人民出版社,1994年,第289页。

颢说:"'回也非助我者也,于吾言无所不说',与圣人同尔。"① 而曾子虽然不聪明,却有笃行的精神。他赞叹说:"参也,竟以鲁得之。"② 虽然后世儒者把孟子称为亚圣,可是,在程颢的眼里,孟子却是不太够格的贤人。

(一)接近圣人境界的颜子

首先,从人生境界来讲,颜子已经做到了应物无累。程颢说:"孔子谓颜渊曰:'用之则行,舍之则藏,惟我与尔有是夫!'君子所性,虽大行不加焉,虽穷居不损焉,不为尧存,不为桀亡者也。用之则行,舍之则藏,皆不累于己尔。"③ 此处,明道引用孔、孟、荀的言论,来凸显颜子的人格气象。孔子所说的"用之则行,舍之则藏",意思是说应物无私、无累于心的圣人,无论是进退出处,都能开心畅怀。孟子所说的"君子所性,虽大行不加焉,虽穷居不损焉",意思是说君子的道德心是不会因为世俗的祸福际遇而改变的。而荀子所说的"不为尧存,不为桀亡",则阐述了天道运行不以人的意志为转移的客观规律。通过比较,程颢发现颜子已到应物无累的境界。

其次,虽然颜子已到贤人境界,可是,他的人生境界和孔子相比,还有一些差距。程颢说:"颜子曰:'仰之弥高,钻之弥坚',则是深知道之无穷也;'瞻之在前,忽焉在后',他人见孔子甚远,颜子瞻之,只在前后,但只未在中间尔。若孔子,乃在其中焉,此未达一间者也。"④

---

① 〔宋〕程颢、程颐:《河南程氏遗书》卷第十一,《二程集》,北京:中华书局,1981年,第130页。
② 〔宋〕程颢、程颐:《河南程氏遗书》卷第三,《二程集》,北京:中华书局,1981年,第62页。
③ 〔宋〕程颢、程颐:《河南程氏遗书》卷第十一,《二程集》,北京:中华书局,1981年,第130页。
④ 〔宋〕程颢、程颐:《河南程氏遗书》卷第十二,《二程集》,北京:中华书局,1981年,第136-137页。

他认为，孔子已达天地境界，已臻化境；颜子能够了解圣人境界，只是还未达到这一境界。在他看来，颜子和孔子的差距在于有我与无我。他说："无妄，震下乾上。圣人之动以天，贤人之动以人。若颜子之有不善，岂如众人哉？惟只在于此间尔，盖犹有己焉。至于无我，则圣人也。颜子切于圣人，未达一息尔。"①因此，颜子的人生境界虽然比众人高，可是他仍然处在有我的境界中；而孔子则已经达到了无我的境界。程颢又以是否达到化境作为标准，辨别孔子与颜子的境界差别。他说："学者须识圣贤之体。圣人，化工也。贤人，巧也。"②在他看来，圣人已经达到脱落形迹的化境，贤人则还有人为造作的痕迹。

最后，普通人应当先学颜子，先达致贤人境界，再追求圣人境界。他说："圣人之德行，固不可得而名状。若颜子底一个气象，吾曹亦心知之。欲学圣人，且须学颜子。"③（在《遗书》卷十二中，载有"人之学，当以大人为标垛，然上面更有化尔。人当学颜子之学。"从思想内涵来看，此条语录与其一致，所以，此语当为程颢语）因此，个体应该首先学颜子，体味贤人的人格气象。从上面的分析可见，程颢对颜子的贤人境界和人格气象做了很多褒扬，却对孟子略有批评。原因是程颢认为孟子是不够格的贤人。

（二）不够格的贤人——孟子

程颢对孟子的人格境界略有微词，他说："孟子有功于道，为万世之师。其才雄，只见雄才，便是不及孔子处。"④（按：朱子在《论孟精义》

---

① 〔宋〕程颢、程颐：《河南程氏遗书》卷第十一，《二程集》，北京：中华书局，1981年，第126页。
② 〔宋〕程颢、程颐：《河南程氏遗书》卷第十一，《二程集》，北京：中华书局，1981年，第127页。
③ 〔宋〕程颢、程颐：《河南程氏遗书》卷第二上，《二程集》，北京：中华书局，1981年，第34页。标点有改动。
④ 〔宋〕程颢、程颐：《河南程氏遗书》卷第五，《二程集》，北京：中华书局，1981年，第76页。标点有改动。

一书中，将其定为程颢语。见《朱子全书》第七册第15页）在孔子死后，孟子对儒门义理多有阐扬，将孔子所创立的儒学提升到新境界，后儒得益于孟子之处甚多。所以，程颢将孟子称为万世之师。正是因为孟子展现出辩驳异端的雄才，所以，他缺乏孔子和颜子的和乐气象。

对于颜子和孟子的人生境界差异，程颢关注很多。他说："孔子尽是明快人，颜子尽岂弟，孟子尽雄辩。"①（按：朱子在《论孟精义》一书中，将其定为程颢语。见《朱子全书》第七册第15页）所谓"明快"，说的是孔子"不勉而中，不思而得，从容中道"；所谓"岂弟"者，说的是颜子"不迁怒，不贰过""不改其乐"和"三月不违仁"；所谓"雄辩"，说的是孟子辩驳异端的雄才。他又说："颜子不动声气，孟子则动声气矣。"②孟子缺乏和乐气象，虽有滔滔辩才，却未能达到贤人境界。如果以冯先生的四境界说来衡量，我们就能发现：孔子已达天地境界，颜子已到道德境界，而孟子尚处于功利境界。

为了说明孟子和孔子的境界差异，程颢还用了"有德之言"和"造道之言"两个范畴。他说："有有德之言，有造道之言。孟子言己志者，有德之言也；言圣人之事，造道之言也。"③所谓"有德之言"，是说既有所见，又有所得，还能见之于行的言论。所谓"造道之言"，是说虽有所见，却未有得，更不能见之于行。孟子描述自己的人生志向，属于既有所见，又有所得，还能见之于行。若是孟子谈论孔子的人格气象，则属于虽有所见，却无所得，也不能见之于行动。可见，程颢用"有德之言"和"造道之言"的分辨，成功地凸显了孔子和孟子在人生境界方面的差异。

在程颢看来，颜子比孟子高明。如果一个人有了颜子之德，就自然

---

① 〔宋〕程颢、程颐：《河南程氏遗书》卷第五，《二程集》，北京：中华书局，1981年，第77页。
② 〔宋〕程颢、程颐：《河南程氏遗书》卷第十一，《二程集》，北京：中华书局，1981年，第126页。
③ 〔宋〕程颢、程颐：《河南程氏遗书》卷第十一，《二程集》，北京：中华书局，1981年，第127页。

会有孟子的事功。他说:"人须学颜子。有颜子之德,则孟子之事功自有。"①从人生境界上看,颜子已达具体而微的圣人境界,只是需要扩充。与颜子不同,孟子虽然视野宽广,却不了解圣人境界,因此,他还需要多涵养。程颢说:"颜子合下完具只是小,要渐渐恢廓。孟子合下大,只是未粹,索学以充之。"②两相对照,可以发现,程颢对颜子颇为推崇,对孟子则略有不满。

(三)自得其乐的贤人襟怀

在人格特质方面,贤人展现出了独特的气魄和襟怀。在待人接物中,颜子能够宽和平易。即使穷居陋巷,颜子也能自得其乐。程颢说:"颜子在陋巷,'人不堪其忧,回也不改其乐'。箪瓢陋巷非可乐,盖自有其乐耳。'其'字当玩味,自有深意。"③面对生活的困窘,颜子之所以能够自得其乐,是因为他已经成就道德自我,已经超越了肉体感性生命的局限。可见,"在人生现实的实践中即有阶段性的境界跃升,即能突破生命的局限以安身立命"④。程颢要求人们玩味"其"字,就是要人认识到颜子之乐是其人生境界的外在表现。

在《四书章句集注》中,在解释"贤哉,回也!一箪食,一瓢饮,在陋巷。人不堪其忧,回也不改其乐。贤哉,回也!"时,朱熹引用了程颢的言论,并说:"程子之言,引而不发,盖欲学者深思而自得之。"⑤笔者认为,所谓"其",就是与人同、与物同。而颜子之乐即在于体仁而

---

① 〔宋〕程颢、程颐:《河南程氏遗书》卷第十一,《二程集》,北京:中华书局,1981年,第130页。
② 〔宋〕程颢、程颐:《河南程氏遗书》卷第三,《二程集》,北京:中华书局,1981年,第62页。
③ 〔宋〕程颢、程颐:《河南程氏遗书》卷第十二,《二程集》,北京:中华书局,1981年,第135页。
④ 张新民:《生命成长与境界自由——〈论语〉释读之一》,《孔子研究》1998年第4期。
⑤ 〔宋〕朱熹:《四书章句集注》,北京:中华书局,1983年,第87页。

乐，是成就个体价值的快乐，是万物各得其所的快乐，是个体实现了最大程度的自由之乐。

需要说明的是，由于程颢把孟子看作不够格的贤人，所以，孟子所体味到的并非贤者之乐，而是君子之乐。程颢认为，虽然孟子有舍我其谁的英雄气概和批评异端的责任担当，却缺乏从容之气度。程颢说："孟子谓'必有事焉，而勿正，心勿忘，勿助长。'正是着意，忘则无物。"① 在道德实践中，孟子还需要着意去做，缺少从容安详之象。由于超越了肉体感性生命的束缚和现实功利的计较，所以，孟子无论出处、去就、辞受、取与，都能合乎礼义的要求。程颢说："杨子出处，使人难说，孟子必不肯为杨子事。"② 扬雄在新朝做官的行为，违背了儒家倡导的出处之义。因而，孟子所体味到的是超越肉体感性生命的束缚，得到身心解放和心灵和谐的自由和快乐。

三、圣人境界与天地气象

在描绘圣人境界时，程颢多次引用《易传》内容，并加以疏解。例如，"'圣人以此洗心退藏于密'，'圣人以此齐戒，以神明其德夫！'"③ "'大人者，与天地合其德，与日月合其明'，非在外也。"④ "'鼓万物而不与圣人同忧。'圣人，人也，故不能无忧；天则不为尧存，不为桀亡者也。"⑤ 在他看来，所谓圣人境界，就是个体实现了与人同、与物同、与宇宙同

---

① 〔宋〕程颢、程颐：《河南程氏遗书》卷第十一，《二程集》，北京：中华书局，1981年，第126页。
② 〔宋〕程颢、程颐：《河南程氏遗书》卷第十二，《二程集》，北京：中华书局，1981年，第136页。
③ 〔宋〕程颢、程颐：《河南程氏遗书》卷第十一，《二程集》，北京：中华书局，1981年，第134页。
④ 〔宋〕程颢、程颐：《河南程氏遗书》卷第十一，《二程集》，北京：中华书局，1981年，第120页。
⑤ 〔宋〕程颢、程颐：《河南程氏遗书》卷第十一，《二程集》，北京：中华书局，1981年，第119页。

的人生境界，实现了人与自然的和谐统一，达到了内外两忘、澄然无事的仁者境界。向世陵先生认为，程颢的仁者境界"呈现的是人与天地万物共生共在而不可分离的蕴含"①。笔者认为，程颢眼中的圣人境界，也就是冯友兰先生所说的天地境界。

（一）天人本一

程颢所建构的圣人境界，离不开对前人的继承和创新。孟子的"上下与天地同流""万物皆备于我"已有万物一体之义。在《庄子》一书中，已有"泛爱万物，天地一体也"的说法。正是在已有思想资源的基础上，程颢提出了天人本一的境界哲学。

在生化日新、天人本一的宇宙图景中，天人之间浑然一体、毫无间断。他说："天人无间断。"②圣人能够体察生化日新、天人本一的宇宙图景，可以享受同天之乐。他说："天人本无二，不必言合。"③（黄宗羲定为程颢语，见《宋元学案》第563页）因为天人本来就是一体的，因而，"天人合一"的说法是不合理的。原因是"在仁者看来，万物充满生意，与自家不可分离"④。

在宇宙中，万事万物都有自己的分位，都有其内在价值。程颢通过愚者和圣人的比较，来说明圣人具有超越常人的识量。他说："愚者指东为东，指西为西，随众所见而已。知者知东不必为东，西不必为西。唯圣人明于定分，须以东为东，以西为西。"⑤（黄宗羲定为程颢语，见《宋

---

① 向世陵：《二程论仁与博爱》，《孔子研究》2015年第2期。
② 〔宋〕程颢、程颐：《河南程氏遗书》卷第十一，《二程集》，北京：中华书局，1981年，第119页。
③ 〔宋〕程颢、程颐：《河南程氏遗书》卷第六，《二程集》，北京：中华书局，1981年，第81页。
④ 蒙培元：《心灵超越与境界》，北京：人民出版社，1998年，第285页。
⑤ 〔宋〕程颢、程颐：《河南程氏遗书》卷第七，《二程集》，北京：中华书局，1981年，第97页。

元学案》第566页）圣人超越了一己之肉体生命的限隔，能够在待人接物时做到应物无私。

因为圣人能够应物无私，所以他不会感到孤独。原因是"有了这种境界的人，他所了解的'我'或'己'不再是个体的小我，万物都是'我'的一部分"①。程颢说："'敬以直内，义以方外，敬义立而德不孤。'德不孤，与物同故不孤也。"② 敬义是与人和睦相处的道德准则，以此为指引，个体可以实现人己和谐。如果一个人能够博施济众，那么，他不但可以成就自我，而且已经在用实际行动成人、成物。程颢说："'己欲立而立人，己欲达而达人，能近取譬者，可谓仁之方也已。'博施而能济众，固仁也；而仁不足以尽之，故曰：'必也圣乎！'"③ 一个人之所以能够博施济众，原因就在于他体察了天人本一的宇宙本然，觉解了自己在宇宙中地位，并且能够以实际行动来成己、成人、成物。这样的人"不仅是他自己的主宰，而且又是全宇宙的主宰"④，已经达到了天人本一的圣人境界。

在达到圣人境界之后，一个人就能体会到仁者之乐。程颢对此多有论述：

中心斯须不和不乐，则鄙诈之心入之矣。此与"敬以直内"同理。谓敬为和乐则不可，然敬须和乐，只是中心没事也。⑤（黄宗羲将其判为程颢语，见《宋元学案》第557页）

涵养着乐处，养心便到清明高远。⑥（黄宗羲将其判为程颢语，见《宋

---

① 陈来：《宋明理学》（第二版），上海：华东师范大学出版社，2004年，第64页。
② 〔宋〕程颢、程颐：《河南程氏遗书》卷第十一，《二程集》，北京：中华书局，1981年，第117页。
③ 〔宋〕程颢、程颐：《河南程氏遗书》卷第十一，《二程集》，北京：中华书局，1981年，第120页。
④ 冯友兰：《新原人》，北京：生活·读书·新知三联书店，2007年，第156页。
⑤ 〔宋〕程颢、程颐：《河南程氏遗书》卷第二上，《二程集》，北京：中华书局，1981年，第31页。
⑥ 〔宋〕程颢、程颐：《河南程氏遗书》卷第六，《二程集》，北京：中华书局，1981年，第84页。

元学案》第569页)

"穷理尽性"矣,曰"以至于命",则全无着力处。如"成于乐","乐则生矣"之意同。①

若夫乐则安,安则久,久则天,天则神,天则不言而信,神则不怒而威。至于如此,则又非手舞足蹈之事也。②

学至于乐则成矣。笃信好学,未知自得之为乐。好之者,如游他人园囿;乐之者,则已物尔。然人只能信道,亦是人之难能也。③

"鸢飞戾天,鱼跃于渊,言其上下察也。"此一段子思吃紧为人处,与"必有事焉而勿正心"之意同,活泼泼地。会得时;活泼泼地;不会得时,只是弄精神。④

如果个体能够觉解自己生命的内在价值,彻悟自身在宇宙中的地位,那么,他就能认识到:尽管人类和其他物类之间有差别,可是天地万物却是相互内在、一体互通的。因此,"人类应视天地万物为一生命整体,将自然界的万物视为自己生命的一部分,像爱护自己的生命一样去爱护它,保护它,不要使它受到伤害"⑤。可见,人与世界并非相互对待的主客关系,而是无分彼此、浑然一体的关系。于是,个体不仅能实现自身的自得其乐,能获得自由之乐,能实现真善美的合一,还能实现人与自然的和谐统一,而且可以实现他人他物的怡然自适。这样一来,个体就达到了天地境界,就能体味到与人同、与物同、与宇宙同的快乐。

---

① 〔宋〕程颢、程颐:《河南程氏遗书》卷第十二,《二程集》,北京:中华书局,1981年,第136页。
② 〔宋〕程颢、程颐:《河南程氏遗书》卷第十一,《二程集》,北京:中华书局,1981年,第128页。
③ 〔宋〕程颢、程颐:《河南程氏遗书》卷第十一,《二程集》,北京:中华书局,1981年,第127页。
④ 〔宋〕程颢、程颐:《河南程氏遗书》卷第三,《二程集》,北京:中华书局,1981年,第59页。
⑤ 苗润田:《儒学:在基督教与佛教之间——以人类中心主义为中心》,《山东大学学报(哲学社会科学版)》2007年第2期。

(二)天地气象

在程颢看来,圣人具有天地气象。他说:"太山为高矣,然太山顶上已不属太山。虽尧、舜之事,亦只是如太虚中一点浮云过目。"① 在达到圣人境界后,即使尧、舜一类的事功,也会被人们看作过眼浮云。

通过比较孔子、颜子和孟子不同的人格气象,程颢凸显了孔子天人本一的天地境界和天地气象。他说:"仲尼,元气也;颜子,春生也;孟子,并秋杀尽见。仲尼,无所不包;颜子示'不违如愚'之学于后世,有自然之和气,不言而化者也;孟子则露其才,盖亦时然而已。仲尼,天地也;颜子,和风庆云也;孟子,泰山岩岩之气象也。观其言,皆可以见之矣。仲尼无迹,颜子微有迹,孟子其迹著。"②(朱熹将其定为程颢语。见《朱子语类》第 2474-2475 页)在程颢看来,孔子的人格气象可以称为"元气",原因是他是天生完备的,无须后天的修养工夫。孔子达到了与物同体的天地境界,能够与他人他物乃至宇宙和谐相处,没有丝毫人为造作的痕迹。经过后天的修养工夫,颜子也能达到天人本一、与物同体的天地境界。与孔颜相比,孟子的人生境界尚处在较低层次,离天地境界尚有较大距离。

除了颜子,曾子也展现出了一些天地气象。程颢说:"孔子'与点',盖与圣人之志同,便是尧、舜气象也,诚'异三子者之撰',特行有不掩焉者,真所谓狂矣。"③ 表面看来,曾子的父亲曾点描绘的是一幅春游的场景。有学者认为,孔子"对曾点志向的评价则表现出孔子在社会现实中的处境及思想性格中消极避世的意绪"④。笔者认为,曾点的志向在

---

① 〔宋〕程颢、程颐:《河南程氏遗书》卷第三,《二程集》,北京:中华书局,1981 年,第 61 页。
② 〔宋〕程颢、程颐:《河南程氏遗书》卷第五,《二程集》,北京:中华书局,1981 年,第 76 页。
③ 〔宋〕程颢、程颐:《河南程氏遗书》卷第十二,《二程集》,北京:中华书局,1981 年,第 136 页。
④ 鲁洪生:《〈论语·侍坐〉曾点之志本意考辨》,《学术论坛》2008 年第 3 期。

于实现与己和谐、与人和谐、与物和谐、与宇宙和谐。实际上,"曾点所呈现的确为圣人气象(虽然曾点本人未必可以做到)"①。正是在这一点上,孔子对曾点表示了赞赏。

在程颢看来,"仁之体是一种境界,而博施济众与立人达人都是这种境界的表达和表现"②。如果社会中的每一个体都能达到圣人境界,那么整体家国天下的和谐通泰也就顺理成章地实现了。三代之治代表了程颢和程颐对整体家国天下和谐通泰的设想,可是,只有"把权力结构纳入正轨"③,这一设想才有可能实现。程颢说:"三代之治,顺理者也。两汉以下,皆把持天下者也。"④虽然宋代社会有诸多问题,但是,绝对可以回复三代之治的美好状态。程颢说:"若三代之治,后世决可复。不以三代为治者,终苟道也。"⑤因此,程颢对个体提高人生境界的关注,与其整体家国天下的关切并不矛盾。

实质上,孔颜乐处也就是仁者之乐,所反映的是个体达到圣贤境界之后在人格气象上面表现出来的洒落襟怀和自由之乐。程颢写过一首诗来表现何为孔颜乐处:"闲来无事不从容,睡觉东窗日已红。万物静观皆自得,四时佳兴与人同。道通天地有形外,思入风云变态中。富贵不淫贫贱乐,男儿到此是豪雄。"⑥这首诗所反映出来的"是一种自我与天地万物一体的快乐,是一种自我身心的安泰、自在、洒落的人生境界"⑦。需要说明的是,虽然程颢和程颐都追求孔颜乐处,可是二人所说的孔颜乐处却不一样:程颢所说的孔颜乐处是天人本一,而程颐所追求的则是天人合一。

---

① 冯达文:《"曾点气象"异说》,《中国哲学史》2005 年第 4 期。
② 陈来:《仁学本体论》,北京:生活·读书·新知三联书店,2014 年,第 265 页。
③ 余敦康:《汉宋易学解读》,北京:华夏出版社,2006 年,第 448 页。
④ 〔宋〕程颢、程颐:《河南程氏遗书》卷第十一,《二程集》,北京:中华书局,1981 年,第 127 页。
⑤ 〔宋〕程颢、程颐:《河南程氏遗书》卷第十一,《二程集》,北京:中华书局,1981 年,第 129 页。
⑥ 〔宋〕程颢、程颐:《河南程氏文集》卷第三,《二程集》,北京:中华书局,1981 年,第 482 页。
⑦ 朱汉民:《宋儒身心之学的双重关怀》,《中国哲学史》2011 年第 3 期。

第三节 程颐建构的与理为一的圣贤境界与气象

与程颢一样，程颐也把圣贤境界作为理想人格和理想人生的代表。与程颢偏重圣人境界的追求不同，伊川更看重贤人境界的追求，希望个体先达到贤人境界，再去追求圣人境界。程颐对圣贤境界的探讨，也是借助易学研究来进行的。

通过对"立天之道曰阴与阳，立地之道曰柔与刚，立人之道曰仁与义。兼三才而两之，故《易》六画而成卦"（《说卦传》）与"夫大人者，与天地合其德，与日月合其明，与四时合其序，与鬼神合其吉凶，先天下而天弗违，后天而奉天时"（《乾卦·文言传》）的会通，程颐阐扬了《易》中的境界哲学。经过会通，程颐明确了"虽三才之道分举，而人在三才之中，人之与天，自有合之之理"①。

在程颐看来，天人之所以能够合一，原因有两点：第一，从本原上讲，宇宙中的每一事物都是天地所成就的，人作为万物之一类，也是与天道贯通的；第二，人只要效法天道，即可以达到天人合一。天人合一不只有境界意味，还包含着秩序关怀。他在解释《解卦·象辞》中的"天地解而雷雨作，雷雨作而百果草木皆甲坼。解之时大矣哉！"时，说："天地之功，由解而成，故赞解之时大矣哉！王者法天道，行宽宥，施恩惠，养育兆民，至于昆虫草木，乃顺解之时，与天地合德也。"②君王效法天道，宽以待民，实行仁政，就能成为"与天地合其德"的圣人。

虽然程颐更多强调天人之间的张力，却建构了以"与理为一"为特色的人生理想论，原因是"理学的价值理想是一天人、通内外、贯体用的"③。可见，在最终的人生境界方面，程颐和程颢的观点是一致的。程颐之所以

---

① 胡自逢：《程伊川易学述评》，台北：文史哲出版社，1995年，第137页。
② 〔宋〕程颢、程颐：《周易程氏传》卷第三，《二程集》，北京：中华书局，1981年，第902页。
③ 张艳清：《天理与自然——宋儒境界中的儒道之辩》，《中国哲学史》2006年第1期。

要强调天人之分,"而又必曰合之者,为天人既分以后者言之耳,教人当于工夫上着力,如涵养用敬,主一无适,积久而天理自明是也"①。

一、君子人格与气度

在程颐看来,君子应当把成为圣人当作自己的人生理想。他说:"人皆可以至圣人,而君子之学必至于圣人而后已。不至于圣人而后已者,皆自弃也。孝其所当孝,弟其所当弟,自是而推之,则亦圣人而已矣。"②如果个体加强道德修养,就有可能达到圣人境界。倘若一个人自暴自弃,就是失去了生命主体性,就不再是他人效法的正面形象了。

笔者认为,程颐对君子人格与气度的阐述,是借助"随时取义"的解易体例来说明的。在《易传序》中,程颐说:"易,变易也,随时变易以从道也。"③在他看来,变易表现在时间上,并据此提出了"随时取义"的释易体例。这一解易体例对王弼的易学解释学有所继承。正如朱汉民先生所云:"程颐的《伊川易传》是沿着王弼的学术路径走过来的,他也是以理性主义态度去建构《周易》的义理体系,并也是通过孔子的《彖传》、《象传》、《文言》来理解、发挥《易经》中所含的义理。"④

在注解《周易》时,王弼说:"夫卦者,时也;爻者,适时之变者也。"⑤王弼以卦为时,认为卦反映了天地万物的客观时势,而爻代表了主体的应变策略。在王弼看来,"由于《周易》各卦象征着人生的种种时遇,而这些时遇之间又是相对独立的。人处在这种种时遇当中,只能顺应外在的境遇来调整自己的行为,藉此免于悔吝凶咎而已。至于匡时救弊,是

---

① 胡自逢:《程伊川易学述评》,台北:文史哲出版社,1995年,第143页。
② 〔宋〕程颢、程颐:《河南程氏遗书》卷第二十五,《二程集》,北京:中华书局,1981年,第318页。
③ 〔宋〕程颢、程颐:《易传序》,《二程集》,北京:中华书局,1981年,第689页。
④ 朱汉民:《论程颐易学对王弼之学的继承》,《齐鲁学刊》2010年第1期。
⑤ 〔魏〕王弼著,楼宇烈校释:《周易略例·明卦适变通爻》,《王弼集校释》,北京:中华书局,1980年,第604页。

根本谈不上的"①。程颐反对王弼在面对客观情势时的消极无为，主张循理而为。

程颐又将王弼的"以卦为时"改变为"以卦为事"，指出："夫卦者事也，爻者事之时也。分三而又两之，足以包括众理，引而伸之，触类而长之，天下之能事毕矣。"②在程颐看来，卦反映了人们面临的客观境遇，爻反映了个体随时变易的应对措施。程颐说："看易，且要知时。凡六爻，人人有用。圣人自有圣人用，贤人自有贤人用，众人自有众人用，学者自有学者用；君有君用，臣有臣用，无所不通。"③在程颐看来，周易对每个人都有价值，关键是看他能否主动地实现自身与易学天人之学的视域交融。君子应该知时识势、识时知变。

即使一个人贵为君王，也应该学会变通。程颐在解释《屯卦》九五爻辞"九五，屯其膏，小贞吉，大贞凶"时，说："人君之尊，虽屯难之世，于其名位，非有损也。唯其施为有所不行，德泽有所不下，是屯其膏，人君之屯也。既膏泽有所不下，是威权不在己也。威权去己，而欲骤正之，求凶之道，鲁昭公、高贵乡公之事是也。故小贞则吉也。"④他认为，鲁昭公、高贵乡公正是因为不知时，不会变通，才落得个身亡国丧的结局。如果人们"能够懂得《易》理，也就能随时变动使自己的行动符合人情物理"⑤。

即使面对不利局面，君子也应该守节。程颐在解释《困卦》彖辞"险以说，因而不失其所亨，其唯君子乎！"时，说："虽在困穷艰险之中，

---

① 杨立华：《卦序与时义：程颐对王弼释〈易〉体例的超越》，《中国哲学史》2007年第4期。
② 〔宋〕程颢、程颐：《二程集》，北京：中华书局，1981年，第718页。
③ 〔宋〕程颢、程颐：《河南程氏遗书》卷第十九，《二程集》，北京：中华书局，1981年，第249页。
④ 〔宋〕程颢、程颐：《周易程氏传》卷第一，《二程集》，北京：中华书局，1981年，第717页。
⑤ 杨东：《王弼易与伊川易之比较——关于〈周易〉的体例与原则》，《周易研究》2004年第5期。

乐天安义，自得其说乐也。时虽困也，处不失义，则其道自亨，困而不失其所亨也。能如是者，其唯君子乎！"①君子之所以要独善其身，只是因为客观情势不允许，而并非放弃了对家国天下和谐通泰的追求。君子的行事不仅要问是否合乎义，还要看主客观情势。他在解释《坤卦》六三象辞"象曰：含章可贞，以时发也"时，说："然义所当为者，则以时而发，不有其功耳。不失其宜，乃以时也，非含藏终不为也。"②如果时机合适，君子就应大展抱负。

在程颐看来，要成就圣贤境界，君子还要玩味圣人气象。气象"是主体对于对象的主观体验和感受，通过比喻、形容的方式表达出来，这种思维方式的特点往往是'书不尽言，言不尽意'的"③。程颐说："学者不学圣人则已，欲学之，须熟玩味圣人之气象，不可只于名上理会。如此，只是讲论文字。"④所谓"玩味圣人气象"，就是要求学者理会圣人的人格气象。他再三强调要学生了解圣贤气象，在回答谢天申"'温故而知新'如何'可以为师'"的问题时，他说："凡看文字，非是只要理会语言，要识得圣贤气象。"⑤玩味、理会和识得，都是要求不仅要学生了解圣贤气象，还应该效法圣贤。他说："凡看《语》、《孟》，且须熟玩味，将圣人之言语切己，不可只作一场话说。人只看得此二书切己，终身尽多也。"⑥所谓切己，即实现自身与先秦儒学宗师的思想对话，即以自身体会对照儒门义理，即见贤思齐。因此，在研习经典时，我们既要

---

① 〔宋〕程颢、程颐：《周易程氏传》卷第四，《二程集》，北京：中华书局，1981年，第941页。
② 〔宋〕程颢、程颐：《周易程氏传》卷第一，《二程集》，北京：中华书局，1981年，第709页。
③ 姜广辉：《理学与中国文化》，上海：上海人民出版社，1994年，第284页。
④ 〔宋〕程颢、程颐：《河南程氏遗书》卷第十五，《二程集》，北京：中华书局，1981年，第158页。
⑤ 〔宋〕程颢、程颐：《河南程氏遗书》卷第二十二上，《二程集》，北京：中华书局，1981年，第284页。
⑥ 〔宋〕程颢、程颐：《河南程氏遗书》卷第二十二上，《二程集》，北京：中华书局，1981年，第285页。

理会文字背后的义理,更要在道德实践中效法圣人。

在人格气象方面,君子具有特有的气度。程颐说:"君子不欲才过德,不欲名过实,不欲文过质。才过德者不祥,名过实者有殃,文过质者莫之于长。"① 君子重视修德,希望能够达到名实相符、文质兼美的境界。君子乐于循理,并以成就圣贤境界为自己的人生追求。程颐说:"人皆可以至圣人,而君子之学必至于圣人而后已。"② 要成为圣人,君子首先要成为颜子那样的贤人。

二、贤人境界与胸襟

与程颢更多关注颜子与孔子在境界上的近似处不同,程颐将关注点放在颜子和孔子在境界上的差异处。程颐之所以要这样做,目的在于提醒道德主体不可自满,要以成就圣人境界为最终目标。

(一)勉而后中的贤者

在程颐看来,孔子已臻圣人之化境,而颜子尚属有心有为的贤人境界。程颐说:"视听言动皆礼矣,所异于圣人者,盖圣人则不思而得,不勉而中,从容中道,颜子则必思而后得,必勉而后中。"③ 程颐认为,对贤人来说,思和勉都是达到圣人境界必不可少的修养工夫;而圣人"不思而得,不勉而中",则无须经过修养,即可达到天地境界。

---

① 〔宋〕程颢、程颐:《河南程氏遗书》卷第二十五,《二程集》,北京:中华书局,1981年,第320页。
② 〔宋〕程颢、程颐:《河南程氏遗书》卷第二十五,《二程集》,北京:中华书局,1981年,第318页。
③ 〔宋〕程颢、程颐:《颜子所好何学论》,《二程集》,北京:中华书局,1981年,第578页。

程颐认为，颜子离圣人境界最近，只有毫发之间的距离，因此，颜子是亚圣。与颜子不同，孟子只是贤人。程颐明确说："孟子却宽舒，只是中间有些英气，才有英气，便有圭角。英气甚害事。如颜子便浑厚不同。颜子去圣人，只毫发之间。孟子大贤，亚圣之次也。"①从孔、颜、孟的人生境界来看，孔子最高，颜子其次，孟子最低。

程颐批评了汉儒，说："东汉人士尚名节，加之以明礼义，则皆贤人之德业矣。"②在他看来，虽然东汉士人有气节，却不明礼义。如果他们能够明白礼义，就能够达到贤人境界。

（二）孔、颜在人格气象上的差异

首先，在天分上，孔子和颜回确有差异。程颐说："颜子所言不及孔子。'无伐善，无施劳'，是他颜子性分上事。孔子言'安之，信之，怀之'，是天理上事。"③（孔子将"老者安之，朋友信之，少者怀之"作为自己的志向。程颐曾经四次对此做了阐释，分别记载在以下各处：《遗书》卷第六有一条，《遗书》卷第九有两条，《遗书》卷第二十二上有一条。此语见于《遗书》卷第六，语脉和思理与其他几条相似，当为程颐语）程颐认为，孔子是生而知之，无须后天的修养工夫，就能够循理而为，就可以成己、成人、成物。因此，要区分一个人是否有圣贤气象，"最根本的一条是，求道、明理、遵循规律做事发言"④。程颐说："先观子路、颜渊之言，后观圣人之言，分明圣人是天地气

---

① 〔宋〕程颢、程颐：《河南程氏遗书》卷第十八，《二程集》，北京：中华书局，1981年，第196-197页。
② 〔宋〕程颢、程颐：《河南程氏粹言》卷第一，《二程集》，北京：中华书局，1981年，第1202页。
③ 〔宋〕程颢、程颐：《河南程氏遗书》卷第六，《二程集》，北京：中华书局，1981年，第87页。
④ 姜锡东：《论"圣贤气象"——宋代朱熹、吕祖谦〈近思录〉研究之一》，《河北学刊》2006年第1期。

象。"① 若是先思考子路和颜渊的言论,再和孔子的言论相比较,我们就能看出圣人和贤人的不同气象。可见,在循理方面,圣人与贤人之间确有差异。

其次,颜回和孔子的区别还表现在识量上。程颐说:"大凡别事人都强得,惟识量不可强。今人有斗筲之量,有釜斛之量,有钟鼎之量,有江河之量。江河之量亦大矣,然有涯,有涯亦有时而满,惟天地之量则无满。故圣人者,天地之量也。圣人之量,道也。常人之有量者,天资也。天资有量者,须有限。"② 识量即见识,在这方面,圣人和贤人的表现也大有不同。圣人已臻天地境界,所以具有最大的识量;因为天资愚钝,所以常人的识量也有限。因此,要成就圣贤境界,就要扩大自己的识量。

最后,孔子已达顺理无为之化境,颜子尚存有心有为之"迹"。程颐说:"'愿无伐善',则不私矣;'无施劳',则仁矣。颜子之志,则可谓大而无以加矣。然以孔子之言观之,则颜子之言出于有心也。至于'老者安之,朋友信之,少者怀之',犹天地之化,付与万物,而已不劳焉。此圣人之所为也。今夫羁勒以御马,而不以制牛,人皆知羁勒之制在乎人,而不知羁勒之生由于马。圣人之化,亦犹是也。"③(牟宗三先生判为程颐语,见《心体与性体》中册第 204 页)可见,颜子尚有勉力而为之痕迹,而孔子已达顺理无为之化境。

总之,无论在人生境界上,还是在人格气象上,颜子均与孔子有较大差距。因此,即使一个人已经成为君子,也不能满足,而应当把达致圣人境界作为最终目标。

---

① 〔宋〕程颢、程颐:《河南程氏遗书》卷第二十二上,《二程集》,北京:中华书局,1981年,第288页。
② 〔宋〕程颢、程颐:《河南程氏遗书》卷第十八,《二程集》,北京:中华书局,1981年,第192页。
③ 〔宋〕程颢、程颐:《河南程氏外书》卷第三,《二程集》,北京:中华书局,1981年,第368页。

三、天人合一的圣人境界、气象

与程颢主张天人本一不同,程颐更多强调了天人之间的张力。他说:"所谓'人者天地之心',及'天聪明自我民聪明',止谓只是一理,而天人所为,各自有分。"① 到了南宋,朱熹赞许了程颐天人有分的说法,指出:"程子说赞化育处,谓天人所以各自有分,说得好。"② 因为天人是相互分离的,所以,格物致知等向外探求的工夫进路就变得必不可少了;而道德修养的最高目标,也就是达到天人合一的圣人境界。在解释《乾卦·文言传》中的"乾元用九,乃见天则"时,程颐说:"天之法则谓天道也。……尽其道者圣人也。"③ 在人格气象上,程颐"所推崇的'圣贤气象',不仅仅具有心忧天下、救时行道的一面,同时还有洒落自得、闲适安乐的另一面"④。

(一)自觉循理的圣人境界

所谓"天人合一",即个体要自觉遵循天理的要求。达到这一境界的人,也是自觉循理的圣人。圣人可以体察万物,能够体味到"从心所欲不逾矩"的自由感,他们的自由来源于对天理的认知和循顺。程颐在解释《豫卦·象辞》中的"天地以顺动,故日月不过而四时不忒;圣人以顺动,则刑罚清而民服"时,说:"天地之运,以其顺动,所以日月之度不过差,四时之行不愆忒;圣人以顺动,故经正而民兴于

---

① 〔宋〕程颢、程颐:《河南程氏遗书》卷第十五,《二程集》,北京:中华书局,1981年,第158页。
② 〔宋〕黎靖德:《朱子语类》卷第六十四,北京:中华书局,1986年,第416页。
③ 〔宋〕程颢、程颐:《周易程氏传》卷第一,《二程集》,北京:中华书局,1981年,第703页。
④ 朱汉民:《圣贤气象与宋儒的价值关怀》,《湖南大学学报(社会科学版)》2009年第6期。

善，刑罚清简而万民服也。"① 在与物同体的圣人的视野中，天地与自身是浑然一体、无法区分内外的。程颐说："圣人之心，未尝有在，亦无不在，盖其道合内外，体万物。"② 到了这一境界，"所有的规范、规律不再是对人的一种束缚，而是潜移默化成内在思想、行为的方式、方法"③。

在达到这一境界之后，我们就不会再区分内外。程颐说："人多言天地外，不知天地如何说内外，外面毕竟是个甚？"④（黄宗羲定为程颐语，见《宋元学案》第629页）他认为，人应该觉解自己在宇宙中的地位。既然人是天地中的一部分，那么，区分内外就变成不必要的了。因为圣人不区分内外，所以，他们虽然有情，却不会被外物扰乱。他说："圣人于忧劳中，其心则安静，安静中却是有至忧。"⑤（黄宗羲定为程颐语，见《宋元学案·伊川学案》第632页）即使面对纷繁复杂的外物，圣人也可以不动心。

（二）仁者与圣人的差异

与程颢一样，程颐也追求仁者境界。程颐说："仁则一，不仁则二。"⑥ 二人都认为，在圣人境界中，个体可以获得仁者之乐。不同之处在于，

---

① 〔宋〕程颢、程颐：《周易程氏传》卷第二，《二程集》，北京：中华书局，1981年，第779页。
② 〔宋〕程颢、程颐：《河南程氏遗书》卷第三，《二程集》，北京：中华书局，1981年，第66页。
③ 李煌明：《"孔颜之乐"——宋明理学中的理想境界》，《中州学刊》2003年第6期。
④ 〔宋〕程颢、程颐：《河南程氏遗书》卷第二上，《二程集》，北京：中华书局，1981年，第35页。
⑤ 〔宋〕程颢、程颐：《河南程氏遗书》卷第六，《二程集》，北京：中华书局，1981年，第91页。
⑥ 〔宋〕程颢、程颐：《河南程氏遗书》卷第三，《二程集》，北京：中华书局，1981年，第63页。

程颢更强调仁者与圣人的共通之处,而程颐更强调仁者与圣人在境界上的差异。在这方面,程颐继承了孔子对圣人和仁者的区分。《论语·雍也》载:

子贡曰:"如有博施于民而能济众,何如?可谓仁乎?"子曰:"何事于仁,必也圣乎!尧舜其犹病诸!夫仁者,己欲立而立人,己欲达而达人。能近取譬,可谓仁之方也。"

就孔子而言,"仁是人人可以做到的,……至于圣,必须'博施于民而能济众',那就是尧舜也难以完全做到的。"① 与孔子一样,程颐也将圣人和仁者做了区分。"盖仁可以通上下言之,圣则其极也。圣人,人伦之至。伦,理也。既通人理之极,更不可以有加。若今人或一事是仁,亦可谓之仁,至于尽仁道,亦谓之仁,此通上下言之也。……大抵尽仁道者,即是圣人,非圣人则不能尽得仁道。"② 程颐认为,仁可以通上下而言,既可以是道德行为背后的人道本体,又可以是具体的伦理范畴。从本体上看,仁者境界和圣人是相通的;从道德范畴来看,圣人是"尽得仁道"的人格典范,而"仁"仅仅是圣人的诸多品德之一。

程颐认为"天地人只一道也。才通其一,则余皆通。如后人解易,言乾天道也,坤地道也,便是乱说。论其体,则天尊地卑;如论其道,岂有异哉?"③ 他认为,天地人都是天理的展现方式,天道、地道和人道也是相通的。

(三)同天之乐

程颐曾经向弟子讲起他问学于周敦颐的情形,说:"昔吾受《易》于

---

① 张岱年:《中国伦理思想研究》,上海:上海人民出版社,1989年,第221页。
② 〔宋〕程颢、程颐:《河南程氏遗书》卷第十八,《二程集》,北京:中华书局,1981年,第182页。
③ 〔宋〕程颢、程颐:《河南程氏遗书》卷第十八,《二程集》,北京:中华书局,1981年,第182-183页。

周子，使吾求仲尼、颜子之所乐。要哉此言！二三子志之！"①周子教导程颐要求孔颜乐处。所谓孔颜乐处，就是与物同体的天人合一的快乐。程颐说："圣人诚一于天，天即圣人，圣人即天。"②实际上，孔颜乐处"是一个人生理想，也是一个理想境界的问题"③。就圣人而言，同天之乐是其在人格气象上的表现；就贤人来讲，不论身处贫贱还是富贵，颜子都能自得其乐。如果个体能够达到颜子的境界，就能自得其乐。若是能够达致孔子的境界，个体就可以享受到同天之乐。

程颐通过比较子路、颜子和孔子的人格气象的差异，凸显了孔子的圣人气象。他说："子路曰：'愿车马、衣轻裘与朋友共，敝之而无憾。'此勇于义者。观其志，岂可以势利拘之哉？盖亚于浴沂者也。颜渊'愿无伐善，无施劳'，此仁矣，然尚未免于有为，盖滞迹于此，不得不尔也。子曰：'老者安之，朋友信之，少者怀之。'此圣人之事也。颜子，大贤之事也；子路，有志者之事也。"④（此语应为程颐所说）在他看来，子路只能够和志同道合的朋友合，尚处于功利境界；颜子有善举而不夸耀，有功劳也不自矜，已达到道德境界；孔子能够了解对方的分位，进而助其成就自我，已臻天地境界。在《四书章句集注》中，在谈及子路、颜子等人的气象与孔子的差异时，朱熹引用了程颐的言论，并说："三子犹春夏秋冬之各一其时，孔子则大和元气之流行于四时也。"⑤

通过上述比较，我们可以清晰地看出孔子的圣人气象、颜子的贤人气象和子路的君子气概。程颐又说："申申是和乐中有中正气象，夭夭是舒泰气象，此皆弟子善形容圣人处也。为申申字说不尽，故更着夭夭字。

---

① 〔宋〕程颢、程颐：《河南程氏粹言》卷第一，《二程集》，北京：中华书局，1981年，第1203页。
② 〔宋〕程颢、程颐：《河南程氏经说》，《二程集》，北京：中华书局，1981年，第1158页。
③ 陈来：《宋明理学》（第二版），上海：华东师范大学出版社，2004年，第34页。
④ 〔宋〕程颢、程颐：《河南程氏遗书》卷第九，《二程集》，北京：中华书局，1981年，第107页。
⑤ 〔宋〕朱熹：《四书章句集注》，北京：中华书局，1983年，第316页。

今人不怠惰放肆,必太严厉,严厉时则着此四字不得,放肆时亦着此四字不得。除非是圣人,便自有中和之气。"①孔子在家安居时,穿着整齐得体,举动中正舒泰,因此,弟子用申申、夭夭来形容孔子的人格气象。正因为圣人禀受了中和之气,才能有行事中正、举止舒畅安宁的天地气象。

在程颐看来,圣人能够自觉遵循天理的要求,是"与理为一"的人格典范;而天地气象正是圣人境界的外在表现。他说:"天之法则谓天道也。……尽其道者圣人也。"②天道是天理的体现,而天理又是程颐境界哲学的价值来源。他说:"圣人与理为一,故无过,无不及,中而已矣。"③圣人能够践形,处事能够合乎天理。以今人的眼光观之,二程提倡"即事尽天理",因而"归根到底是自我超越的境界论者"④。

在程颐看来,圣人不是离世独处的逍遥汉,而是化民成俗、关注天下太平。他说:"圣人在下,虽已显而未得位,则进德修业而已。"⑤他认为,在处于逆境时,圣人进德修业,致力于提升自我的道德境界。由此,蒙培元先生认为,程颐的"'天人合一'实际上是一种精神境界,其所以能够实现这种境界,是由于人在精神上达到了完全的超越,实现了真正的自觉"⑥。从内圣层面来看,蒙先生言之甚是。

在实现"内圣"之后,圣人就会关注外王。正如杨国荣先生所云:"个体总是存在于社会生活中,在这一过程中他不仅应当具有内圣的德性,而且应该赋予生活过程以广义的历史内容,后者所涉及的便是

---

① 〔宋〕程颢、程颐:《河南程氏遗书》卷第十八,《二程集》,北京:中华书局,1981年,第216页。
② 〔宋〕程颢、程颐:《周易程氏传》卷第一,《二程集》,北京:中华书局,1981年,第703页。
③ 〔宋〕程颢、程颐:《河南程氏遗书》卷第二十三,《二程集》,北京:中华书局,1981年,第307页。
④ 蒙培元:《心灵超越与境界》,北京:人民出版社,1989年,第435页。
⑤ 〔宋〕程颢、程颐:《周易程氏传》卷第一,《二程集》,北京:中华书局,1981年,第705页。
⑥ 蒙培元:《理学范畴系统》,北京:人民出版社,1989年,第434页。

外王。"①原因是"内圣"仅仅是个体的安身立命，要实现天下大治，还需要一步一步推衍。程颐说："天下之治，正家为先。天下之家正，则天下治矣。"②黄俊杰先生把程颐的这一思想解读为身体观，认为"在儒家思想里，'我的身体'经由一套程序，可以延伸扩大而为'社会的身体'与'国家的身体'"③。由此可见，圣人应该通过道德表率来化民成俗。程颐说："圣人以常久之道，行之有常，而天下化之以成美俗也。"④在他看来，民众的道德养成无法一蹴而就。又说："人之进于贤德，必有其渐，习而后能安，……故善俗必以渐也。"⑤

需要说明的是，程颢和程颐所追求的人格境界是大体相同的，二人都看到了圣人、贤人在境界上的差异，都主张以内圣来实现外王，都讲求圣贤气象。但是，二程在人格境界上也存在着细小的差异。因此，在分析理学境界论的特点和流派时，陈来先生才会说："宋明理学中围绕着这一问题有两种不同意见，一派是周濂溪、程明道开始的洒落派，另一派是伊川与朱子代表的敬畏派。前一派主张寻孔颜之乐，有与点之意，求洒落胸次；后一派则主张敬畏恐惧，常切提撕，注重整齐严肃。"⑥

从人格气象上来看，程颢和程颐也是异中有同、同中有异的：程颢待人宽和豁达，程颐待人庄重严肃。虽然外在的人格气象确有差异，可是，他们所追求的圣贤境界却有相同之处。在日常生活中，程颢表

---

① 杨国荣：《儒家视阈中的人格理想》，《道德与文明》2012年第5期。
② 〔宋〕程颢、程颐：《河南程氏经说》卷第三，《二程集》，北京：中华书局，1981年，第1046页。
③ 黄俊杰：《东亚儒学史的新视野》，上海：华东师范大学出版社，2008年，第288页。
④ 〔宋〕程颢、程颐：《周易程氏传》卷第三，《二程集》，北京：中华书局，1981年，第862页。
⑤ 〔宋〕程颢、程颐：《周易程氏传》卷第四，《二程集》，北京：中华书局，1981年，第974页。
⑥ 陈来：《宋明理学》（第二版），上海：华东师范大学出版社，2004年，第195页。

现出的是与物同体的圣人气象，而程颐则表现出注重践履的贤人气魄。然而，由于二人所追求的最高人生境界都是圣人境界与天地气象，所以，到了晚年，程颐也表现出平易可亲的圣人气象，只是缺少从容之气象。笔者认为，二程人格气象的差异，根源在于他们在思想上存在异同之处。不仅程颢和程颐自身已经有所察觉，就连二程弟子已有清醒认识。

笔者认为，程颢和程颐的人格气象差异，正是其所追求的境界哲学的现实化。程颐说："存诸中为德，发于外为行。"[①] 笔者认为，二程体味到的孔颜之乐是中，而他们展现出来的不同人格气象则是外。因此，对他们人格气象差异的评价不能浮于表面，要能认识到内在的原因。程颐说："德之成，其事可见者行也。德成而后可施于用。"[②] 如果一个人达到圣贤境界，就会在待人接物上充分体现出来。可见，只有道德修养进行到一定境界，个体的人格气象才能有外在的变化。正如庞万里先生所云："气象主要是指圣、贤们内在精神境界的外在流露和表现，气象来自于他们对性与天道的领悟和修养的工夫。"[③]

以今人的眼光观之，圣贤气象也有政治意味。以圣贤气象为基础，政治家可以施行仁政，并在政治品德上表现出视民如伤、为民父母之特色。在历史上，宋仁宗赵祯体恤民情、爱惜民力，可谓有圣贤气象。在大臣中，司马光撰写《资治通鉴》，希望为万世开太平，也有圣贤气象。到了今天，圣贤气象也可以在干部政德教育、修身养性等方面发挥思想资源的作用。

---

① 〔宋〕程颢、程颐：《周易程氏传》卷第四，《二程集》，北京：中华书局，1981年，第1006页。
② 〔宋〕程颢、程颐：《周易程氏传》卷第一，《二程集》，北京：中华书局，1981年，第704页。
③ 庞万里：《二程哲学体系》，北京：北京航空航天大学出版社，1992年，第288页。

总体来看，程颢和程颐为了解决当时社会出现的诸多问题，在易学视域中建构起了自身的理学体系。在历史上，这一理学体系在维系社会秩序、形成良善社会风气、展现文化软实力等方面，发挥了不可忽视的正面价值。但是，该体系也有着历史局限性，因而需要进行现代审视。

第五章
二程的历史地位、后世影响及现代价值

在易学的视域中,程颢和程颐涵摄吸收了已有的儒家典籍和前人研究成果,将天理作为天道与性命相贯通、兼有宇宙本体和价值本体意涵的最高范畴,"从而为传统儒家思想提供了一个既超越又现世的、形而上的依据,完成了理学体系的一元论的理论建构"[①]。需要说明的是,在建构理学体系时,程颢和程颐也吸收了佛道二教的思想精华。尽管如此,二程依然因其鲜明的儒学立场和浓重的现实关切,成为影响深远的宋代大儒。

站在儒家文化的立场看,程颢和程颐等"理学家都是融佛入儒、复兴儒学的积极探索者,他们一方面坚定地站在儒学的立场,视佛老为异端而大加批判,极力维护儒学的正宗地位。另一方面又出入于佛老,以儒学为本位对佛学心性论进行研究,在注经、发明儒经义理的形式下,大量地摄取佛学的思辨成果,力图建立起一个以心性为核心的哲理化的儒学"[②]。程颢和程颐出入佛老、返归六经的思想探索过程,不但是其了解佛道二教思想资源的过程,更是其坚守儒学文化主体性的具体表现。

[①] 徐洪兴:《二程论"仁"和"礼乐"》,《云南大学学报(社会科学版)》2006年第4期。

[②] 李作勋:《儒佛交融与朱熹心性论的形成》,《贵州社会科学》1997年第2期。

而易学又在这一探索过程中，承担着提供理论基础和价值指导的重要作用。

在笔者看来，程颢和程颐在建构理学体系的过程中，最重要的还是在易学天人之学的宏大视域中，以贯通天人、造就善治为价值追求，阐扬儒门固有的宇宙图景、性命之理、功夫论、理想人格与理想人生。在这一过程中，佛道二教的思想精华发挥的仅仅是提供思想资源、理论观照等有限作用。以程颢为例，尽管他出入佛道，可是，最终还是返归六经。程颢的思想探索过程，说明他既有儒学的文化主体性，又能够吸取外来文化的优长。可见，一旦离开了易学的框架，程颢的思想探索就无法顺利完成。再看程颐，尽管他的天理论在理论形式上与佛教华严宗本体论有共性，可是，这些共性只是表面上的。质言之，理学与佛教在价值追求、现实关切等方面的差异，可谓天壤之别。因此，程颐的天理论实质上也是以易学天人之学为理论指导的。

可见，程颢和程颐对佛教既有批判，也有借鉴。这些借鉴是他们在易学的框架下，出入佛老、返归六经的心得，无碍于他们成为理学奠基人。

第一节 二程的历史地位

作为理学奠基人，二程不仅在易学史上具有重要地位，而且在理学史上也具有承前启后的作用。

就承接前人而言，程颢和程颐在孟子之后，接续了儒门道统。朱熹认为，在道统失传上千年之后，"宋德隆盛，治教休明。于是河南程氏两夫子出，而有以接乎孟氏之传"[①]。在朱熹看来，程颢和程颐接续了儒家道统，是儒学发展史上的里程碑式人物。钱穆先生说："在北宋理学中，

---

① 〔宋〕朱熹：《四书章句集注》，北京：中华书局，1983年，第2页。

若无二程,仅有濂溪、横渠,恐将不获有广大之传,而理学之名,亦恐不得成立。"①

在程颢和程颐之后,他们的弟子在各处传播洛学,并结合地域特点和当时的社会需要,形成了多个特色鲜明的学派。例如,谢良佐、胡安国等人在两湖地带收徒讲学,最终形成了以胡宏为杰出代表的湖湘学派。例如,周行己、刘安节等人来到浙江讲学,最后发展出以薛季宣、叶适等人为代表的永嘉学派。例如,杨时、游酢等人入闽讲学,最终形成了以朱熹为代表人物的闽学。再如,谯定、马涓等人在蜀地传播洛学,最终创立了以谯定为代表的涪陵学派。此外,心学大儒陆九渊也受到程颢思想的重要影响。可以说,程颢和程颐作为理学的奠基人,为宋代乃至以后的理学发展,奠定了坚实的基础。

客观地说,二程的理学思想不止有成功之处,也存在某些缺憾。成功之处受到了后人的阐扬,而缺憾之处也得到了后人的修补。

一、二程在易学史上的地位

在易学史上,二程具有重要地位。《遗书》中记载的程颢研易、释易语录,有助于我们了解程颢易学在历史上的地位;而《周易程氏传》则突出代表了程颐在易学史上的重要地位。《周易程氏传》"在后世享有盛名,被列为官学科举考试的规定内容"②。

由于没有大部头著作,程颢的易学思想没能得到应有的重视。而其弟程颐的《周易程氏传》又太过有名,所以,程颢易学的光芒被遮盖了。牟宗三先生曾经不无惋惜地感叹说:"如是,明道乃成隐形者,义理之实全在伊川,以伊川概括二程,以为伊川即足以代表二程矣。"在对"生生

---

① 钱穆:《朱子学提纲》,北京:生活·读书·新知三联书店,2002年,第20页。
② 姜广辉:《中国经学思想史》第三卷(上),北京:中国社会科学出版社,2010年,第478页。

之谓易"的解读上,在对性命之理的阐扬上,在对"即事尽天理"的阐释上,程颢的易学都展现出了全新的易学观。这一易学观在后世产生了重大影响。例如,王阳明说:"良知即是易。……见得透时便是圣人。"①王阳明的这一思想在理论架构和阐释方式两方面,都受到了程颢"即事尽天理"思想的影响。程颢的易学思想非常重要,可是学界的研究却远远不够。在知网上,以"程颢易学"为关键词进行检索,仅能发现6篇论文。在今天,我们应该重视程颢易学,以便还其应有的历史地位。

与程颢不同,程颐倾注毕生心血,写成了《周易程氏传》这一义理派解易巨著。在该书中,程颐借鉴了由王弼首倡的义理派解易思路,批判了拘泥于象数的汉易,提出了"天下之理莫善于中""随时取义"和"随时变易以从道"等易学观点,形成了"与理为一"的易学理想人格与理想人生。在易学史上,"程颐通过对《周易》的解说,以思辨性的哲学论证新儒家伦理,促使当时的学风发生了根本性的转变,为宋代理学思潮的兴起奠定了基础"②。可以说,程颐随时取义以从道的易学观在中国易学史上具有不可替代的重要地位。

在谈及程颐易学的历史地位时,清人皮锡瑞说:"程子于《易》,颇推王弼,然其说理,非弼所及!且不杂以老氏之旨,尤为醇正。顾炎武谓见《易》说数十家,未见有过于程《传》者,以其说理为最精也。"③在总论易学的义理派时,《四库全书总目提要》说:"王弼尽黜象数,说以老、庄,一变而为胡瑗、程子,始阐明儒理。"④《四库全书》馆臣的评价,恰当地凸显了程颐在易学史上的重要地位。程颐在易学史上的地

---

① 〔明〕王阳明:《传习录》(下),载《王阳明全集》卷三,上海:上海古籍出版社,1992年,第125页。
② 朱汉民:《程颐易学的特点及其在中国易学史上的地位》,《周易研究》1994年第1期。
③ 〔清〕皮锡瑞:《经学通论》北京:中华书局,1954年,第27页。
④ 〔清〕纪昀等:《钦定四库全书总目》,北京:中华书局,1997年,第3页。

位不仅得到了古人的高度肯定,而且也得到了今人的高度评价。

在吕绍纲先生看来,《周易程氏传》是理学家难以逾越的高峰。吕先生说:"伊川的《周易程氏传》直接孔子的解《易》传统,是以理学解《易》的代表之作。如果没有哪个解释体系超脱理学,则伊川斯作必为义理解《易》传统笼罩下难以逾越的高峰。"① 可见,程颐易学确实在历史上具有重要地位。

在今天,我们不仅应该深入研究程颢易学,以还其应有的历史地位,还应当对其进行创造性转化和创新性解释,以便更好地为当今社会服务。

二、二程在理学史上的地位

在哲学史上,程颢和程颐的理学思想具有承上启下、继往开来的里程碑意义。儒学复兴由韩愈、柳宗元发端,并经宋初三先生、周敦颐、邵雍、张载等学者进一步推进,最终由程颢和程颐阶段性地完成任务。经过程颢和程颐的努力,天理能够"以形而上的终极存在来支撑起儒家价值体系、知识体系的大厦"②。

与周敦颐的"太极"和张载的"气"相比,程颢和程颐所提出的天理具有更强的本体意味和更高的抽象性。赖永海先生认为,天理本体意味的出现,明显是"受佛教本体论思维模式的影响"③。在笔者看来,二程是在易学的框架下,涵摄佛教的思想精华。程颢和程颐将天理作为万物化生的本体依据和人伦道德的价值根基,为后世儒家的本体研究确

---

① 吕绍纲:《〈周易〉的哲学精神——吕绍纲易学文选》,上海:上海古籍出版社,2005年,第288页。
② 张岂之主编,朱汉民分卷主编:《中国思想学说史》(宋元卷),桂林:广西师范大学出版社,2008年,第198页。
③ 赖永海:《佛学与儒学》,杭州:浙江人民出版社,1992年,第28页。

立了新的范式。正如朱汉民先生所云:"二程一方面将宇宙主宰的'天'与人文法则的'理'统一起来,另一方面则是将超越存在的天理与个人内在的人性统一起来,从而确立了儒家人文之道的形上依据,实现了儒家人文信仰的重建。"① 不只是本体论,程颢和程颐还为其后的理学家奠定了心性探讨、修养工夫、境界追求等方面的哲学范畴和研究范式,因而具有承上启下的里程碑意义。

此外,程颢和程颐对孔颜乐处的追问,也具有重要价值。向世陵先生认为,程颢对孔颜之乐的追求,在哲学史上具有重要意义,原因是"说明这个'所乐者何事'及'吟风弄月以归',对于理学的发生发展具有十分重要的意义"②。从哲学史上看,孔颜乐处"既是一种精神境界,又是一个学说体系,给汉唐以来日渐奄无生气的儒学注入了新的活力,使儒学自身及其发展呈现出活泼泼的气象"③。如前所述,孔颜乐处将汉儒的入世情怀与玄学家的个性自由结合起来,将个体安身立命与社会层面的秩序重建做了对接。因此,我们将二程尊为理学奠基人,并非过誉之辞。

尽管程颢和程颐的天理论在历史上具有承前启后之功,但是,他们的天理论也存在着内在缺陷。钱穆先生说:"若论宇宙本体万物原始,形而上学面,二程似无积极贡献,大体思路,不出濂溪、百源、横渠三家之范围。"④ 张立文先生认为,天理的寂然不动和内在于万物之理的盛衰、生灭之间也存在着矛盾。张立文先生分析说:"'理'有盛、有衰、有生、有止息等运动变化的形式,又有盛中有衰、衰中有盛等相对的辩证关系。这种辩证相对性便破坏着形而上理的独一无二、不生不灭的永恒性、绝

---

① 朱汉民:《二程天理论的文化意义》,《湖南大学学报(社会科学版)》2001年第4期。
② 向世陵:《儒家人文精神与快乐境界》,《河北学刊》2006年第4期。
③ 杨柱才:《孔颜乐处与天地境界——从"接着讲"看冯友兰的境界观》,《南昌大学学报(人社版)》2000年第2期。
④ 钱穆:《中国学术思想史论丛》(五),台北:东大图书有限公司,1984年,第113页。

对性。"① 二程天理论的这一缺陷,最终由朱熹做了弥补。

第二节　二程思想的后世影响

在后世,不仅程颢和程颐的易学解释范式产生了重大影响,而且他们的理学思想也发挥了巨大的历史作用。

一、易学解释范式的影响

首先,二程借助易学研究来建构理学体系的易学解释范式对后世产生了不小的影响。

程颢和程颐通过易学研究,阐发了先秦儒学的精髓,涵摄了佛道思想的精华,建构了自身的理学体系。这一研究范式对后来的儒家学者产生了很大影响。在宋明时期,"许多著名哲学家,依据《周易》经传提供的思想资料,建立起自己的哲学体系"②。在当时,理学家往往是易学家,而理学家的体系建构也与其易学研究紧密关联。在易学的架构下,理学家通过对四书的解释,使"儒家不但重又获得了自身价值体系的根源性意义,而且找到了抵御和批判佛教出世主义的强有力武器"③。随着洛学的传播,而程颐在建构理学工夫论时采用的易学解释模式,也成为二程后学研习易学和建构理学体系的范式。

其次,程颐的以史解易,导致了史事宗的出现。

---

① 张立文:《宋明理学研究》,北京:人民出版社,2002年,第273页。
② 刘大钧:《〈周易〉浅说》,《山东图书馆季刊》2006年第4期。
③ 景海峰:《儒家诠释学的三个时代》,载李明辉编:《儒家经典诠释方法》,上海:华东师范大学出版社,2008年,第99页。

对于程颐的以史解易,应该从秩序重建的高度来理解。实际上,程颐是以其政治哲学来评价现实,干预现实政治,以期实现"回向三代"的政治追求。吕绍纲先生肯定了程颐在以史解易上的贡献,说:"站在义理派的立场上引史实以证经义的,应首推北宋程颐。"①"以史解易"的易学阐释模式对杨万里、李光等人产生了重大影响,导致二人发展出易学史上著名的史事宗。

最后,程颐的易学思想对宋元明清的中国社会产生了重大影响。作为义理派易学家的解易典范,程颐的《周易程氏传》成为宋元明清学易的范本,对中国社会产生了重大影响。在当时,作为科举考试的必读书,《周易程氏传》受到了学子的热情追捧和精心钻研。

二、理学思想的影响

经由朱子的继承和发挥,从南宋末年开始,程颢和程颐的理学思想"逐步上升为居为主导地位的社会意识形态,影响深远"②。到了公元1241年,程颢被封为河南伯,程颐被封为伊阳伯,均得以进入孔庙从祀。③

第一,程颢和程颐的理学思想对朱熹产生了重大影响,并由朱熹对理学进行了进一步的发展。

以心性论为例,程颢和程颐提出了以天命之性和"生之谓性"为特色的性理研究新范式,完成了自身理学心性论的建构。这一研究范式的确立,使得个体成就圣贤的价值依据、现实可能都得到了论证。程颢和程颐的人性理论"在对先秦人性论思想资料进行重新阐释与发挥的基础

---

① 吕绍纲:《〈周易〉的哲学精神——吕绍纲易学文选》,上海:上海古籍出版社,2005年,384页。
② 潘富恩:《程颢程颐评传——倡明道学 观理识仁》,南宁:广西教育出版社,1996年,前言。
③ 黄进兴:《优入圣域:权力、信仰与正当性》,北京:中华书局,2010年,第253-260页。

上又立足于其理气观加以综合与理论上的提升,在思维水平上有所突破,为此后许多理学学者所认同"①。

朱熹一方面肯定了二程心性论的价值,说:"'性即理'一语,直自孔子后,惟伊川说得尽。这一句便是千万世说性之根基!"②另一方面,朱熹对二程心性论中未能论证"性"与"理"何以能够一致的缺憾,也有明确认识。朱熹认为,太极是总体意义层面的天理,说:"总天地万物之理,便是太极。"③从易学来看,太极与阴阳相对应;从理学来讲,理则与气相对应。在谈及太极、理与阴阳、气的关系时,张立文先生说:"太极与阴阳对称,理与气对称。"④可见,朱熹"肯定太极为宇宙万物的本源且太极在于天地万物之内,阴阳二气通过流转进而转变为人性,从而无所不在的太极(理)与阴阳之气(性)实现了结合"⑤。这样一来,朱熹就为二程的本体论做了宇宙生成论方面的论证,使其更为坚实可靠。因此,钱穆先生才会说:"程门虽极尊《易传》,然终不足以光大程学。朱子于《易传》虽多持异议,而程学之光大则终赖焉。"⑥

第二,程颢和程颐的理学思想在后世产生了很大影响。

姑且不说谢良佐以觉训仁,就是受了程颢的影响,罗钦顺、湛若水和王畿等人也吸收了程颢的思想。罗钦顺对程颢的思想非常推崇,说:"愚尝遍取程朱之书,潜玩精思,反复不置。惟于伯子说,了无所疑。"⑦

---

① 朱汉民、肖永明:《宋代〈四书〉学与理学》,北京:中华书局,2009年,第126页。
② 〔宋〕黎靖德:《朱子语类》卷九十三,北京:中华书局,1986年,第2360页。
③ 〔宋〕黎靖德:《朱子语类》卷九十三,北京:中华书局,1986年,第2360页。
④ 张立文:《朱熹评传》,南京:南京大学出版社,1998年,第61页。
⑤ 姜海军:《程颐〈易〉学思想研究——思想史视野下的经学诠释》,北京:北京师范大学出版社,2010年,第289页。
⑥ 钱穆:《朱子之易学》,《朱子新学案》第四册,台北:三民书局,1971年,第17页。
⑦ 〔明〕罗钦顺:《困知记》卷上,北京:中华书局,1990年,第6页。

在罗钦顺看来,程颢所追求的浑然与物同体的仁者境界,就是天理的自然表现。湛若水也受到了程颢思想的影响,说:"仆因言学者欲学象山,不若学明道,故于时有遵道录之编,乃中正不易之的也。"① 湛若水认为,陆九渊不如明道。此外,王畿对良知的解读,也体现了程颢思想的影响。王畿说:"良知者,天地之灵气,原与万物同体。手足痿痹,则为不仁,灵气有所不贯也。"② 在程颢思想的影响下,王畿在阐述良知时,也以手足痿痹来讲仁。

相对而言,程颐的理学思想对后世的影响要大于程颢。经由朱熹的发挥,程颐的理学思想得以发扬光大,并且获得了官方的认同和推广。黄宗羲对此有明确认识,指出:"朱子得力于伊川,故于明道之学,未必尽其传也。"③ 黄氏所言甚是。从南宋起,程(主要是程颐)朱理学成为官学,对官府、士林和普通民众都产生了巨大影响。

第三,程颢和程颐对秩序重建的探索,也在宋代之后结出了果实。

一方面,在维护社会秩序、关心民众利益等方面,经朱熹发扬光大的理学,不仅对古代中国有影响,而且对古代的朝鲜、日本和越南等都发挥了很大作用。另一方面,理学也给中国社会带来了负面影响。在扼杀新思想、压制民众的反抗等方面,理学也"给中国历史带来了沉重的负担"④。例如,理欲之辨的提出,原是为了约束君权、造福民众。然而,在政治现实中,这一观点却容易异化成压制民众正当欲求和侵犯民众合法权益的武器。再如,从理论上讲,虽然程颐提出的"饿死事极小,失节事极大"初衷是为了约束男女双方,然而,在实际操作中,这一观点却变成了压制妇女、漠视妇女权益的挡箭牌。

---

① 〔明〕湛若水:《寄崔后渠司成》,《湛甘泉先生文集》,济南:齐鲁书社,1997年,第581页。
② 〔明〕王畿:《太平杜氏重修家谱序》,《王畿集》卷第十三,南京:凤凰出版社,2007年,第360页。
③ 〔清〕黄宗羲原著,〔清〕全祖望补修:《宋元学案》第一册,北京:中华书局,1982年,第542页。
④ 张立文:《宋明理学研究》,北京:人民出版社,2002年,第339页。

第三节 二程思想的现代价值

首先，在现代社会，"儒家文化已失去了它的生存条件，儒学已由原来的主流文化形态转变成为裂散的、漂浮的文化碎片，在现实处境方面也遭遇到了无法抗拒的毁灭性打击"[①]。尽管制度化的儒家已经不复存在，然而，儒家文化仍然可以在个体的安身立命和建构集体的文化家园等方面发挥积极作用。

一、理学建构范式的现代价值

目前，我们正在为实现中华民族伟大复兴而努力奋斗，而文化复兴又是民族复兴的重要组成部分。因此，在今天，我们应该既传承中华优秀传统文化，又吸收其他文化中的合理成分，以便实现中华文化的全面复兴。在当代，程颢和程颐在易学视野中阐发儒门真意，涵摄佛道二教，建构自身理学体系的研究范式，可以为中华民族文化复兴提供重要启发。

首先，程颢和程颐借助易学研究来建构理学体系的做法，对今人有启发。原因是无论是对中华优秀传统文化的创造性解释和创新性转化，还是对外来文化合理成分的吸收，都需要以合理的理论框架为前提。而易学作为中华文化的源头活水，具有天人之学的宏大视域和广阔无垠的解释空间，可以在我们古为今用、洋为中用的过程中，发挥理论指导、思维架构等正面作用。

其次，程颢和程颐对文化主体性的坚持，值得今人学习。面对佛道二教的强势冲击，目睹儒门淡漠的现实窘境，程颢和程颐坚持儒学的文化主体性，采取"知己知彼，百战不殆"的方式，出入佛道，返归六经。

---

① 苗润田：《儒学的现代性与东亚文化》，《东疆学刊》2010年第1期。

经过多年的探索，程颢和程颐在易学研究的过程中，实现了理学体系的建构。到了今天，在西方文化的侵蚀下，很多人对于儒学已有隔膜之感，丧失了以儒学安身立命的积极性。具体表现是，年轻人对圣诞节、情人节等洋节趋之若鹜，对元宵节、乞巧节等中国节日兴味寡然。在此情形下，要保持民族文化的特色，就必须坚持文化主体性。

要坚持文化主体性，就必须从传承民族文化血脉的高度入手，深刻认识传承中华优秀传统文化的必要性。与此同时，我们需要辩证把握中华优秀传统文化的历时性与共时性，站在同情之理解的立场上，对其进行创造性转化和创新性解释。与此同时，我们还要在站稳文化主体性的立场之后，积极吸纳外来文化的优长。此外，我们还要积极向海外推广中华优秀传统文化，以便提高中国的软实力。

二、易学思想的现代价值

程颢注目于天地的生化日新，对"天地之大德曰生"和"生生之谓易"加以创造性的阐释，建构起生生日新的世界。在他看来，天理是天地生化日新的本体根据。普遍性的天理落实到个体身上，就成为每个人身上的性命之理。由于天理是贯通天人的哲学范畴，所以，个体借由在生活中"即事尽天理"，就可以成就理想人格，就能过上理想人生。与此同时，程颢提倡识仁，希望借助观照万物之生机生意，感受天人关系之本然。在程颢眼里，识仁又与格物、穷理具有异曲同工之妙。借助道德修养工夫，程颢希望我们可以觉解自身在宇宙中的独特地位，并最终成为"以天地万物为一体"的仁者。如果我们成为浑然与物同体的仁者，就可以真切体会到仁者之乐。即使经历千百年的历史风霜，程颢的易学思想仍然具有现代价值。

在现代社会，个体与他人之间、个体与社会之间、人类与自然之间依然存在着巨大的张力。要想成就理想人格与理想人生，就需要我们切实下一番功夫。在现代，对于程颢的观万物生意、识仁、定性等修养工夫，都可以加以创造性转化和创新性解释。例如，观万物生意可以解释为亲近自然，暂时逃离钢筋水泥的束缚，找寻生命的本真快乐。再如，识仁也可以阐释为个体尊重生命权，善待自己和他人的生命。至于定性，则可以解释为个体找寻到自己的分位，自觉承担起家庭、社会赋予个体的责任。

不只是程颢的易学思想具有现代价值，程颐的易学思想也有广阔的解释空间。程颐认为，天地万物都以变易为其存在方式，而天理又是万物之所以会变动不居的最终依据。在程颐的视野中，置身于宇宙大化中的人类应该挺立起生命的主体性，自觉遵循天理之要求。在他看来，与理为一的天地境界是每个人都应该追寻的理想人格与理想人生。以今人的眼光观之，程颐的循理而为思想在为君王确立政治道德、对官员进行政德教育、对民众进行道德教化等方面，具有明显的政治意味。

程颐在解释《泰卦》卦辞"泰：小往大来，吉亨"时，说："以人事言之：大则君上，小则臣下，君推诚以任下，臣尽诚以事君，上下之志通，朝廷之泰也；阳为君子，阴为小人，君子来处于内，小人往处于外，是君子得位，小人在下，天下之泰也。"① 程颐讲究君臣之分，主张君臣之间应该明确各自的权力边界。在君臣关系上，他提倡君主对大臣推心置腹，大臣恪尽职守、忠君爱国。如果上下同心，就能实现天下大治。在此处，天理就具体化为君臣各自的政治权力和政治责任。在当时的历史条件下，程颐提倡"格君心之非"，把道德修养作为君臣各守分位的必要保障。在他看来，如果君主道德水准高，就会循理而为，自然也就能择贤任俊。如果大臣的道德达到一定的水准，就会自觉地恪尽职守、忠君爱国。放眼天下，如果人人都能做好自己的分内之事，就能够解决宋代社会面临的诸多问题。需要说明的是，程颐的政治哲学在走入政治实

---

① 〔宋〕程颢、程颐：《周易程氏传》卷第一，《二程集》，北京：中华书局，1981年，第753页。

践后,在君主权力逐步膨胀、限制民众政治权利、损害民众正当权益等方面,出现了与其初衷相反的情形。可是,我们不能因此否定程颐政治哲学的合理性。原因正如陈来先生所云:"政治哲学研究何种政治价值值得追求,并以此为标准推动现实政治、进行政治评价,以及以此探寻理想政治生活。"① 尽管现代社会与宋代社会在很多方面迥然不同,可是,程颐探讨的义利之辨、理欲之辨、公私之分等问题,对今人依然具有参考价值。因此,我们有必要对程颐的易学思想进行现代解读。

在现代社会,"义利之辨"表现为个体利益与公共利益之间的冲突,"理欲之辨"体现为个体欲望与社会公共利益、生态环境承载力等外在因素之间的张力,而"公私之分"则转变为个体追求与整体福利之间的矛盾。在这方面,程颐既重视个体的利益、欲望,又注重社会层面的公共利益和整体福利,力求实现二者之间的动态平衡。程颐注重个体利益与公共福利之动态平衡的价值追求,值得我们仔细体味和进行现代解读。

例如,程颐提倡道德修养的思想可以为我们做好干部政德教育提供思想资源。同理,理欲之辨可以为我们在引导民众满足物质生活需求、注重精神追求方面提供必要的思想资源。再有,义利之分可以让大家明白个体利益与集体利益之间的辩证关系,自觉维护集体利益和国家利益。可见,立足现代视角,对程颐的易学思想进行创造性转化和创新性解释,确有其必要性和可能性。

值得一提的是,二程的理学体系建构是在易学研究的过程中完成的。因此,二程的易学思想与其理学思想之间自然有着密不可分的联系。既然程颢和程颐的易学思想有着现代价值,那么,他们的理学思想也就有着不可忽视的现代意义。

---

① 陈来:《论"道德的政治"——儒家政治哲学的特质》,《天津社会科学》2010年第1期。

三、理学思想的现代价值

到了现代,程颢和程颐所创立的理学,还能在复兴民族文化、解决环境问题、促进个体修养道德等方面,提供必要的思想资源。

首先,程颢和程颐的理学思想可以促进当代中国哲学的发展。在今天,程颢和程颐一直是中国哲学界研究的热点,研究成果也层出不穷。借助对程颢和程颐思想的诠释,学界对中国哲学的理解得以深化。反过来,离开对程颢和程颐思想的研究,中国哲学的发展就会缺失重要的一环。可以说,作为中国古代哲学的巅峰,宋明理学仍然可以为当代中国哲学的发展发挥促进作用。

其次,程颢和程颐的理欲之辨,可以为我们解决环境问题提供理论指导。在今天,全球各地都面临着严重的环境问题。例如,人类自我生产与地球资源有限性、气候变暖、沙漠化、水生态环境恶化、水土流失严重、物种大灭绝、食品安全①等方面的冲突,都是人类面临的重大威胁。原因在于以物质主义、消费主义和拜金主义为核心理念的现代生活方式日渐凸显出明显的弊端。笔者认为,发源于西方的、注重感官享受的现代生活方式,既背离了个体的基本生活需要,又给地球带来了严重的负担。因此,我们应该对现代生活方式加以反思。

程颢和程颐提倡"存天理,灭人欲",把基本的物质生活需要视为天理,把肉体感性生命的奢靡享受视为人欲。在解释《节卦·象辞》中的"天地节而四时成,节以制度,不伤财,不害民"时,程颐说:"天地有节故能成四时,无节则失序也。圣人立制度以为节,故能不伤财害民。人欲之无穷也,苟非节以制度,则侈肆,至于伤财害民矣。"②在程颐看来,人的欲望是无穷的,如果放纵人们的欲望,就可能会与个体的长远

---

① 参见张立文:《儒家和合生态智慧》,《黑龙江社会科学》2013年第1期。
② 〔宋〕程颢、程颐:《周易程氏传》卷第四,《二程集》,北京:中华书局,1981年,第1006页。

利益、社会整体福利等产生矛盾。只有用制度加以节制，才不会危害公共利益。在程颐的政治哲学中，礼乐、分位等正是节制欲望、实现理想政治秩序的制度设计。

以今人的眼光来看，所谓天理，就是在物质资源有限的社会背景下，满足社会中绝大多数人的基本物质生活需要。所谓"人欲"，就是漠视社会公共利益和他人的生命权，只考虑个体的感官享受。理欲之辨是对消费主义价值观、享乐主义人生观的纠偏，是重拾健康生活方式的理论契机。于是，我们应该妥善分配资源，以满足最广大人民的基本物质生活需求为政府施政、个体行事的第一考虑。

再次，程颢和程颐的工夫论是今人修身养性的重要参考。在今天，随着市场经济的发展，肉体感性生命与精神理性生命之间的撕裂也越来越严重。一方面，人们的物质生活水平空前提高；另一方面，孤独感、无力感、疲惫感、空虚感却缠绕着很多人。从某种程度上讲，人们的精神生活贫乏与物质生活的富足相伴而行，也让人产生了吊诡之感。因此，在现代社会，要想让每个人都成为大写的人，就需要安顿人们的身心。在中国社会，要安顿人们的身心，我们就需要从以理学为杰出代表的传统文化中，寻找合适的思想资源。在这一方面，我们切不可忽视程颢和程颐的功夫论。

在理想人格与理想人生两个方面，程颢和程颐都有很多思考，也有很多建树。程颢和程颐都主张人皆可以为圣人，提倡在道德修养上切实下功夫。无论是程颢的识仁、定性，还是程颐的格物穷理，都是为了让社会中的每一个人达到圣贤境界。

在道德修养工夫上，程颢"首重先天存于吾心的全体之仁，诚敬存养，以达其全体之呈现"[①]。尽管现代社会与宋代社会在生产力发展水平、生活水准等方面存在巨大差异，可是，渴求精神安宁的人性却是亘

---

① 李景林、杨静：《诚敬存养与格物穷理——二程子人格修养学说述论》，《人文杂志》2019 年第 7 期。

古不变的。因此，程颢的识仁、定性，可以让今人改掉"自私而用智"的弊病，做到"无将迎，无内外"，并最终实现"物来而顺应，廓然而大公"的人生境界。此外，程颢在道德修养上喜言诚敬，提倡以之存养、展现本心。对于程颢的这一修养工夫，也可以进行现代转化。在现代社会，我们倡导诚信，提倡职业道德。如果我们能够在应人接物中时时保持诚敬，就能扬长避短，造就敬业乐群的美德。

在理想人格造就上，程颐提倡格物穷理，反对只格物理、不究天理的错误做法。他主张随事观理，倡导随时取义以从道。在解释《剥卦》象辞中的"顺而止之，观象也。君子尚消息盈虚，天行也"时，程颐说："理有消衰，有息长，有盈满，有虚损，顺之则吉，逆之则凶，君子随时敦尚，所以事天也。"① 在他看来，循理而为就能获得孔颜之乐。在现代社会，很多人繁忙而疲惫，甚至失去了快乐的能力。我们可以将程颐的天理解释为服从道德和法律，善待自己、他人和自然。如此一来，我们就能消解人与自我、个体与他人、人与自然之间的紧张关系，重拾快乐而健康的生活。

最后，程颢和程颐的理学思想都具有生态意蕴。程颢喜欢观照万物生意，希望体味天地生物之仁德。程颐在担任崇政殿说书一职时，肯定宋哲宗爱护生灵的行为，希望皇帝推而广之，实行仁政。

以今人的眼光观之，程颢讲求天人本一、以"仁者，浑然与物同体"为境界追求的仁学思想具有明显的生态意蕴。"天人本无二"反映了人类与自然万物的相互依存和一体互通，万物一体之仁凸显了自然万物的内在价值和人与自然的相互依存。程颢对于万物内在价值的肯定和对人在宇宙中的分位的确定，彰显了其强烈的生态关怀意识。

与程颢类似，程颐的理学思想也具备生态底蕴。程颐看到家人买小鱼用来喂猫，就赶紧把还能救活的小鱼要过来，养在书斋前的石盆中。

---

① 〔宋〕程颢、程颐：《周易程氏传》卷第二，《二程集》，北京：中华书局，1981年，第813页。

在记述此事的《养鱼记》中，程颐肯定了古圣先贤通过政禁来落实仁政的做法，认为这一做法可以使万物各得其所、各随其性。在程颐看来，虽然石盆不是小鱼的理想生存场域，却也是眼下最好的选择。程颐希望自然万物都能得到人类的善待，这一观点体现了其对自然的尊重，也具有鲜明的生态意味。在今天，我们应该继承二程的理学思想，引导民众重拾绿色健康、关爱他人的生活方式。

总之，研究易学视野下的二程理学建构，不但有助于厘清易学对理学发展的促进作用，而且有利于推进民族文化的复兴，还有益于建设天人和谐、人我和谐、人与自我和谐的社会。

主要参考书目

一、古代典籍

[1] 〔宋〕程颢,程颐. 二程集[M]. 北京:中华书局,1981.

[2] 〔清〕黄宗羲原著,〔清〕全祖望补修. 宋元学案[M]. 北京:中华书局,1982.

[3] 程俊英,蒋见元. 诗经注析[M]. 上海:上海古籍出版社,1985.

[4] 荆门市博物馆. 郭店楚墓竹简[M]. 北京:文物出版社,1998.

[5] 〔清〕朱彬. 礼记训纂[M]. 北京:中华书局,1996.

[6] 〔清〕孙诒让. 墨子闲诂[M]. 北京:中华书局,2001.

[7] 〔清〕王先谦. 荀子集解[M]. 北京:中华书局,1988.

[8] 〔清〕王先慎. 韩非子集解[M]. 北京:中华书局,1998.

[9] 杨伯峻. 春秋左传注[M]. 北京:中华书局,1990.

[10] 〔汉〕董仲舒撰,凌曙注. 春秋繁露[M]. 北京:中华书局,1975.

[11] 〔汉〕焦延寿. 焦氏易林[M]//纪昀,等. 影印文渊阁四库全书:第808册. 台北:台湾商务印书馆,1986.

[12] 〔汉〕京房. 京氏易传[M]//纪昀,等. 影印文渊阁四库全书:第808册. 台北:台湾商务印书馆,1986.

[13] 〔汉〕周易乾凿度[M]//纪昀,等. 影印文渊阁四库全书:第53册. 台北:台湾商务印书馆,1986.

[14] 〔汉〕郑玄. 郑氏周易注-附补遗[M]. 上海:商务印书馆,1939.

[15] 〔汉〕班固撰，〔唐〕颜师古注.《汉书》简体字本[M]. 北京：中华书局，1999.

[16] 〔汉〕王充撰，黄晖校释. 论衡校释[M]. 北京：中华书局，1990.

[17] 〔魏〕王弼撰，楼宇烈校释. 王弼集校释[M]. 北京：中华书局，1980.

[18] 〔晋〕郭象著，〔唐〕成玄英疏，曹础基、黄兰发整理. 庄子注疏[M]. 北京：中华书局，2011.

[19] 〔唐〕孔颖达. 周易正义[M]. 北京：北京大学出版社，2000.

[20] 〔唐〕孔颖达. 尚书正义[M]. 上海：上海古籍出版社，2007.

[21] 〔唐〕韩愈撰，马其昶校注. 韩昌黎文集校注[M]. 上海：上海古籍出版社，1986.

[22] 〔唐〕韩愈，李翱注. 论语笔解[M]. 北京：中华书局，1991.

[23] 〔唐〕李翱. 复性书上[M]//董诰，等. 全唐文：第 7 册. 北京：中华书局，1983.

[24] 〔唐〕柳宗元. 柳宗元集[M]. 北京：中华书局，1979.

[25] 〔宋〕胡瑗. 周易口义[M]//纪昀，等. 影印文渊阁四库全书：第 0008 册. 台北：台湾商务印书馆，1986.

[26] 〔宋〕周敦颐. 周敦颐集[M]. 北京：中华书局，2009.

[27] 〔宋〕张载. 张载集[M]. 北京：中华书局，1978.

[28] 〔宋〕刘牧. 易数钩隐图[M]//纪昀，等. 影印文渊阁四库全书：第 0008 册. 台北：台湾商务印书馆，1986.

[29] 〔宋〕欧阳修. 欧阳修全集[M]. 北京：中国书店，1986.

[30] 〔宋〕邵雍. 邵雍集[M]. 北京：中华书局，2010.

[31] 〔宋〕邵雍. 皇极经世书[M]. 郑州：中州古籍出版社，2007.

[32] 〔宋〕邵伯温. 易学辨惑[M]//纪昀，等. 影印文渊阁四库全书：第 0009 册. 台北：台湾商务印书馆，1986.

[33] 〔宋〕李光. 读易详说[M]//纪昀，等. 影印文渊阁四库全书：第 0010 册. 台北：台湾商务印书馆，1986.

[34] 〔宋〕胡宏. 胡宏集[M]. 北京：中华书局，1987.

[35] 〔宋〕陆九渊. 陆九渊集[M]. 北京：中华书局，1980.

[36] 〔宋〕朱震. 汉上易传[M]//纪昀，等. 影印文渊阁四库全书：第0011册. 台北：台湾商务印书馆，1986.

[37] 〔宋〕朱熹. 四书章句集注[M]. 北京：中华书局，1983.

[38] 〔宋〕朱熹. 朱熹集[M]. 成都：四川教育出版社，1996.

[39] 〔宋〕朱熹、吕祖谦撰，严佐之导读. 朱子近思录[M]. 上海：上海古籍出版社，2000.

[40] 〔宋〕朱熹. 朱子全书[M]. 上海：上海古籍出版社，合肥：安徽教育出版社，2002.

[41] 〔宋〕朱熹. 周易本义[M]. 北京：中华书局，2009.

[42] 〔宋〕朱鉴. 文公易说[M]//纪昀，等. 影印文渊阁四库全书：第0018册. 台北：台湾商务印书馆，1983.

[43] 〔宋〕杨万里. 诚斋易传[M]//纪昀，等. 影印文渊阁四库全书：第0014册. 台北：台湾商务印书馆，1986.

[44] 〔宋〕杨简. 杨氏易传[M]. 上海：上海古籍出版社，1990.

[45] 〔宋〕叶适. 习学记言序目[M]. 北京：中华书局，1977.

[46] 〔宋〕陈淳. 北溪字义[M]. 北京：中华书局，1983.

[47] 〔宋〕黎靖德. 朱子语类[M]. 北京：中华书局，1986.

[48] 〔宋〕王应麟. 困学纪闻[M]. 上海：上海古籍出版社，2015.

[49] 〔宋〕董楷. 周易传义附录[M]. 上海：上海古籍出版社，1990.

[50] 〔宋〕董真卿. 周易会通[M]. 上海：上海古籍出版社，1990.

[51] 〔元〕吴澄. 易纂言　易纂言外翼[M]. 上海：上海古籍出版社，1991.

[52] 〔明〕罗钦顺. 困知记[M]. 北京：中华书局，1990.

[53] 〔明〕湛若水. 湛甘泉先生文集[M]. 济南：齐鲁书社，1997.

[54] 〔明〕王畿. 王畿集[M]. 南京：凤凰出版社，2007.

[55] 〔明〕来知德. 周易集注[M]. 上海：上海古籍出版社，1990.

[56] 〔清〕王夫之. 周易外传[M]. 北京：中华书局，1977.

[57] 〔清〕王夫之. 张子正蒙注[M]. 北京：中华书局，1975.

[58] 〔清〕王夫之. 周易内传[M]. 济南：山东友谊书社，1992.

[59] 〔清〕黄宗羲撰，郑万耕点校. 易学象数论（外二种）[M]. 北京：中华书局，2010.

[60] 〔清〕黄宗羲著，沈芝盈点校. 明儒学案[M]. 北京：中华书局，1985.

[61] 〔清〕李光地纂，刘大钧整理. 周易折中[M]. 成都：巴蜀书社，1994.

[62] 〔清〕胡渭撰，郑万耕校. 易图明辨[M]. 北京：中华书局，2008.

[63] 〔清〕戴震. 孟子字义疏证[M]. 北京：中华书局，1982.

[64] 〔清〕纪昀，等. 钦定四库全书[M]. 北京：中华书局，1997.

[65] 〔清〕惠栋. 周易述[M]. 北京：中华书局，2007.

[66] 〔清〕焦循. 雕菰楼易学[M]. 济南：山东友谊书社，1992.

[67] 〔清〕张惠言. 张惠言易学十书[M]. 台北：广文书局，1979.

[68] 李学勤. 十三经注疏[M]. 北京：北京大学出版社，2000.

[69] 〔清〕李道平. 周易集解纂疏[M]. 北京：中华书局，1994.

[70] 〔清〕皮锡瑞. 经学通论[M]. 北京：中华书局，1954.

[71] 中华电子佛典协会. 大正藏[M]. 台北：中华电子佛典协会（CBETA）.

二、研究著作

[1] 白奚. 稷下学研究[M]. 北京：生活·读书·新知三联书店，1998.

[2] 蔡元培. 中国伦理学史[M]. 北京：人民出版社，2008.

[3] 蔡方鹿. 程颢程颐与中国文化[M]. 贵阳：贵州人民出版社，1996.

[4] 蔡方鹿. 宋明理学心性论[M]. 成都：巴蜀书社，2009.

[5] 蔡仁厚. 宋明理学·北宋篇[M]. 长春：吉林出版集团有限责任公司，2009.

[6] 蔡仁厚. 宋明理学·南宋篇[M]. 长春：吉林出版集团有限责任公司，2009.

[7] 陈来. 宋明理学[M]. 2版. 上海：华东师范大学出版社，2004.

[8] 陈来. 仁学本体论[M]. 北京：生活·读书·新知三联书店，2014.

[9] 陈荣捷. 朱学论集[M]. 上海：华东师范大学出版社，2007.

[10] 陈荣捷. 近思录详注集评[M]. 上海：华东师范大学出版社，2007.

[11] 陈荣捷. 朱子新探索[M]. 上海：华东师范大学出版社，2007.

[12] 方东美. 中国人生哲学[M]. 台北：黎明文化事业公司，1980.

[13] 费孝通. 文化与文化自觉[M]. 北京：群言出版社，2010.

[14] 冯友兰. 新理学[M]. 北京：生活·读书·新知三联书店，2007.

[15] 冯友兰. 新原道[M]. 北京：生活·读书·新知三联书店，2007.

[16] 冯友兰. 新原人[M]. 北京：生活·读书·新知三联书店，2007.

[17] 冯友兰. 中国哲学史[M]. 重庆：重庆出版社，2009.

[18] 高怀民. 先秦易学史[M]. 桂林：广西师范大学出版社，2007.

[19] 高怀民. 两汉易学史[M]. 桂林：广西师范大学出版社，2007.

[20] 高怀民. 宋元明易学史[M]. 桂林：广西师范大学出版社，2007.

[21] [英]葛瑞汉. 中国的两位哲学家：二程兄弟的新儒学[M]. 程德祥，等，译. 郑州：大象出版社，2000.

[22] 葛兆光. 中国思想史第二卷：7—19世纪的中国知识、思想与信仰世界[M]. 上海：复旦大学出版社，2000.

[23] 贺麟. 文化与人生[M]. 北京：商务印书馆，1988.

[24] 侯外庐，邱汉生，张岂之. 宋明理学史[M]. 北京：人民出版社，1997.

[25] 胡自逢. 程伊川易学述评[M]. 台北：文史哲出版社，1995.

[26] 姜广辉. 中国经学思想史：第三卷[M]. 北京：中国社会科学出版社，2010.

[27] 孔令宏. 宋代理学与道家、道教[M]. 北京：中华书局，2006.

[28] 林忠军. 象数易学发展史：第一卷[M]. 济南：齐鲁书社，1994.

[29] 林忠军. 象数易学发展史：第二卷[M]. 济南：齐鲁书社，1998.

[30] 刘大钧. 周易概论[M]. 济南：齐鲁书社，1986.

[31] 卢国龙. 宋儒微言：多元政治哲学的批判与重建[M]. 北京：华夏出版社，2001.

[32] [法]罗兰·巴尔特. 符号学原理[M]. 王东亮，等，译. 北京：生活·读书·新知三联书店，1988.

[33] 蒙培元. 理学的演变[M]. 福州：福建人民出版社，1984.

[34] 蒙培元. 理学范畴系统[M]. 北京：人民出版社，1989.

[35] 牟宗三. 心体与性体[M]. 上海：上海古籍出版社，1999.

[36] 牟宗三. 从陆象山到刘蕺山[M]. 上海：上海古籍出版社，1999.

[37] 牟宗三. 中国哲学的特质[M]. 上海：上海古籍出版社，2007.

[38] 潘富恩，徐余庆. 程颢程颐理学思想研究[M]. 上海：复旦大学出版社，1988.

[39] 庞万里. 二程哲学体系[M]. 北京：北京航空航天大学出版社，1992.

[40] 钱穆. 宋明理学概述[M]. 台北：联经出版事业公司，1998.

[41] 唐君毅. 中国哲学原论：原道篇[M]. 北京：中国社会科学出版社，2004.

[42] [日]土田健次郎. 道学之形成[M]. 朱刚，译. 上海：上海古籍出版社，2010.

[43] 王新春. 自然视野下的人生观照：道家的社会哲学[M]. 济南：泰山出版社，1998.

[44] 王新春. 易学与中国哲学[M]. 北京：人民出版社，2012.

[45] 温伟耀. 成圣之道——北宋二程修养工夫论之研究[M]. 开封：河南大学出版社，2004.

[46] 向世陵. 理气心性之间——宋明理学的分系与四系[M]. 北京：人民出版社，2008.

[47] 向世陵. 理学与易学[M]. 长春：长春出版社，2011.

[48] 向世陵. 宋代经学哲学研究·基本理论卷[M]. 上海：上海科技文献出版社，2015.

[49] 余英时. 朱熹的历史世界：宋代士大夫政治文化的研究[M]. 北京：生活·读书·新知三联书店，2011.

[50] 张立文. 宋明理学研究[M]. 北京：人民出版社，2002.

[51] 朱伯崑. 易学哲学史[M]. 北京：昆仑出版社，2009.

三、研究论文

[1] 白奚. 从孟子到程、朱——儒家仁学的诠释与历史发展[J]. 首都师范大学学报：社会科学版，2003（6）.

[2] 蔡方鹿. 二程的理想人格与价值取向及其后世影响[J]. 天府新论，1994（3）.

[3] [美]成中英，杨柱才. 二程本体哲学的根源与架构[J]. 南昌大学学报，2003（1）.

[4] 方旭东. 道德实践中的认知、意愿与性格——论程朱对"知而不行"的解释[J]. 哲学研究，2011（11）.

[5] 冯达文. "曾点气象"异说[J]. 中国哲学史，2005（4）.

[6] 郭晓东. "生之谓性"与"天命之谓性"——程明道"性"论研究[M]. 复旦学报：社会科学版，2004（1）.

[7] 黄忠天. 二程集易说初探[J]. 周易研究，2006（5）.

[8] 惠吉兴，敦鹏. 礼与法：二程重构政治秩序的双重路径[J]. 吉首大学学报：社会科学版，2013（3）.

[9] 姜海军. 程颐《易学》与《四书》学的互释与会通[J]. 中州学刊，2009（5）.

[10] 赖贵三. "憧憧往来，朋从而思"——程颢理学与《易》学会通之道德形上思想析论[J]. 国学学刊，2016（1）.

[11] 李煌明. "孔颜之乐"——宋明理学中的理想境界[J]. 中州学刊, 2003（6）.

[12] 刘玉建.《易传》的宇宙本体论哲学——宋明理学本体论的滥觞[J]. 周易研究, 2010（3）.

[13] 刘玉建. "天理"的易学体贴——程颐天理的本体涵养[J]. 周易研究, 2013（5）.

[14] 罗安宪. "格物致知"还是"致知格物"？——宋明理学对于"格物致知"的发挥与思想分歧[J]. 中国哲学史, 2012（3）.

[15] 梅珍生. 论二程"主敬"工夫的易学思想资源[J]. 周易研究, 2014（1）.

[16] 宋志明. 二程与正统理学的奠基[J]. 河南社会科学, 2009（3）.

[17] 唐纪宇. 从程氏《易传序》看程颐的易学观[J]. 周易研究, 2015（4）.

[18] 王新春. 仁与天理通而为一视域下的程颢易学[J]. 周易研究, 2006（6）.

[19] 王新春. 易学视域下周敦颐的理学建构[J]. 周易研究, 2011（6）.

[20] 向世陵. 二程论仁与博爱[J]. 孔子研究, 2015（2）.

[21] 向世陵. 宋代理学的"性即理"与"心即理"[J]. 哲学研究, 2014（1）.

[22] 向世陵. "生之谓性"与二程的"复性"之路[J]. 中州学刊, 2005（1）.

[23] 向世陵. 宋代理学理本论的创立——从"继善成性"和"性善"说起[J]. 河北学刊, 2008（1）.

[24] 杨国荣. 仁道的重建与超越——理学对天人关系的考察及其内蕴[J]. 江苏社会科学, 1993（5）.

[25] 杨立华. 卦序与时义：程颐对王弼释《易》体例的超越[J]. 中国哲学史, 2007（4）.

[26] 姚中秋. 程伊川论经筵劄子义疏[J]. 政治思想史, 2016 (1).

[27] 张立文. 儒佛之辨与宋明理学[J]. 中国哲学史, 2000 (2).

[28] 朱汉民. 圣贤气象与宋儒的价值关怀[J]. 湖南大学学报: 社会科学版, 2009 (6).

[29] 朱汉民. 玄学、理学本体诠释方法的内在理路[J]. 社会科学, 2012 (7).